京大地理学者、なにを調べに辺境へ？

水野一晴
MIZUNO Kazuharu

世界の自然・文化の謎に迫る
「実録・フィールドワーク」

ベレ出版

はじめに

私は海外調査を１９９２年からケニア山で始め、その後、アンデスやタンザニアのキリマンジャロ、エチオピアのラスダシャン山で行ない、それらの調査のときの出来事を綴った紀行文を、１９９６年４月から１９９７年３月まで、『月刊地理』（古今書院）に「ひとりぼっちの海外調査」というタイトルで連載した。それは、初めての海外調査に１人で出かけ、いろいろ苦労しながら調査した様子を書き記したものである。また、文部科学省の在外研究で、１９９９年10月から２０００年７月までの10ヶ月間、ドイツのレーゲンスブルク大学で研究生活を送ることができた。海外で研究生活を送るというこの体験は、私にはとても新鮮で刺激的なものだった。この経験を、２０００年４月から２００１年３月まで、再び『月刊地理』に「続ひとりぼっちの海外調査（ひとりぼっ

図0-1　本書で取り上げる筆者が調査・研究で訪れた国

ちの在外研究―inレーゲンスブルク）」と題して連載した。これらの連載は読者による選出の賞で1位を獲るなど好評を得て、書いてよかったと思った。しかし、それらは雑誌の連載なのでまとめて読むことができない。そこで、この『月刊地理』の一連の連載をまとめようと考え、2005年に『ひとりぼっちの海外調査』（文芸社）を出版し、おかげさまで好評を博した。

　専門書を読むと、いろいろな人がたゆまぬ調査を行なった結果が示されていて、勉強になるのだが、その調査を行なったときは、どんな状況だったのだろうか？　どんな大変なことがあったのだろうか？　どんな楽しいことがあったのだろうか？　といった疑問には答えてくれない。そんな中で『ひとりぼっちの海外調査』はそれを示した本であると考え、読者の方々には違った新鮮さを持って読んでいただけたのではないかと想像する。

本の出版から15年余り、『月刊地理』の最初の連載から25年余りが経ち、その『ひとりぼっちの海外調査』が２０２３年2月に長い時を経て、『地理学者、発見と出会いをもとめて世界を行く！』（ちくま文庫）と改題されて文庫化された。文庫本は、統計データ等を最新のものにしたりして少し書き改め、そのときの研究成果と、その後ケニアやタンザニア、エチオピアがどのように変わったのかを書き加えたものである。

そして本書は、その『ひとりぼっちの海外調査』以降の海外調査について書き記したものである。どんな機会を持ってどんなところで調査したのか、どういう手法を使って調査したのか、つらいことや楽しいことも含めて悪戦苦闘しながら調査したことや、その調査から導き出された研究成果を綴ろうと考えた。地理学者が世界中を旅して遭遇した様々な体験を、地理学的知見を交えて綴るエッセイ風「実録・フィールドワーク」の書である。

筆者は１９９６年11月に、京都大学の大学院人間環境学研究科アフリカ地域研究専攻に助教授として就職した。１９９８年4月には、新たに発足した大学院アジア・アフリカ地域研究研究科に、アフリカ地域研究専攻は移った。そのため本書の内容は、京大に就職して数年後から始まっている。

これから海外調査をしようと考えている若い人たちはもちろんのこと、海外調査を通じて多くの人たちに、その楽しさを伝えられれば幸いである。

水野一晴

目次

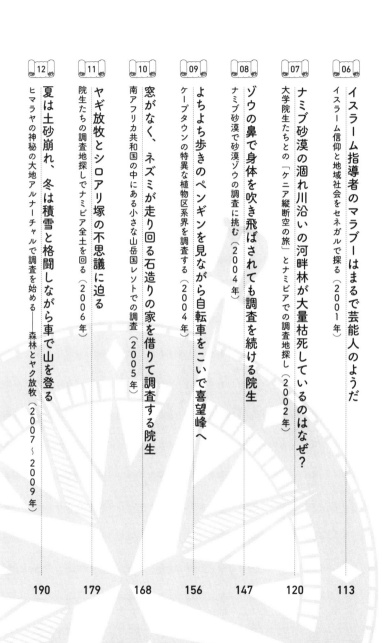

01

ブレーキの壊れたルノーで調査!?

カメルーン北部の半乾燥地における地質と住居の建て方の関係とは？（1999年）

町の診療所で目の治療

1999年2月、同じ研究室の市川教授に同行して、チャドやナイジェリアとの国境に近いカメルーン北部地域を訪れた（図1-1）。市川教授は本来、ピグミーの研究のために南部の熱帯雨林地域で調査されているのだが、このときは北部の半乾燥地域を訪れるというので、私も同行させてもらうことにしたのである。私にとって初めてのカメルーンだった。

2月10日に首都のヤウンデをドライバー付きの車で出発する。市川教授はそれまで20代のドライバーを雇っていたが、今回初めて、いつもと異なる40代のドライバーを雇った。そして、その後も10年以上ずっとこのドライバーを雇用したようだった。その日はバフサムを経由してフーンバンまで行って宿泊した。バフサムはカメルーン西部のバンブトス山地に位置し、西部州の州都である。周辺の交易の中心地であり、コーヒーやお茶、タバコの集散地として賑わっており、そこで昼食をとった。11日はフーバンからアダマワ州のニョーンダルまで移動し、12日はニョーンダルからンガウンデレを経由してガルアまで移動し、宿泊した。

朝、ニョーンダルを出発する直前に宿のトイレに入った。トイレは地面に穴が掘られた便器に長い棒が付いたフタがかぶせてあった。そのフタを便器の前に移して、用を足すためにしゃがんだとき、棒の先で目を突いてしまった。すぐに車が出るため、目が痛いのを我慢して車に飛び乗ったが、どうやら角膜に傷が付いたようで、目の焦点が合わず、ひたすら涙が出てくる。大事な目だけに心配になって、途中にある大きな町のンガウンデレに早く着くことを祈った。

ンガウンデレはアダマワ州の州都で、人口は20万人ほど、首都ヤウンデと結ぶ鉄道の北の終点でもある。ンガウンデレに着けば目の治療ができると思ったのだ。ンガウンデレにはキリスト教系の診療所があった。そこには教会によって

図 1-1　カメルーンの位置とその周辺

派遣されたヨーロッパ人の医者がいて、目の治療をして、目薬もくれた。１回だけの治療だったが、個人のカルテを手渡してくれた（写真１－１）。カルテは日本のように病院に保管されず、各個人で保管して、次回の治療の際にそれを提示することになっていた。それは結局、自分にとって重要なカメルーンの記念品になったのである。カルテを見ると、治療費や薬代が計３２５０ＣＦＡフランとなっている。ＣＦＡフランとは、西アフリカや中部アフリカの旧フランス植民地を中心に多くの国で用いられている共同通貨である。西アフリカ諸国中央銀行発行のもの（通貨コードＸＯＦ）と、中部アフリカ諸国銀行発行のもの（同ＸＡＦ）の２種類があり、両者は通貨としての価値は同一だが紙幣のデザインは異なり、相互には使用はできな

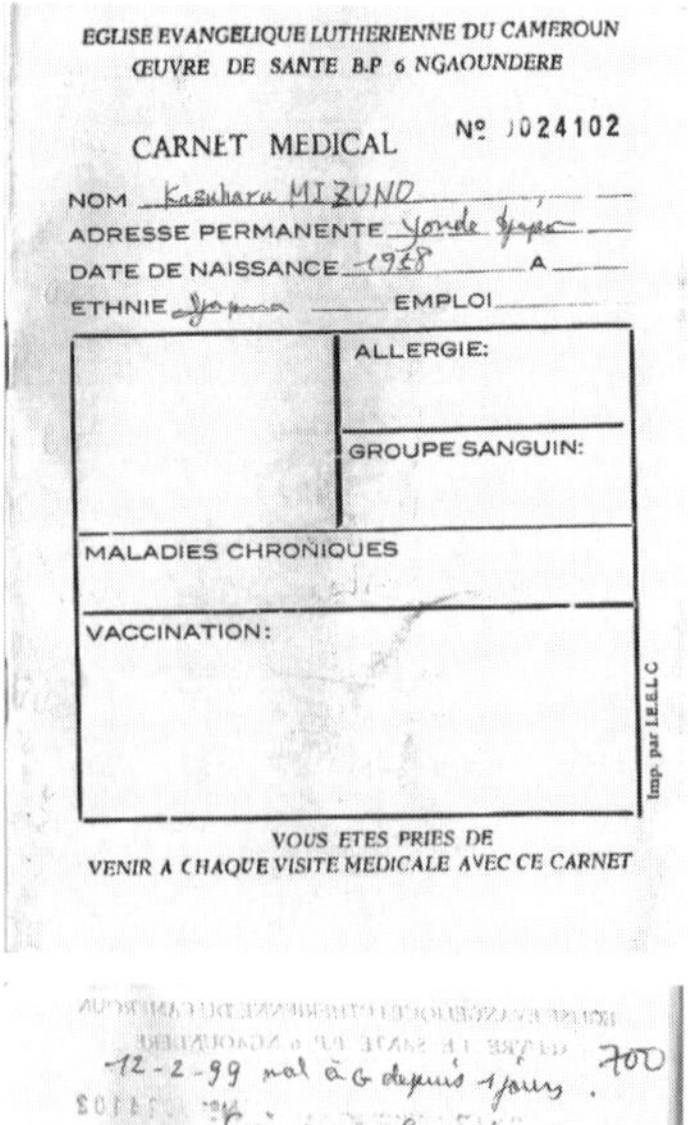
EGLISE EVANGELIQUE LUTHERIENNE DU CAMEROUN
ŒUVRE DE SANTE B.P 6 NGAOUNDERE

CARNET MEDICAL　№ 024102

NOM Kazuharu MIZUNO
ADRESSE PERMANENTE
DATE DE NAISSANCE 1968　A
ETHNIE　EMPLOI

ALLERGIE:
GROUPE SANGUIN:
MALADIES CHRONIQUES
VACCINATION:

VOUS ETES PRIES DE
VENIR A CHAQUE VISITE MEDICALE AVEC CE CARNET

Imp. par I.E.E.L.C

12-2-99　700
C 550
LAFOD: RAS.
500
1500
3250F
Gervais ISSA OUSSENI
Brev. en Nursing
Spécialiste en Ophtalmologie

写真1-1　カメルーンのンガウンデレの病院のカルテ

い。中部アフリカ諸国銀行のCFAフランは、中央アフリカ地域の6ヶ国（カメルーン、中央アフリカ、チャド、コンゴ、赤道ギニア、ガボン）で使用されている。2023年の為替レートでは、1フランが約0・23円なので、そのレートで計算すると治療・薬代は約748円になった。我々にとっては安く感じるが、現地の人々にとっては決して安い金額ではない。

宿泊したガルアは北部州の首都であり、人口30万人以上、アダマワ高地に位置する。ベヌエ川に面した重要な河港を持ち、ナイジェリアと連結し、北部の交通の要衝地となっている。

13日は、ガルアから極北州の州都であるマルアまで移動した。マルアではスイス人夫妻が経営している宿に宿泊し、ここで3月1日まで16泊して調査することになった。ある日、オーナー夫人が「とっても早い阪急電車」と日本語で書かれたTシャツを着ていたのを見て、思わず笑ってしまった。日本でも見たことのないTシャツである。どこで買ったのだろう？　市川教授は最初の4~5日だけマルアに滞在し、また車で首都のヤウンデに戻っていった。行きに車で4日間もかかったため、教授はンガウンデレまで車で行って、鉄道でヤウンデに移動し、ドライバーに車をヤウンデまで運ばせたのである。

市川教授がマルアに滞在していた何日かは、車でマルア周辺、とくに北部のカプシキ地方を回った。教授と車の中で話しながら、農業の調査でもしようかと考えていた。教授がマルアを去ると車がないので、宿のオーナー夫人に頼んで、英語が話せるドライバーと車を手配してもらった。そのドライバーはさほど英語が話せるわけではなかったが、私はフランス語をほとんど理解できないので、少しでも英語がわかるドライバーはありがたかった。マンダラ山地のカプシキ地方は、塔のように尖った岩山がニョキニョキとそびえ、まるで月世界のようであった（写真1－2）。その異次元的な空間に、ディズニーランドから抜け出てきたような可愛らしい住居が点在し、お伽の世界を作っていた。その奇妙な風景は訪れる人々の心をとらえて離さないものだった。

カメルーン北部の家造りを調査する

アフリカの人々は、民族ごとに異なった生活様式を持つのが一般的である。家造りに関しても、民族ごとに特有な家造りや家屋の配置の仕方をしている（Denyer 1978, 鈴木1988）。カメルーン北部、マンダラ山地とその周辺においても、民族ごとに特有の住居を持っていると考えられている（Seignobos 1982, 1984, 2000）。しかし、車で回っているうちに、家造りに関わっている要因は、ほんとうに民族の違いだけなのだろうか？という疑問を持つようになってきた。

写真1-2　カメルーンのカプシキ地方の岩山

最初の英語が少し話せるドライバーは車で事故を起こしてしまい、それが原因で宿のオーナー夫人とトラブルになり、まったく英語がわからないドライバーに代わってしまった。そのため調査が身振り手振りになってしまい、うまく調査が進まない。そんなとき、昼食をとったレストランの店主が流ちょうな英語を話せることに驚いた。カプシキ地方はナイジェリアの国境に接している。

そもそも、カプシキの民族は、北カメルーンとナイジェリア北東部の国境の両側に住む人々である。カメルーン側とナイジェリア側を合わせると約12万人が住んでいると言われている。彼らは牧畜業、農業、そしてとくにルムシキ村では観光業で生計を立てている。レストランの店主でヤマという名で呼ばれる、40代くらいのその人は、若いときにナイジェリアに出稼ぎに出ていたため、英語ができたのだ。名前がヤマだったので、日本人には覚えやすい。

ヤマに相談したところ、私がマルアに滞在中は、レストランの仕事は奥さんに任せて、彼が通訳をしてくれるという。彼の友達で20代の若い青年がかなり古いルノーの中古車を持っているので、彼をドライバーにして車で回ることにした。ただし、この車はフットブレーキが壊れていたため、停車するときはサイドブレーキを引いて止まるという、きわめて怖い車だった。ドアも壊れていて、中からはドアの開閉ができず、私が乗り降りするときはドライバーが急いで車から降りて、外からドアの開け閉めをしてくれた。路上では、あちこちで鉄鍋と油で揚げたアツアツの揚げパンが1個5円くらいで売られていて、小腹を満たすのに便利だった。

調査中に警察官に連行される

自分一人で調査を始めて間もない頃、私が調査を行なっているところに警察官がやってきて、強制的に役所に連れて行かれた。役所には地方行政官がいて、私が村で何をやっているのかをしつこく尋ねられた。どうやら、村人の誰かによって、不審な外国人が村のことをあれこれ調べているという告発が警察に届いたようだった。行政官は英語を理解できたので、私は自分の身分を明かし、調査内容も説明して、カメルーン政府から発行された調査許可証を差し出した(写真1－3)。その許可証を見て行政官の態度は一変した。それまで高圧的だった行政官が、急にニコニコし出し、最後には「健康に気をつけて調査をがんばってください」と言ってくれたのである。国が発行した調査許可証は、地方行政官にとって、さながら水戸黄門の印籠のようであった。

REPUBLIQUE DU CAMEROUN
Paix - Travail - Patrie

REPUBLIC OF CAME
Peace - Work - Fath

AUTORISATION DE RECHERCHE
RESEARCH PERMIT

1. Vu le décret n° 97/205 du 7 décembre 1997 portant organisation du Gou
Mindful of decree n° 97/205 of 7 december 1997 organizing the Governr
2. Vu le décret n° 97/207 du 7 décembre 1997 portant formation du Gouve
Mindful of decree n°97/207 of 7 december 1997 appointing me
Government;

Nom/Name MIZUNO KAZUHARU
Adresse permanente / Permanent address NAGOYA, JAPAN
Adresse au Cameroun / Address in Cameroon C/O JAPANESE EMBASSY, B.P.6868, YAOUNDE
Nationalité/Nationality JAPANESE
est autorisé à effectuer des travaux de recherche,
is authorized to carry out scientific or technical research,
en République du Cameroun dans la région de
in the Republic of Cameroon in the region of EAST, CENTRAL, SOUTH, NORTH, EXTREME-NORTH, ADAMAWA
pour une durée de:
for a period of 2 MONTHS (01/02/1999 - 31/03/1999)
en collaboration avec l'Institut/under the Institute of MINISTRY OF SCIENTIFIC AND TECHNICAL RESEARCH
Objet de la recherche poursuivie/The subject of the research is A COMPARATIVE STUDY ON THE TRADITIONAL USE OF TROPICAL FORES
Cette autorisation est valable à compter de la date de sa signature officielle
This permit takes effect from the date of its signature,
et peut être renouvelable à la demande/and is renewable on request.
Ces travaux de recherche doivent être exécutés sous réserve d'observation stricte des conditions portées en annexe.
This research is to be carried out abiding to the conditions stipulated in the annex.
Yaoundé, le 28 DEC 1998

写真1-3 カメルーンの調査許可証

私自身や指導大学院生たちは、必ずその国の調査許可証を取得する。取得にあたっては審査機関で審査されるため、半年以上かかるのが普通で、お金もけっこうかかる。ケニアでの調査許可証の発行は、2016年まで、500USDで5年間有効の許可証が取得できていたのに、2017年からは同じ許可証が500USD（博士課程400USD、修士課程350USD、学部生150USD）なのだが、有効期間が1年になってしまった。ケニア山のように国立公園内で調査するときは、国の調査許可証の他に、国立公園を管理するケニア野生生物公社（KWS：Kenya Wildlife Service）の調査許可（現WRTI：Wildlife Research and Training Institute）も必要になってくる。

私のこれまでの指導学生が調査した国のうちマラウイとレソトでは、国の調査許可証というものがなかったので、彼らは現地の大学の研究生になった。私がいろんな伝手《つて》を頼って、レソトの場合は植物学者、マラウイの場合は経済学者の先生に、学生の受入教員になってもらい、その大学の研究生にしてもらった。そのために、院生といっしょに受け入れ教員の研究室を訪問して相談したのであった。研究生になれば、現地で調査中に問題が生じても、所属先の大学が身分を保障してくれて、問題の解決に協力してもらえる。さらに、大学の図書館が利用でき、調査の終了時にはそこの研究室のゼミで研究発表を行なって、アドバイスももらえるのだ。

家畜の死に嘆くガイド

ある日、いつものようにレストランに行くと、ヤマがかなり神妙な顔をして、私の調査に同行するが、午前中はある人のところに行く必要があるので、了承してほしいということを申し出た。それで、最初に車でその村に向かった。到着するとヤマは1人の人と真剣に話をしていて、なかなか終わらなかった。ヤマは泣きそうな顔をして、事態を話してくれた。農耕民であるヤマは、家畜のウシを何頭も所有していた。レストランを経営している彼は、ウシの世話を牧畜民族であるフルベ（フラニ）の人にお金を払って任せていた。ところが事故で、そのウシの1頭が死んでしまったのである。アフリカの人にとって、家畜は英語でlive stock（生きている蓄え）というように、ウシは大きな財産である。アフリカでは結婚するときに、花婿ないし花婿の親族から花嫁の親族に贈られる財や金品を「婚資《こんし》」と呼ぶ。その代表的な物はウシやヤギ、ヒツジなどで、とくにウシは非常に高価なため、花婿は婚資を払えるまで結婚できなかったりする。アフリカは一夫多妻制であるが、結局財力のある男は何人もの妻を持ち、財のない男はずっと独身のままであることが少なくなかった。

一夫多妻制で妻が何人もいる家庭では、妻同士の対立など、妻側にとって不満が大きいように思えるが、事はそう単純ではない。アフリカではまだまだ女性の地位が低い。男はたまに農作物の世話をするかと思えば、昼間っから酒を飲んでいることも少なくない。料理のための薪拾いや水汲みは女性と子供の仕事とされていて、男がやることは少ない。川での洗濯や家の掃除、料理や子供の世話など、女性に多くの仕事が集中し、早死にする女性も多い。だが奥さんが何人もいると、それらの仕事を分業することができるのだ。奥さん同士が助け合っている姿を見ることもあった。

ウシが死んだことで、ヤマは大きな財産を失いショックだったのだ。ヤマには小さな男の子がいる。私はヤマに「不慮の死がウシでよかった。息子さんが元気なことが一番大事だ」と彼に言うと、私の顔をじっと見て、「たしかにそうだな」と自分に言い聞かせているようだった。

ヤマはある晩、手に入れた映画のビデオを鑑賞する会をレストランで催した。その映画は日本製ではない「日本の忍者」の映画だった。レストランのすべての窓を布で覆って、入場料を取って、お金を払った人だけが観賞できるようにしていた。しかし、たくさんの子供たちが窓の布の隙間に集まって必死に覗き見ようとしていた。日本の空手や忍者は現地でとても人気があった。私は子供たちと会うたびに、適当な空手の型を見せて、子供たちを驚かしたりすると歓喜の叫びを浴びた。実際にはめちゃくちゃな空手だが、もっともらしくやっていたため、ある日、噂を聞きつけてきた若者が、「あなたは空手の先生だと聞いた。ぜひ、私にご指導願いたい」と言うのでびっくりした。めちゃくちゃな空手を教えるわけにもいかず、冷や汗をかきながら「今日は非常にビジーだ(忙しい)。また、いつか機会があったら教えてあげよう」と答えてごまかした。それ以降、空手の真似はやめてしまった。

3月1日、調査を終えた私は車でマルアの空港に行き、そこから飛行機で首都のヤウンデに向かうことにした。宿に迎えに来た車は、最初に頼んだ英語が少しできるドライバーだった。車で宿を出発して道を数十m走ったところで、ヤマの姿が見えた。車に止まってもらうように頼んで、少しの間別れの挨拶を交わした。それ以降、私はカメルーンに一度も行っていない。それから10年くらい過ぎたとき、カメルーンで調査されている市川教授が、人づてにヤマが亡くなったことを知って、私に伝えてくれた。カメルーンの調査では私にとってヤマの存在は「大きな山」のようにとても貴重だった。

住居の形態や造り方が場所ごとに異なる

それでは、カメルーンではどんな調査を行なって、どんなことがわかったかを、雑誌『エコソフィア』に書いた論文（水野2001a）や著書『アフリカ自然学』の一章（水野2005e）をもとに具体的に示そう。

調査を始めると、カプシキ地方の住居が、場所ごとに形態や造り方が異なっていることに気がついた。岩盤の上に造られた家、ごつごつした岩を積み上げた家、きれいに割れた石を整然と積み上げている家、泥で塗り固めた家など様々だ。さらに、不思議なことに気がついた。その住居の形態・作成方法が、どうやら地質（岩質）ごとに異なっているのだ。

花崗岩《かこうがん》、石英斑岩《せきえいはんがん》、粗面岩《そめんがん》、頁岩《けつがん》、沖積層《ちゅうせきそう》など……。よく調査してみると、たしかに住居には民族ごとの特徴が見られるが、その民族の違いによる住居の差異よりも、地質を反映した住居形態の違いの方が遥かに明確であった。また、このあたりには、石を積み上げて造ったテラスが広がっていて、そのテラスに農作物を植えるテラス耕作が盛んである。その他にも農耕にいろいろな形で石が利用されている。その石の生産は地質によって異なる。このように、地質は岩屑生産に関わっていて、その岩屑のでき方によって住居や農耕景観が異なることが判明した。

カプシキ地方の地質と岩屑の生産のされ方

カメルーンとナイジェリアの国境付近に位置するマンダラ山地は、花崗岩類を主体として約900mの高度がある。その一角のカプシキ地方は、標高約1200mの高原で、カメルーン第一の景勝をなす岩塔群がある。これは、第三紀末に噴出した粗面岩溶岩が侵食に抗して形成されたものである(図1-2)。マンダラ山地から東の方に行くにつれて標高が下がり、大きな都市のマルアやモラより東には沖積層の平地(一部は侵食緩斜面のペディメント)が広がっている。メリの西からコザにかけての山岳地帯(標高500~1500m)は、花崗岩からなっている。その花崗岩地帯の中で、タラ・モコロの周辺だけが頁岩地域になっている。花崗岩地域を取り巻くようにミグマタイト(アナテクサイト)の地域が広がっている。

基盤(岩盤)から岩屑が作られるには、基盤に節理《せつり》(割れ目)が入り、その割れ目が増加したり拡大したりすることが必要で主要因になっている。したがって、岩質によって節理の入り方が異なるため、生産される岩屑《がんせつ》の大きさや量、形態にも差が生じる。たとえば、火成岩である花崗岩は一般に硬く、節理が少ない。花崗岩は、岩石の中の石英と長石、雲母の膨張率が違

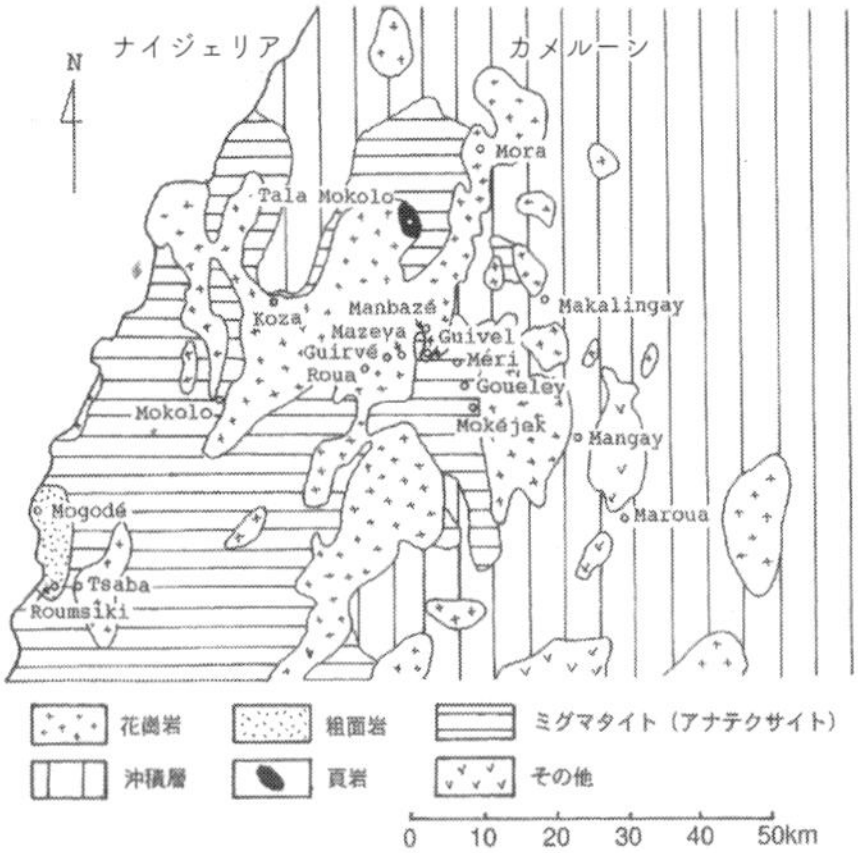

図 1-2　カメルーン北部の地質分布（水野 2001a、2005e）

表 1-1　各岩質地域の村落における基盤の摂理（割れ目）密度、地表を覆う岩石の大きさおよびテラス耕作の普及度（水野 2001a、2005e）

村落名	主要民族	基盤の節理（割れ目）密度 平均（cm）（最小－最大）	地表を覆う岩屑の大きさ 平均（cm）（最小－最大）	テラス耕作の普及度 +++：多い ---：少ない
花崗岩地域				
Guivré	?	0.7（0-2）	250（100-300）	+++
Guivel	Mofou	1.3（0-2）	-	+++
Koza	Mafa	1.7（0-4）	120（50-300）	+++
Tsaba	Foulbé	1.7（0-4）	100（60-200）	---
Manbazé	Guemzek	-	-	+++
石英斑岩地域				
Mazeya	Mofou	-	-	+++
沖積層地域				
Goueley	Mofou			---
Mangay	Mofou			---
Mokéjek	Mofou			---
Makalingay	Mouyang			---
粗面岩地域				
Mogodé	Kapsiki	5.9（3-11）	-	+++
Roumsiki	Kapsiki	4.6（2-8）	-	+++
頁岩地域				
Tala Mokolo	Mouktélé	8.2（9-24）	7（1-3）	+++

い、粒が大きいため、風化が進むと気温変化によって温められたり冷やされたりして鉱物がばらばらになり、玉ねぎのように表層から剥離していく。それに対し粗面岩や頁岩は、花崗岩に比べて一般的に節理が多く、また鋭角に割れるため、なめらかな表面を持った岩屑を多数生産する。調査地域における岩質ごとの節理密度と地表面に分布する岩屑の大きさを示すと表1－1のようになる。

地質によって家造りの仕方が異なっていた！

地質（岩質）が住居形態にどのように反映されているかを明らかにするため、岩質ごとに、住民のほとんどが1つの民族からなる集落を複数選び出し（図1－3）、また、その集落の過半数を占める代表的な建築様式の住居を調べてみた。

まず、花崗岩地域であるが、ギヴェル（主要民族モフ、図1－4）、コザ（主要民族マファ、図1－5）、マンバゼ（主要民族ゲムゼック、図1－6）では、露出した岩盤の上に住居が造られている場合が多い。岩盤の上に住居を建てた方が地盤がしっかりし、水はけが良いからである。屋根はイネ科植物の束を何層にも積み上げて造られている。ギヴェルでは、岩盤表面に傾斜があるため、床が水平になるように比較的大きな岩屑で積み上げて土台が作られ、その上に直径5～20㎝の岩屑と泥を混ぜて住居の壁が作られている（図1－4）。コザのあたりは山岳地域で、その急傾斜の岩盤が露出したところにかたまって住居が建てられている。コザのマ

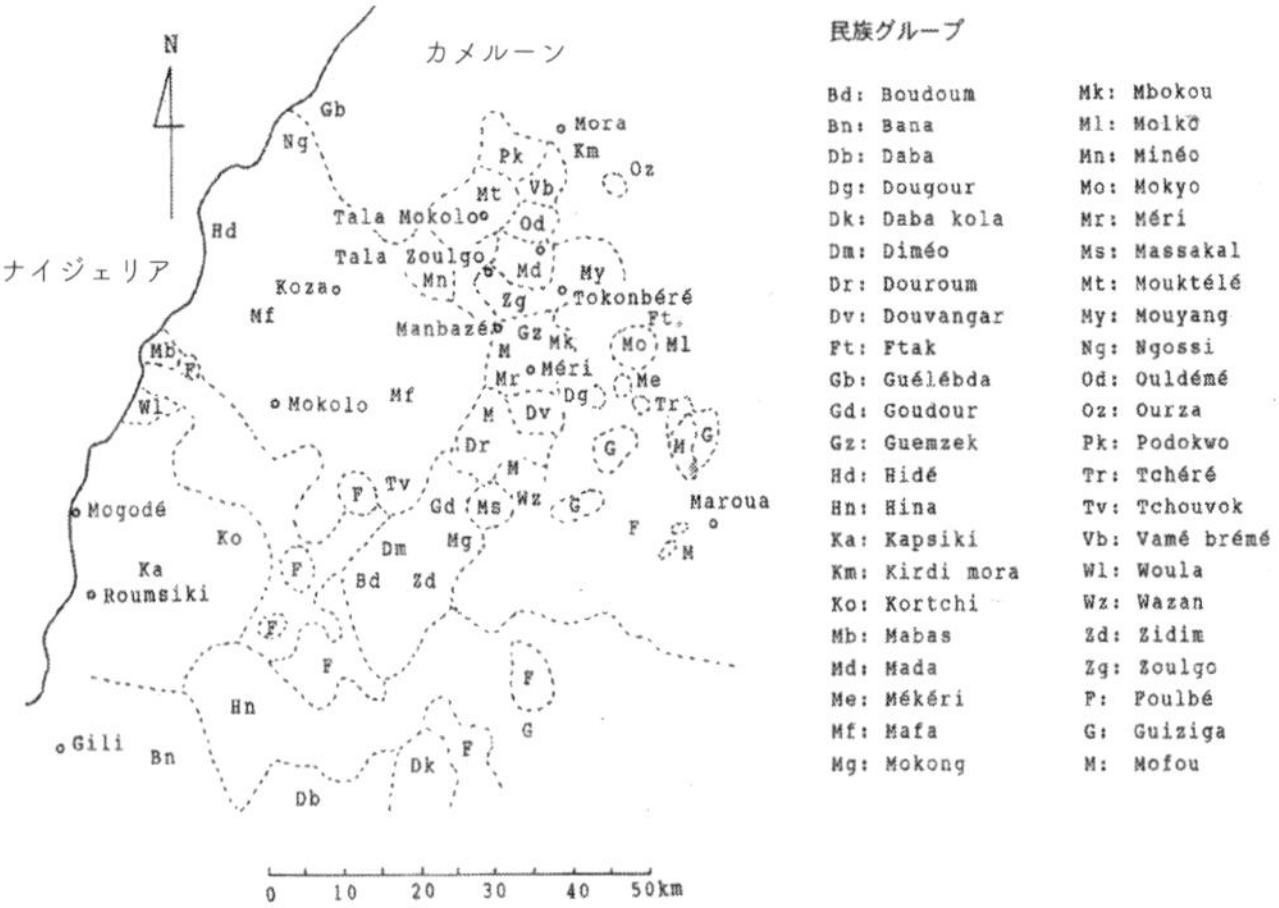

図1-3　カメルーン北部の民族分布（水野2001a、2005e）

ファ民族の住居は、尖った屋根を持つところに特徴がある（図1－5）。

ツァバ（主要民族フルベ）では、石造りの家と泥で造られた家の両方が見られる。古い家ほど石造りの場合が多く、築15年の家は直径10～20cm（平均15cm）の岩屑を積み上げて造られている。石造りの家は泥の家に対し、冷涼な雨季の場合は家の中が暖かく、暑い乾季の場合は中が涼しい。とくに、乾季の月平均気温は30℃を超えるため、石造りの家の方が快適である。しかし、泥の家の方が建設が楽なため（たとえば、大人2人で1週間かかる石造りの家に対し、泥の家は4日でできる）、近年は泥で家を造ることが多い傾向にある。しかし、耐用年数が石造りの家の30～40年に対し、泥の家は20年以下と短い。

石英斑岩地域のマゼヤ（主要民族モフ、図1

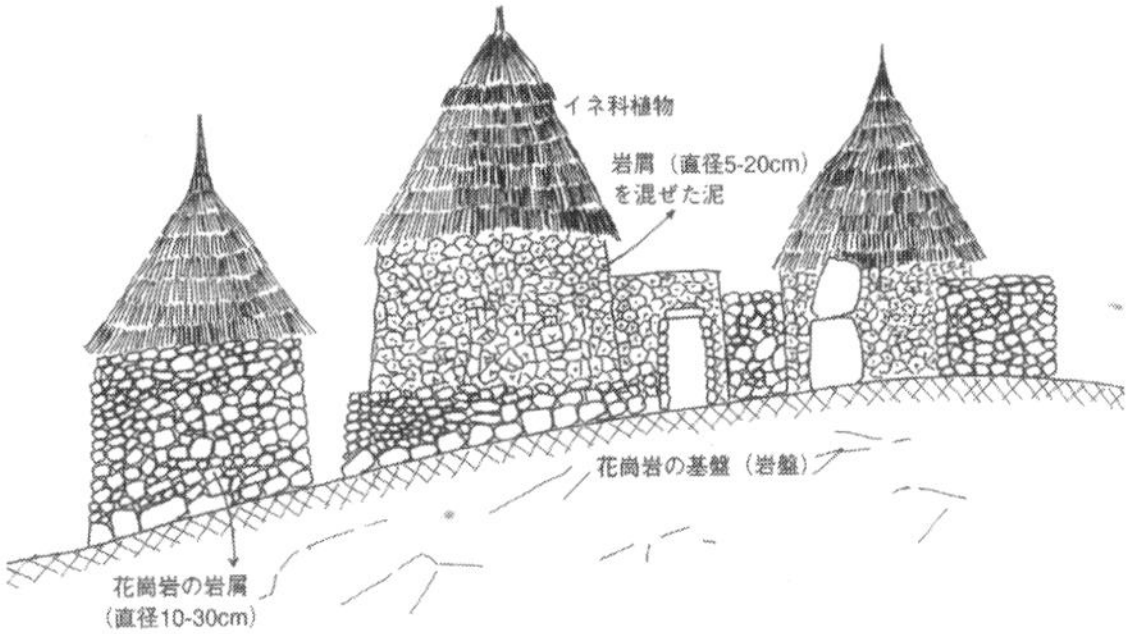

図 1-4　ギヴェル Guivel に見られる伝統的住居

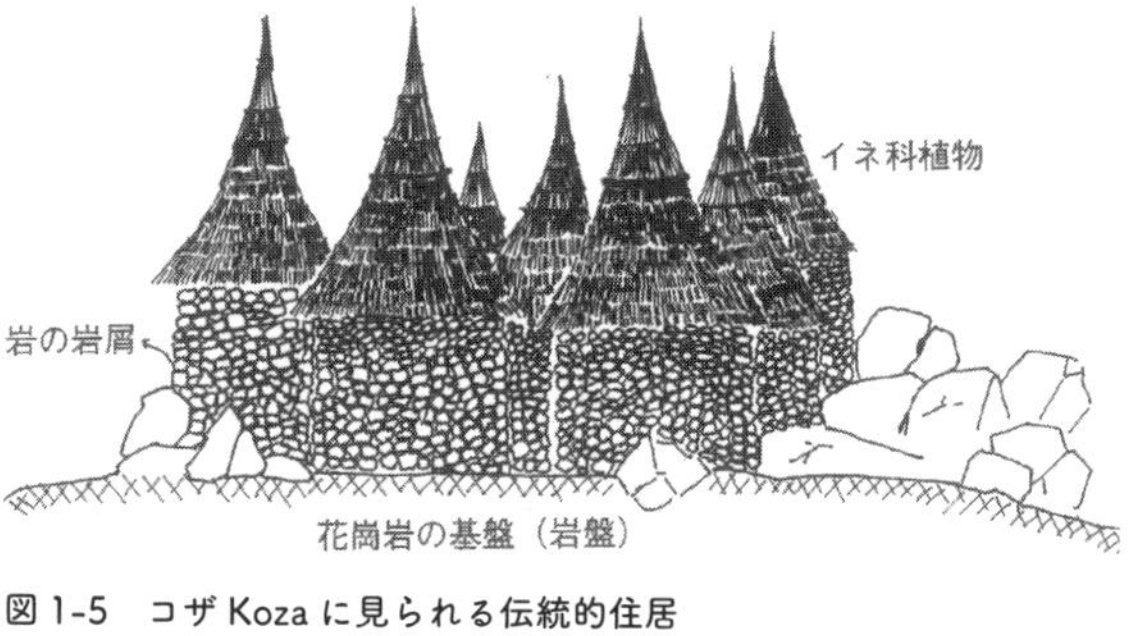

図 1-5　コザ Koza に見られる伝統的住居

－7）も、花崗岩同様、岩盤の上に家が造られている場合が多い。岩盤の表面に凹凸があるところは、その上に岩屑を並べることにより水平にし、その上に家を造っている。また大きな岩をうまく利用するように家造りがなされている。

沖積層地域のグーリー（主要民族モフ、図1－8）、マンガイ（主要民族モフ、図1－9）、モケジェク（主要民族モフ、図1－10）では、周りに岩屑がない。そこで、このあたりの粒子が粗い泥を固めて太陽の光で乾かして、日干しレンガを作り、それを積み上げて家の壁が作られている。家の土台になる部分は、岩屑を積み上げて作っている。屋根はイネ科植物で葺《ふ》いてある。穀物倉庫は、穀物を入れるカゴ（イネ科植物で作る）の上に泥を塗って作られている。マカリンガイ（主要民族ムヤング）では、上記3地域の家の泥が赤茶色をしているのに対し、ここの泥は灰色っぽく、粒子も細かく粘着性がある。そのため、単に泥を積み上げて家の壁や家を取り囲む大きな塀を作っている。

粗面岩地域のモゴデ（主要民族カプシキ、図1－11）やルムシキ（主要民族カプシキ）では、基盤の粗面岩が割れやすいので、人工的に割った岩屑（直径10～30㎝、平均20㎝）を大量に使用して、家の周りを長大な塀で囲っているところに特徴がある。また、岩屑が鋭角に割れ、割れた岩屑の表面がなめらかなため、塀の表面も平らでなめらかである。岩屑で作られた塀を家の壁として利用するなど、他地域ではあまり見られない形での岩屑の利用がなされている。家の屋根はイネ科植物で葺いてある。ここでも最近は泥で家を造る傾向があるが、古い家は石造

図 1-6　マンバゼ Manbazé に見られる伝統的住居

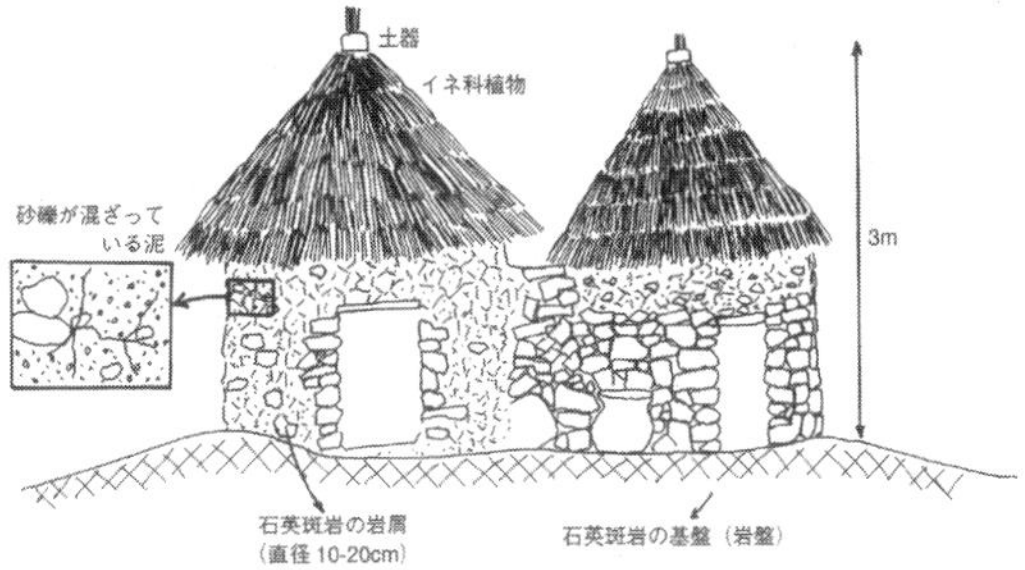

図 1-7　マゼヤ Mazeya に見られる伝統的住居

図 1-8　グーリー Goueley に見られる伝統的住居

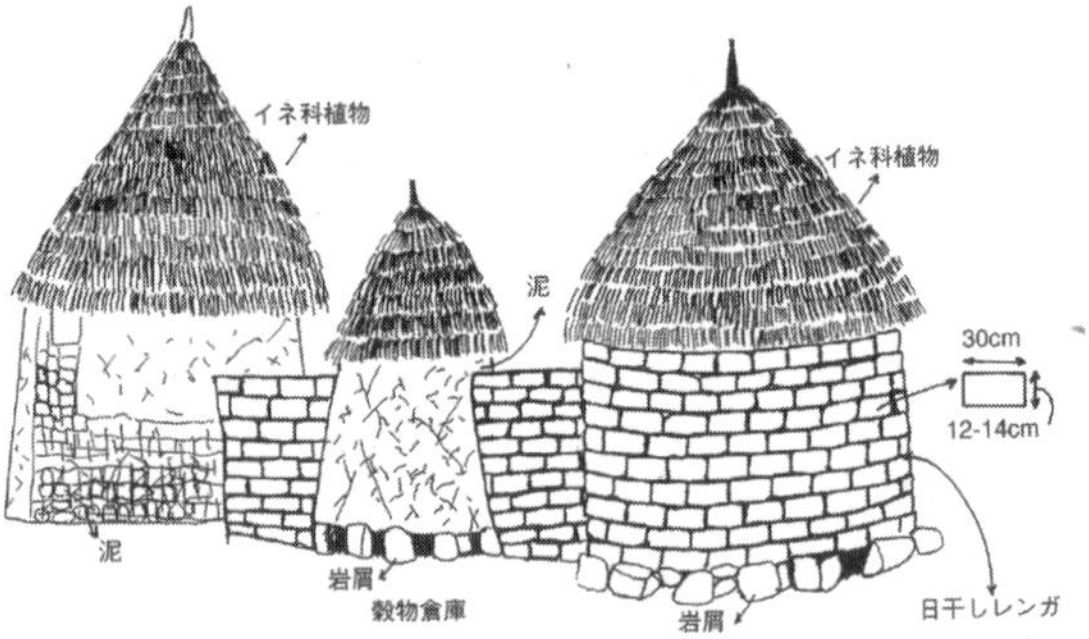

図 1-9　マンガイ Mangay に見られる伝統的住居

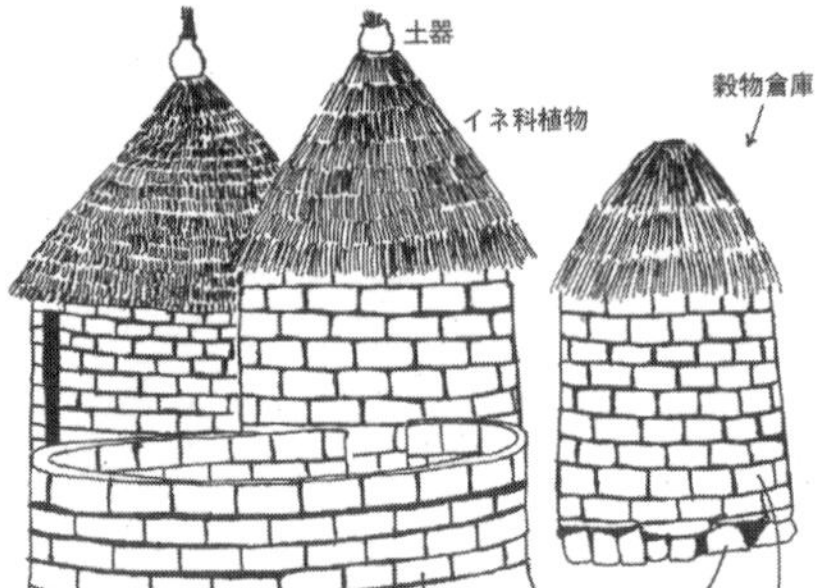

図 1-10　モケジェク Mokéjek に見られる伝統的住居

りである。家畜小屋は、家畜が雨季の湿気と乾季の暑さを嫌うため、あるいは、家畜が顔を擦るなどして壁を削らないようにするために、石造りが一般的である。

穀物倉庫は石を並べた上に造る高床式で、イネ科植物で作った大きなポットの中に、上の穴から収穫した穀物を入れ、その後、ポットを上から泥で塗り固めて作る。イネ科植物で作ったポットを泥で覆う理由として、不慮の火災から守ることが挙げられる。このカプシキの人たちの住居の特徴は、屋根が他地域のように尖っていなくて、丸まっており、一番上にイネ科草本で作られたカゴがかぶせてある家が目立つことだ。

カプシキ地方の精霊信仰の人たちの墓は、石を積み上げて作る。まず、死後すぐに石を直径1m弱の円形に、高さ30cm程度まで積み上げる。1年後に大きな儀式を終えると、高さ1m弱まで石を積み上げ、最上部に男性の場合は割った壺を置き、女性の場合はボールの器を置く。また、残した子供の数だけ、小さな岩屑を上に立てる。

頁岩地域のタラ・モコロ（主要民族ムクテレ、図1－12）では、直径5～10cmの小さな岩屑を1m近く積み上げ、その上に直径20～50cmの大きな岩屑を積み上げて造られた家が多い。頁岩が細かく割れることを利用して、その細かい岩屑を巧みに利用している。そのため、住居が美しく整然とした感じに見える。

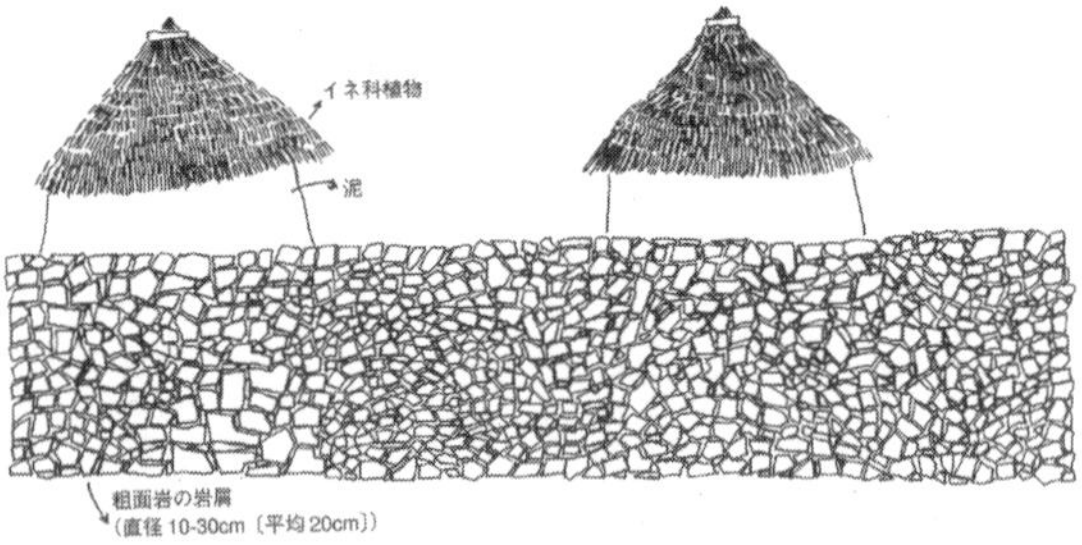

図 1-11　モゴデ Mogodé に見られる伝統的住居

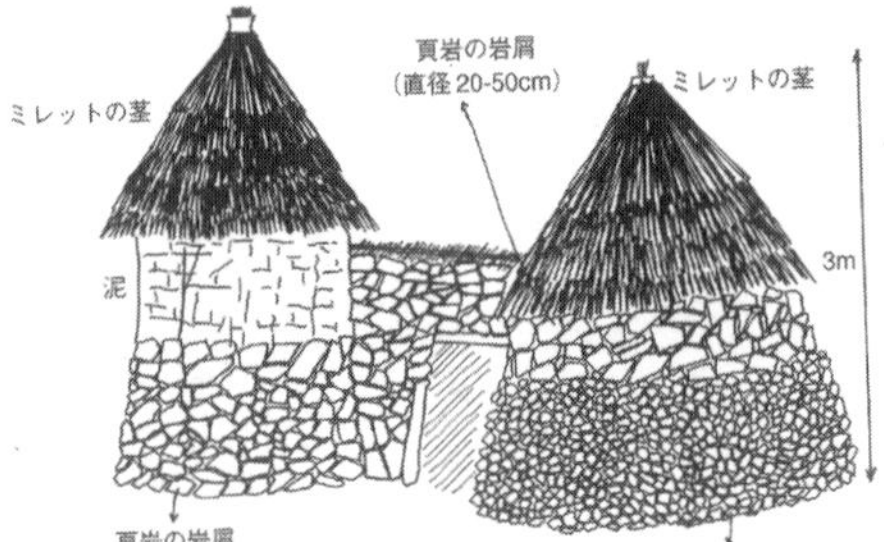

図 1-12　タラ・モコロ Tala mokolo に見られる伝統的住居

カニ占いで結婚を占う

　カメルーンの北部、マルア近くのカプシキ地方では、〝crab sorcerer〟と呼ばれる呪術師《じゅじゅつし》が、各村に1人ずついる（写真1－4）。彼らは、カニを使って、あらゆることを占う。村人たちは、結婚とか出産とかの相談事を彼らに持っていき、その占い結果にしたがって、結婚したり、出産したりしているようだ。そして、その報酬として、ヤギやミレットなどを納めている。私はカプシキに行ったとき、子供たちに、わけもわからず呪術師のところに連れて行かれた。おそらく、子供たちは、観光客をそこに連れて行けば、彼から報酬がもらえるのだろう。私は、子供たちにかなりしつこく付きまとわれ、根負けして彼のところに行ったのだった。そこに行くまでは、そこが呪術師のところだということを知らなかった。

　片言の英語をしゃべる子供たちが私に、「何か占ってもらうことはないのか？」。占い？　占いと言えば、そう、そのときの私には「結婚」しかなかった。さっそく、「結婚」を占ってもらった。しかし、彼がカニを取り出したとき、私は絶句してしまった。カニで占う？　私の人生にとって重要な「結婚」を……。カニがちょこちょこと歩いて、それで、「あなたの結婚は……」と呪術師は占うのだ。呪術師がカプシキ語で話すのを、子供が英語で通訳する。カニの動きを見た呪術師の老人は、「あなたは、このアフリカから日本に帰った後、今度はヨーロッパに行く」。うっ、うん。たしかに、秋からドイツに行くなあ。これは、ひょっとして……。「ヨーロッパで、言い寄ってくる女性が何人かいる」。そんないいことがあればうれしいが、ちょっと信じがたい。「しかし、彼女たちを受け入れてはならない」「なぜなら、あなたの結婚相手はSpecial Japanese である」。このスペシャルジャパニーズというのがよくわからない。なにせ、子供のよくわからない英語だけに。子供に、「スペシャルジャパニーズって、いったい何だ？」と聞くと、「それは、スペシャルジャパニーズだ」という返答。さらに、「あなたが結婚できるのは、2年後以降だ」

写真 1-4　カプシキ地方の “crab sorcerer”

私は2年前にナイロビでインド人の占いを受け、そこでは、2年以内に結婚できる可能性があり、それ以降は可能性がほとんどないということだった（詳細は、『地理学者、発見と出会いを求めて世界を行く！』水野一晴、2023、ちくま文庫参照）。おまけに、インド人の占いは、「最初の半年では日本人、それ以降なら外国人との結婚の可能性が高い」と言っていたのに……。世界のどこにでも占いはある。その占いの形も土地それぞれで、世界の占いを調査したらおもしろいと思った。

02

ザンジバルの美しい珊瑚礁と世界遺産の旧市街地はかつて奴隷貿易の拠点だった

イスラーム信仰と地域社会をザンジバル（タンザニア）で探る（1992～2023年）

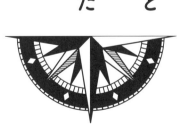

ブタ肉を絶対に食べないムスリム

イスラームは起源7世紀の初めにムハンマド（マホメット）が、天使ガブリエルから神（アッラー）の啓示を受けて生まれたとされる宗教である。唯一絶対の神を信仰し、神が最後の預言者たるムハンマドを通じて人々に下したとされるクルアーン（ムハンマドが受けた神の啓示をまとめた聖典。コーランとも呼ばれている）の教えを信じる一神教である。その内容は宗教的教義のみならず、社会・制度・生活にまでわたっている。イスラームとは、「神への絶対的帰《き》依《え》・服従」を意味し、ムスリム（イスラームの信徒）は「帰依したもの」を意味する。

イスラームは、ムハンマド以来のスンナ（範例、慣行）にしたがうスンナ（スンニ）派（ムハンマドが存命中に語ったこと、命令したこと、彼の行動をまとめた伝承が基本）と、ムハンマドの従兄弟アリーとその子孫のみがイスラームの指導者だとするシーア派（アリーが初代のイマーム（指導者））に分かれた。イスラームは中東や北アフリカなどのアラビア諸国で信仰されている。多くはスンナ派であるが、イランの国民の約90％、イラクの約60％がシーア派である。インドネシアは国民の9割近くの1億5000万人以上がイスラーム教徒である。

ムスリム（イスラームを信仰する人々）は、ブタ肉を食べることやお酒を飲むことが禁じられているが、ムスリムの中にもお酒を飲む人はときどき見かける。しかし、彼らはブタ肉は絶対に食べない。ムスリムにとってブタ肉は不浄《ふじょう》のものであるからだ。その徹底ぶりにはけっこう驚かされるものがある。私の家でときどきバーベキューをするのだが、バングラデシュからの留学生を招いたときは、ブタ肉を出さなかったにもかかわらず、ムスリムの彼らは焼き網を自分たちで洗わせてほしいと申し出てきた。もちろん、焼き網はバーベキュー後に毎回きれいに洗っているのだが、それを自分たちの気が済むまで洗わなければ、ブタ肉を焼いたかもしれない汚れた網に載せた肉や野菜を口にできないというわけだ。おそらく彼らにとって焼き網でブタ肉を焼くということは、焼き網の上で糞便を焼いているのと同じなのだろう。我々も、糞便を焼いた網ならば、自分で気の済むまで洗うだろうから。

イスラームでは「禁止」をハラームと言い、イスラームの5段階の義務規定（「義務」「推奨」「合法」「回避」「禁止」）のうちの一つである。ハラームは立法者がその実行を禁じたことであり、その禁止を犯した者は来世でもアッラーの懲罰を受け、現世でも法的な処罰を科されるとされる。飲酒やブタ肉はハラームであり、果実のなる木の根元への放尿や同性愛もハラームである。イランやサウジアラビアでは刑法で「ソドミー罪」が定められており、同性同士の性交が確認されると死刑に処されるほど厳格に罰せられる。

ハラームの反対に、イスラーム法で許された項目をハラールという。イスラーム法上で食べることが許されている食材や料理も指すため、最近、日本でもムスリムの人たちの増加とともに、イスラーム法で合法な加工や調理作法が遵守された食品、すなわちハラールを提供する店が増えてきた。

奇遇によって導かれた「この世の楽園」ザンジバル

私がザンジバルを初めて訪れたのは1992年である。初めてケニア山の調査を行なった後、タンザニアに渡り、キリマンジャロを登ったときだった。同じキリマンジャロの登山ツアーでいっしょだったスペイン人の4人グループもドイツ人の2人連れも、その後、ザンジバルに行くという。彼らに言わせれば、最近ヨーロッパでは「この世の楽園」と言われて人気が出つつあるという。そんな「この世の楽園」ならばぜひ行ってみたいと思い、ナイロビに戻って帰国まで5日ほど残っていたので、とんぼ返りでナイロビからザンジバルに直行便で飛んだのだった。ナイロビの旅行会社オフィスでザンジバル便を尋ねたら、なんと最後の1席が残っていると言う。運も私をザンジバルに導いたのだった。

いきなり行くことになったので、ザンジバルに関する予備知識を何も持たず、当時、インターネットも存在していなかったので（1994年頃から普及し始めた）、現地に上陸して何もかもにびっくりした。そこにはイスラーム、アラブ独特の社会とザンジバル特有の雰囲気があった。それまでイスラーム社会と言えば、前年にヨーロッパに行った際に、マレーシア航空のストップオーバーで滞在した2日間のマレーシアのみであった。ここでの強烈な体験は、私をその後、海外に押し出す原動力になったのである。

そして、1996年と1997年には別々の学生をともなって、再度ザンジバルを訪問した。彼らにはケニア山調査を手伝ってもらったのだが、以前、彼らにザンジバルの写真を見せたことがあって、調査後にはどうしても行きたいという要望があったからだ。

スルタン王朝と奴隷貿易のザンジバル

珊瑚礁《さんごしょう》の島ザンジバル（ウングジャ島）は、佐渡島の約2倍の面積であり、ペンバ島を合わせると人口約150万人（2012年）である（写真2－1）。ザンジバルの繁栄は季節風とダウ船によるところが大きい。11月～3月には北東季節風が吹き、4月～9月には南西季節風が吹くため、中東・インドとアフリカ東岸の間を帆船のダウ船が往来し（写真2－2）、貿易が盛んになった（図2－1）。そのため、バントゥーアフリカとアラビアが融合し、スワヒリ

写真 2-1　ザンジバルの中心、ストーン・タウン。インド洋岸にスルタン王宮や「驚嘆の家」（スルタン迎賓館）など歴史的建造物が並ぶ（筆者撮影）

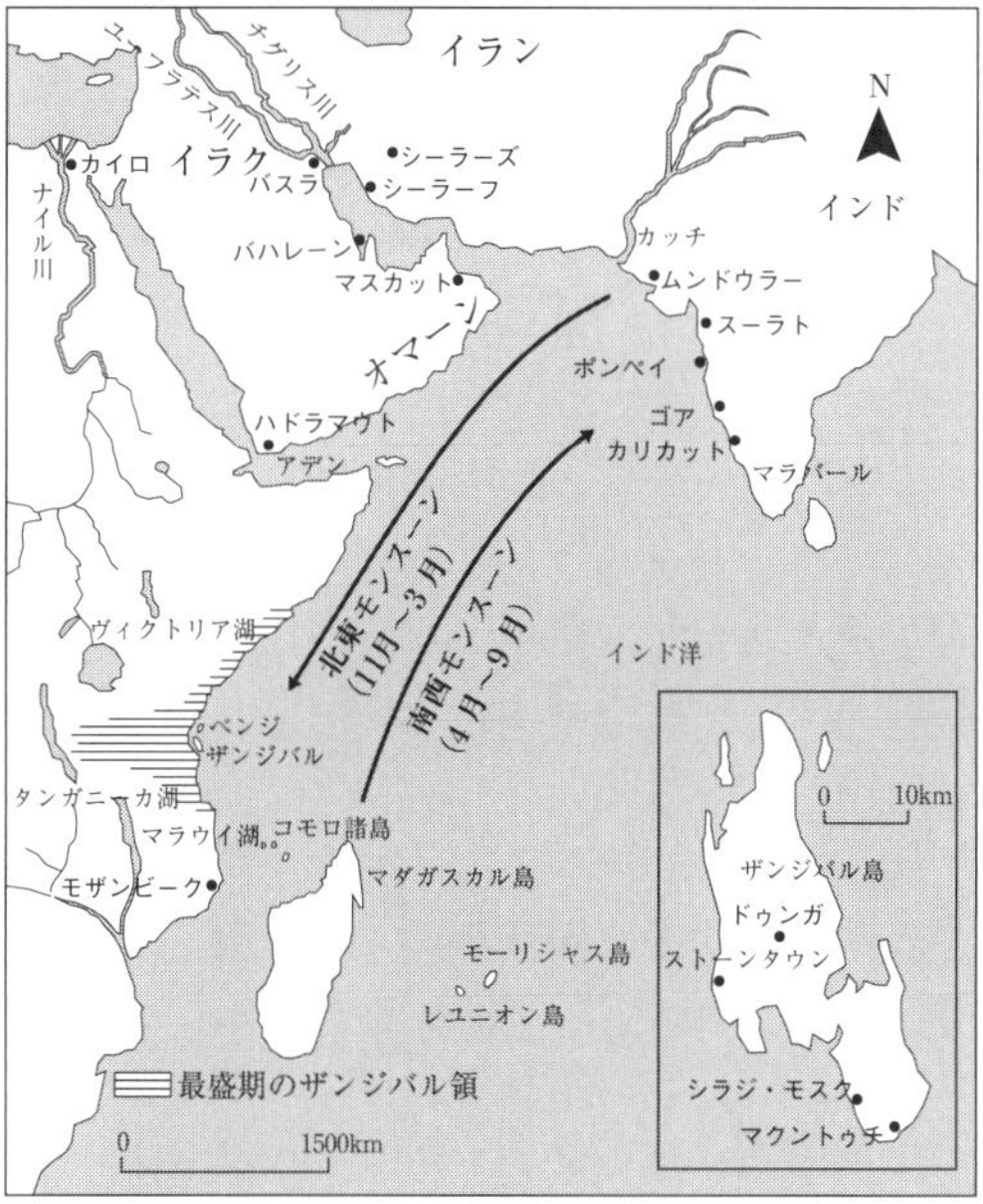

図 2-1　19 世紀のインド洋西域と東部アフリカ（富永 2001）

写真2-2　季節風を利用してインド洋交易に活躍したダウ船（孫暁剛撮影）

文化が生まれたのである。

8〜9世紀頃から、ペルシャ湾からムスリムのペルシャ人（シラジと自称）が東アフリカ沿岸部に移住し、ザンジバルには15世紀末までにシラジの独立スルタン王朝ができた。１４９９年に、ヴァスコ・ダ・ガマがザンジバルを訪れたのをきっかけに、16世紀初めにはポルトガル人が東アフリカ海岸を約２００年間支配した。しかし、オマーンのサイード・ビン・サイイドがポルトガル人を追放しザンジバルの王となり、１８３２年には宮廷をザンジバルに移した（写真２－３）。以降、ザンジバルに繁栄がもたらされる。当時のザンジバルは喜望峰回りの東西貿易の重要拠点だったほか、黒人奴隷や象牙の輸出港としても栄え、奴隷を使った香辛料の丁子（クローブ）の栽培も盛んになり、スルタンに大きな富をもたらした。

サイード王は輸入関税の引き下げと輸出税の廃止により外国人商人の誘致を図り、インド洋西域に拡散していた商業ネットワークをザンジバル中心のネットワークに再編した。ザンジバルではインド人商人、アラブ系のスワヒリ商人、内陸部のアフリカ人商人が活躍することになる。とくに商取引にからんだイスラーム独特の代理人制度が、ザンジバルにおけるインド人社会を拡大する結果になり、1836年に200人足らずだったインド人は、19世紀末には8000人を超えた（富永2001）。

ザンジバルの繁栄の陰には奴隷制があった。アフリカ人が奴隷としてイスラーム世界に運ばれたのはサハラ・ルートで、10〜15世紀を最盛期として総数622万人にのぼった。一方、紅海とインド洋ルートで運ばれた数は、19世紀を最盛期として総数330万人で、その最大の奴隷市場がザンジバルにあった。ザンジバルの重要な輸出品であるクローブの収穫に奴隷は不可欠だったのである。1886年のザンジバルの人口推計によれば、ヨーロッパ人およびゴア出身のインド人キリスト教徒200人、インド人7500人、アラブ人4000人、ザンジバル人3万人、解放奴隷2万7000人、奴隷14万人である。1873年にザンジバルはイギリスと奴隷売買を止める条約を結び、その日にザンジバルの奴隷市場は閉鎖された。その後、その場所には大聖堂が建てられたが、地下には当時の牢獄などが今で

写真2-3　スルタンが式典用に建てた宮殿「驚嘆の家」（The House of Wonder、写真中央）とスルタン王宮（写真左）（孫暁剛撮影）

も残っている（写真2－4）。1948年の統計によれば、ザンジバル人口26万5000人のうち、アフリカ人が20万人、アラブ人が4万5000人、インド人が1万6000人、その他が4000人になっている（富永2001）。

写真2-4　奴隷市場跡に建設された大聖堂の地下には当時奴隷を収容した牢獄が今も残されている（筆者撮影）

写真2-5　ストーン・タウン。イスラーム都市特有の細く迷路のような路地（筆者撮影）

表2-1　伝統的建築物の分類（Siravo and Bianca 1996）

建築物	建築物の数
店舗付きインド風建築物	546
アラブ様式建築物	426
インド様式建築物	108
スワヒリ様式建築物	92
ヨーロッパ様式建築物	74
ヨーロッパ風市民建築物	57
モスク（スンニ派、ハワーリジュ派）	44
モスク（シーア派）	7
ヒンドゥー教寺院	2
キリスト教教会	2
その他	8

ストーン・タウンの街並みを走る日本の幼稚園送迎バス

ザンジバルは、その都市景観に歴史が大きく反映されている。ザンジバルの中心は、2000年に世界遺産にも登録されたストーン・タウンと呼ばれる地区である（図2－2）。ストーン・タウンは、イスラーム特有の複雑に入り組んだ迷路になっている（写真2－5）。ストーン・タウンは4つの街区（シャンガーニ、マリンディ、ダラジャニ、バカニ）から構成され、人口約1万5000（1988年）で、1709の建築物がある。これらのうち1453が伝統的な建築物だ。それらはその由来にしたがい、用途や構造、建材、装飾の類似性を考慮して、表2－1のように区分される（図2－2）。一番多いのが店舗付きインド風建築物である（写真2－6）。すなわち、2階にバルコニーを持つようなインド風建築物であるが、1階が店舗になっている。これは全体の32％を占めている。次に多いのが25％を占めるアラブ様式建築物であり（写真2－7）、さらにインド様式建築物が続く（写真2－8）。郵便局など、市民のための公共施設はヨー

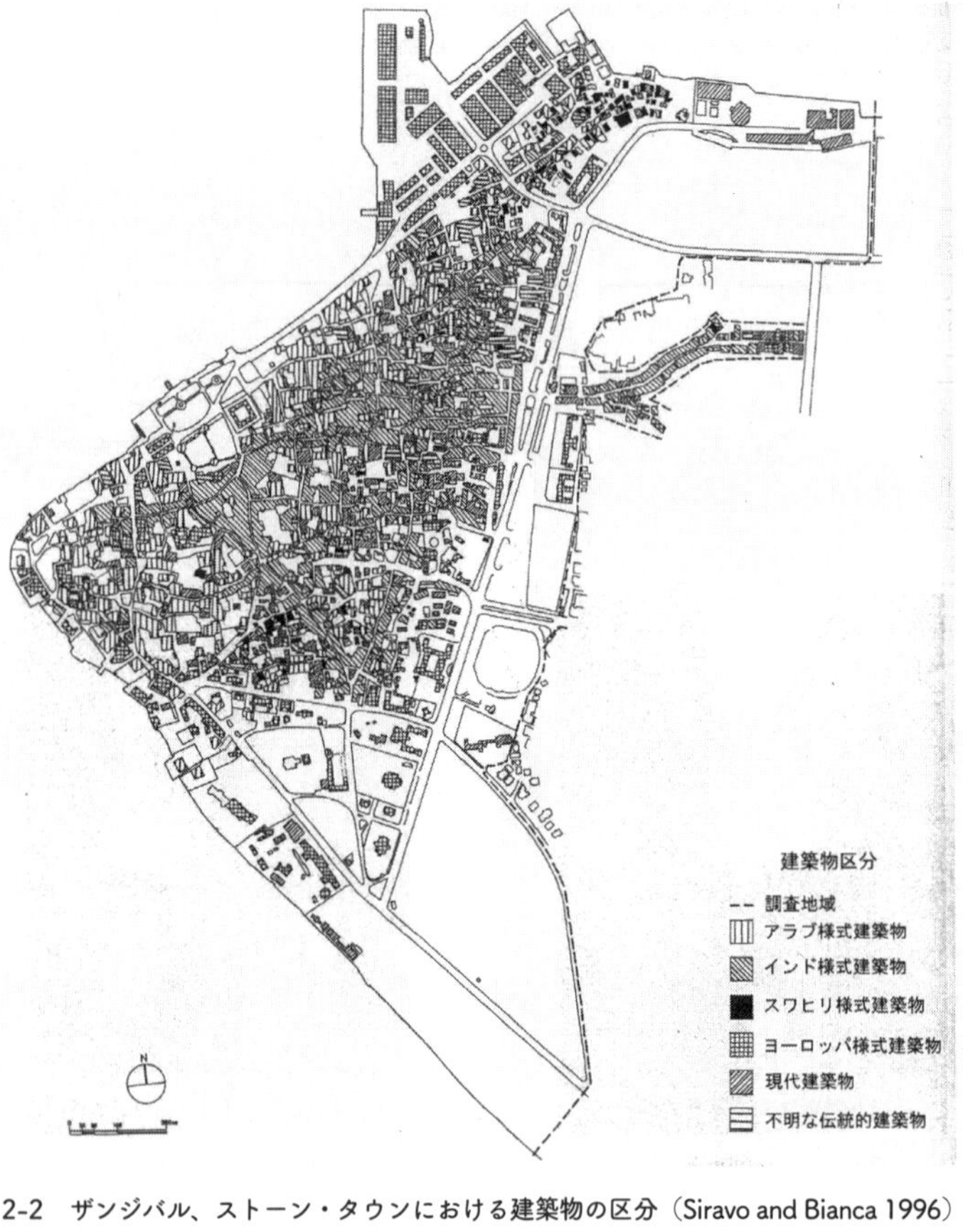

図 2-2　ザンジバル、ストーン・タウンにおける建築物の区分（Siravo and Bianca 1996）

写真2-7　ストーン・タウンのアラブ様式建築物（榊原寛撮影）

写真2-6　ストーン・タウンの店舗付きインド風建築物（榊原寛撮影）

写真2-8　ストーン・タウンのインド洋式建築物（榊原寛撮影）

写真2-10　インド風ザンジバル・ドア（榊原寛撮影）

写真2-9　アラブ風ザンジバル・ドア（榊原寛撮影）

ロッパ風の建築物が一般的である。ザンジバルは珊瑚礁の島であるため、これらの建物の壁は珊瑚を積み上げてモルタルで固めて造られている。したがってストーン・タウン全体が白く、それがザンジバルの青い海と空によく映えている。そして、多くの建物に取り付けられている見事な彫刻の木製の扉、すなわちザンジバル・ドアもザンジバルの特徴となっている（写真２－９、２－10、水野２００８ａ、２０１７）。

ストーン・タウンには大きく分けて３種類の市場、すなわち船着き場に近い魚市場、タウンのはずれにある公設市場、街の中心部の細い通りに軒をつらねる常設店舗がある（富永１９９５）。魚市場と生鮮食料品を扱う公設市場は小売りと卸を兼ねており、すべてアフリカ系の人々が仕切っていて、日用雑貨を商う常設店舗は、インド系かアラブ系商人によって商われている（写真２－11）。インド洋を往来する貿易船を遠望できるシャンガーニ地区の海岸沿いには、重要な歴史的建造物が建ち並ぶ（写真２－１）。代表的なものとして、「驚嘆の家（House of Wonder）」（スルタン迎賓館）やスルタン宮殿などがある（写真２－３）。

このストーン・タウンを行き交う公共交通は、日本の中古の幼稚園や旅館の送迎ミニバスである。○○幼稚園とか△△旅館と日本語で書かれたミニバスをよく見かける（写真２－12）。宮崎県出身の学生が地元の幼稚園車を見つけて感激していた。日本の幼稚園の送迎バスは遠く離れたザンジバルで今でも活躍しているのである。

このストーン・タウンには、かつてジャパニーズ・バーがあった（写真２－13）。19世紀末

写真2-11　ストーン・タウンのマーケット（筆者撮影）

写真2-13　ストーン・タウンの中で1920年代に繁盛したジャパニーズ・バーの跡（筆者撮影）

写真2-12　ストーン・タウンの公共交通で使われている日本の中古のミニバス（筆者撮影）

から１９２０年代までがジャパニーズ・バーが繁栄した時期で、１９００年頃から１９２０年代までは常に10人近くの日本人女性が娼婦として働いていた。彼女たちの多くは長崎、島原、天草の出身であり、「からゆきさん」として最初にシンガポール、その後ザンジバルまでやってきている。最初にザンジバルに「からゆきさん」がやってきたのは１８９４~95年頃である。大阪商船が１９２６年にアフリカ東岸線の定期航路を開き、ザンジバルも寄港地になったため、ジャパニーズ・バーは日本船の来航で賑わった。その最大の顧客が船員だったのである。ザンジバルには当時、イギリス、ドイツ、フランス、ポルトガル等の客船や貨物船が定期的に来航し、１９２０年代にはザンジバルに5つのバーがあったが、そのうちジャパニーズ・バーは英国バーとともに最も繁盛していたという（白石１９９５）。

急速に変化したザンジバル――お湯の出ないホテルからコンビニへ

私がザンジバルを訪れたのは、前述の通り、１９９２年、１９９６年、１９９７年と、その後２００７年、２０２２年、２０２３年の計6回であった。１９９２年にはホテルやレストランの数は限られていて、ホテルも水やお湯が出ないという水不足の問題があった。観光客向けのお土産屋は私が見た限りでは1軒もなかった。空港の売店に置かれていたのは、かつてザンジバルが世界最大の産地であったクローブ（丁子）と、その種子から採ったクローブオイルのみだった。それが、１９９６年に訪問したときは何軒かの店で絵はがきが売られていたことに驚いた。1997年には、海岸で毎日夕方から出る露店に、それまでの飲食物以外に彫刻品などのお土産が床に敷かれたビニールシートの上で売られていた。2007年になるとホテルの数も増え、以前のように、ホテルのシャワーのお湯が途中で止まるということもなくなった。

そして2022年、15年ぶりにザンジバルを訪れた。訪れて驚いたことはホテルや観光客相手のレストラン、土産物屋が爆発的に増えていたことである。以前、珊瑚礁の東海岸の静かな村パジェは電気も水道もなく、宿もランプと井戸水利用であったが、そこが一大観光地になっていて、以前は想像もつかなかった観光客相手のバーやレストラン、コンビニ、おびただしい数の土産物屋が林立していた（写真2－14）。2000年にストーン・タウンがユネスコの世界遺産になったことが、観光地としての急拡大につながっている。日本人のサオリさんが1992年7月にオープンさせたバンガローは、パジェの繁華街から離れているため、今でも当時の静けさと美しい珊瑚礁の海を満喫できる。私が最初に訪れたのはオープンの翌月であったため、私も30年以上にわたる利用客となった。2022年は、指導する大学

写真2-14　東海岸のパジェにあるコンビニや土産物屋（筆者撮影）

院生2名がザンジバルで調査して修士論文を書くので、彼らに同行したのであった。

血で染まったザンジバル革命——フレディ・マーキュリー一家もイギリスに逃避

ザンジバルはタンザニア連合共和国に属しているとはいうものの、強い自治権を持ち、ザンジバル革命政府によって統治されている。1963年にイギリス連邦の一員としてザンジバル王国として独立したが、翌1964年にアラブ系スルタンの長年の支配に不満を持っていたアフリカ人がクーデターを起こし、アラブ人とインド人が排斥される流血の中でザンジバル人民共和国が樹立された。いわゆるザンジバル革命である。17世紀以降にザンジバルに居住していたアラブ系やインド系民族に対する虐殺が発生して多くの犠牲者を出し、生き残った人々は財産の半分を没収されながらも出国した。このときにストーン・タウンで生まれ育ったインド系のフレディ・マーキュリー（ロックバンド「クイーン」のボーカリスト）も、17歳で家族といっしょにイギリスに逃れた。ストーン・タウンに現存する彼の生家は1階が博物館、2階がホテルになっている。同年、大陸部のタンガニーカと合併してタンガニーカ・ザンジバル連合共和国を結成し、現在のタンザニア連合共和国が成立した。

2022年の滞在中、院生たちの調査許可証を取るために、まず、ザンジバル大学を訪問し、事前に連絡を取っていた准教授の先生と共同研究を行なうという形で、調査許可申請に必要な推薦書を書いてもらった。調査許可証はタンザニア政府発行のものではなく、ザンジバル政府発行のものが必要である。役所を回る合間に、帰国72時間以内のＰＣＲ検査の陰性証明書を取るため病院を訪れ、検査をしてもらった。この証明書もザンジバル政府保険局発行のものである。すべてに関し、ダルエスサラームのある大陸側の政府とザンジバル政府は別であった。同じだったのは、入国時のタンザニアビザくらいであろう。

老人と海

２０２３年にケニア山とキリマンジャロの調査を終えて、院生が調査しているザンジバルを訪れた。ある日、早朝にボートに乗って釣りに出かけた。２時間ほど経ってもまったく釣れなかったのだが、カヌーの両脇にアウトリガーと呼ばれる浮子《うき》を張り出しているアウトリガー・カヌーに乗っている１人の老人に遭遇した（写真２−15）。老人は釣り竿もなしに、釣り糸を直接海に垂らしているだけである（写真２−16）。そして、船から10ｍくらい離れた海面から、勢いよく大きなカジキマグロを跳ね上がってきた（写真２−17）。マグロは何度も海面から高く飛び上がる。老人は釣り糸を素手で引っ張っている。すごい光景だった。老人とカジキマグロの格闘は１時間くらい続いた。ついにはマグロをカヌーの近くまでたぐり寄せ、長い銛《もり》で一突きにぶっ刺して、全身の力を込めて、小さな小舟まで持ち上げた。我々は、間近でその格闘を見続け、ヘミングウェーの世界に引き込まれたのである。

我々はその漁師に頼んで、カジキマグロを１００ドルで譲ってもらった（写真２−18）。宿

写真 2-15　ザンジバルの海で出会った漁師とアウトリガー・カヌー（筆者撮影）

写真 2-16　釣り糸を素手で握り、魚と格闘している漁師（筆者撮影）

写真 2-17　老人によって釣られ、海面から跳ね上がるカジキマグロ（孫暁剛撮影）

に帰って、宿の日本人オーナーのサオリさんに頼み、従業員にマグロの半分ほどをさばいてもらった。お昼はにわかパーティになり、宿の宿泊客であるイタリア人夫妻、フランス人夫妻、ドイツ人夫妻といっしょに、大量の刺身と炭火焼きで食べ、新鮮でおいしかったが、量が多くてとても食べきれなかった（写真２－19）。

写真 2-18　漁師が釣ったカジキマグロ（筆者撮影）

写真 2-19　マグロをさばいて刺身と炭火焼きで、にわかパーティ（筆者撮影）

03

昼は熱々、夜は寒い。ナミブ砂漠の満天の星の下での晩酌は最高だ！

ナミブ砂漠に生育する植物やその生態、
それを取り巻く住民生活を探る（２００１年）

世界で最も古く美しいナミブ砂漠に憧れる

　私はケニア山で、「低温という厳しい環境において、温暖化や氷河の縮小が高山植物の分布や生育環境にどのように影響を与えているか」を明らかにしようと調査していた。長年調査しているうちに、「乾燥という厳しい環境においては、温暖化のような気候環境の変化が、どのように植生に影響を及ぼすのだろうか」と考えるようになってきた。そして砂漠を調べているうちに、ナミブ砂漠の自然に惹かれていった。ナミブ砂漠の起源は少なくとも４５００万年前にさかのぼり、世界で最も美しい砂漠と言われていることにとくに惹かれた。魅力的なナミブ砂漠で調査をしたいと考えていたとき、奇遇にも文部省（現文部科学省）の在外研究の機会が巡ってきたのだ。私は在外研究を利用して、以前から知り合いだったドイツのレーゲンスブルク大学のハイネ教授のもとで研究したいと考えた。ハイネ教授はナミブ砂漠の研究では非常に有名な人だったのだ。レーゲンスブルク大学での在外研究については『地理学者、発見と出会いを求めて世界を行く！』（ちくま文庫）を参照されたい。

10ヶ月間の在外研究を終え、2000年7月31日に帰国した私は、ナミビアで調査を始めるために、文部科学省の科学研究費（科研費）に応募することにした。応募の結果は翌年4月初めに出るのだが、その結果を待たずして、2月にナミビアを一度訪問することにした。

ヨハネスブルクで襲撃される！

2001年2月11日に日本を発ち、まずドイツへ、ルフトハンザの飛行機で行った。ハイネ教授に会って、ナミビアでの研究のための情報を得るためである。2月15日にフランクフルトを飛び立ち、翌16日に南アフリカ共和国のヨハネスブルクに到着する。ナミビアに行く前にヨハネスブルクの街に数日滞在して、南部アフリカの雰囲気を知ろうと考えた。ところがヨハネスブルクの情報をいろいろ仕入れると、「世界一治安が悪い街」として挙げられ、ガイドブックには、「街で襲われたら、相手が銃やナイフを持っていることもあるので抵抗しないこと」という注意書きがあった。ガイドブックにそのような注意書きがある街はそれまで見たこともなかった。

ヨハネスブルクに限らず、アフリカの大都市は一般に治安が悪い。ケニアのナイロビも同様である。アフリカの国はほとんど発展途上国であり、主たる産業は農業だ。また、発展途上国は出生率が高く、子だくさんだ。何でも便利な先進国と異なり、農村部では洗濯は川で手洗いし、掃除はほうきで掃き、炊事の薪や水は遠くで集めて、運ばなくてはならない。それらの仕事はほとんど女性の仕事だ。その重労働の一部を担ってくれるのが子供であり、5〜6歳になると赤ちゃんを背負って世話までする。また、街では子供が靴磨きなどの仕事で収入を得てくる。子供は重要な働き手になっているのだ。地方で農業を営んでいる人に、もし、4人の息子と3人の娘がいるとする。その農地を4人の息子に均等に相続させると、息子は4分の1の農地で得られる作物で家族を養わなくてはならない。そのため、一般的には長男にすべての土地が相続される。日本でも昔から田んぼを分ける者は「たわけもの」と言って戒められた。

農地を持てない長男以外の子供たちは大きくなると、大都市に出稼ぎに出る。大都市であればあるほど、掃除や客引き、工事現場、修理など、いろんな仕事にありつける可能性が高い。それで大都市に地方から若者たち、とくに男性が押し寄せるのである。ヨハネスブルクは南アフリカ最大の都市であるばかりでなく、南部アフリカの中でも最大の都市であり、国内外から若者が集中する。それだけ、仕事にありつけない失業者であふれかえる。それが犯罪や治安の悪さにつながるわけだ。

ヨハネスブルクの市街地（ダウンタウン）は治安が悪すぎて、白人富裕層は郊外に白人の街であるサントンを建設した。サントンの中心部には、アフリカ大陸最大の複合商業施設であるサントン・シティが作られ、商業施設や企業には武装警備員が常駐しており、白昼は比較的治安が維持されている。ホテルもサントンに集中的にあり、私もサントンにあるホテルに宿泊した。4泊する予定であったが、最初の2日間でサントンの人工的な街に飽きてしまった。そこでダウンタウンにある、アフリカで一番高い場所、50階建てのカールトンセンターの最上階の展望台「トップオブアフリカ」にタクシーで行って、写真だけ撮って帰ってこようと思いついた。サントンでタクシーを拾って、ダウンタウンに入ると、それまで見かけた白人をほとんど見かけなくなり、黒人だけの街に入った。カールトンセンターに着いて展望台に上がり、写真を撮ると、せっかくダウンタウンまで来たのだから10分だけ歩いて、すぐにタクシーで帰ろうと考えた。

センターの建物を出て、緊張しながら、しきりに後ろを振り返って、悪い奴らがついてこないかと様子をうかがいながら歩いた。5分ほど経ったとき、後ろから飛びかかるように羽交い締めにされて歩道に身体を叩き付けられ、4〜5人の若い男が腹ばいになった私の上にまたがり、ズボンのポケットを漁った。私はガイドブックの注意書きに反して、思いっきり抵抗した。すると、近くの誰かが大きな声を上げ（なんと言ったのか理解できなかったが）、男たちは逃げていった。逃げる後ろ姿を見て、高校生くらいの年齢ではないかと思った。銃やナイフを持っていなかったのが幸いだった。歩道には襲った誰かの野球帽が落ちていた。私はポケットの価値のない紙類は失ったが、手で必死に押さえていたズボンの後ろポケットにあった財布は奪われずに済んだ。とっさの襲撃で口の中を切って、口元から血が垂れてきたが、一気に恐怖に襲われ、カールトンセンターに逃げ帰った。センター内にいたガードマンに頼んでタクシーをセンターの入り口まで呼んでもらい、私はそれに飛び乗ってサントンのホテルまで逃げ帰ったのであった。ガイドブックの「世界一治安の悪い街」は、5分歩いて襲われて身に染みた。それ以降、ナミビアには25回ほど行って、その多くがヨハネスブルクで飛行機を乗り継いだが、できるだけヨハネスブルクには宿泊せずに乗り継げるように旅程を組むようになった。

オレンジ色の乾燥した大地に降り立つ

飛行機が首都のウインドフックに近づくとオレンジ色の乾燥した大地が眼下に広がっている。「ああ、ナミビアだ……」と心躍る瞬間だ。私は必ず窓側の席を取る。景色を見たいからだ。窓から通路まで2〜3席あるので、隣には必ず誰かが座っている。あるときは南アフリカの白人男性から、「今日は広島に原爆が落ちた日だね」と声をかけられた。「ああ、そうか、今日は8月6日か」と外国人に気づかされた。「朝の南アのテレビのニュースで報道していた」とその人は私に語った。あるときは、めずらしく日本人女性が座っていて、家族とともに香港経由で来たが、台風で香港からヨハネスブルク行きの便が1日遅れ、そのためナミビアに予約していたホテルの予約が全部ずれてしまうと嘆いていた。

ウインドフックの空港から市街地まで40㎞ほど離れていて、車で1時間弱かかる。人口密度の非常に小さなナミビアで、なぜこうも離れた場所に空港があるのかというと、乾燥地の中でウインドフックは水が得やすい丘陵地なので、空港に適した平坦な土地を求めるには40㎞も離れなければならなかったからである。

スコットランド人のマークとナミビアを旅する

ナミビアに着くと、まず最初にナミビア砂漠研究所を訪問した。ヘンシェル氏に会って研究・調査の相談をするためである。ナミビアで調査するために必要な調査許可書を取得するために、現地研究者の推薦状も必要だ。ヘンシェル氏はとても忙しい人で、同様に研究所のスタッフだったヘンシェル夫人が、とくに私の相談に乗り、助けてくれた。ヘンシェル氏は南アフリカ国籍の白人で、夫人はオーストリア人の姉さん女房である。私がナミビアを広く回りたいと相談したところ、若いスタッフでスコットランド人のマークを紹介してくれた。ランドローバの四輪駆動車を研究所から借りて、マークがドライバー兼ガイドを務めてくれ、1週間かけてナミビアを回ることになった。私にとってマークは天の助けだった。

一般にアフリカでは車の借り入れ料金は高額だが、ドライバーの料金はすごく安く、車を借りるときにドライバーもいっしょに付いてくる。アフリカでは自動車の輸入税が100％近くかかる場合が多く、車の販売額がべらぼうに高い一方、現地の賃金は安いからだ。日本大使館や国連機関に勤める日本人が、日本から2台まで車を持ってくることが許されているのは、現地での自動車の価格がすごく高いためである。ただし、南アフリカとナミビアにはどちらも白人が1割弱住んでいて、レンタカー屋では先進国と同様に車しか借りられず、もし、特別にドライバーも借りようと思うと、だいたい1日あたり2万円くらい支払わなくてはならない。そのとき科研費で渡航していない私は、マークにそのような高額を支払えず、相談したら1日30USDでいいと言ってくれた。研究所からの車の借り入れは、研究所で決まっている走行距離に応じた使用料を支払った。マークの食費と宿泊費も私が支払った。

マークとまずナミブ砂漠にあるゴバベブ・リサーチ・アンド・トレーニングセンターを訪れ、ナミブ砂漠の自然観察を行なうことにし、いったんウインドフックに戻った後、再びナミビアの西部から北部を旅行することにした。

1枚のナミビア地図に描かれる白人大農場の世帯主名

2月22日、ランドローバに乗った我々はウインドフックを出発した。しばらくは草原に灌木《かんぼく》が点在する景観の中を進んでいった（写真3－1）。西の方の大西洋岸に向かうにつれて、その植生の緑は薄くなっていき、目に見えて乾燥地に近づいていくことがわかる。丘陵の斜面には、硬い層と軟らかい層が交互に堆積し、軟らかい層が差別的に侵食されて凹地となって土砂が堆積するため、そこは草本や灌木が生育し、硬い層は岩が露出する景観を作っていて興味深

写真3-1　ナミビアの首都ウインドフック近郊の景観。灌木が点在する草原が広がる

い（写真３－２）。たまに水がたまった場所を通り過ぎるとホッとする。そんな場所の近くには白人の大農場があり、敷地内で井戸の風車が回っているのを目にする（写真３－３）。

ナミビアの大西洋岸の砂漠地帯と北部地帯を除けば、大半の土地は人口の約６％に過ぎない白人の大農場が占めている。私がナミビアで一番驚いたのは、１枚の大きさが約70×１００cmの１００万分の１のナミビア地図に、その大農場の世帯主の名前がすべて記入されていることだ（図３－１）。日本では、各市区町村別の冊子になっている１５００分の１か３０００分の１の住宅地図に、各世帯の世帯主の名前が入っているが、ナミビアでは全国がたった１枚の地図に白人経営の大農場の世帯主の名前をすべて入れることができるくらい、大農場が広大（10㎞四方くらい）だ。その広大な農場はすべて境界が柵で囲まれ（写真３－４）、たくさんのウシが飼われている。また農場内には風車で汲み上げる井戸の塔が必ずあるのだ（写真３－３）。

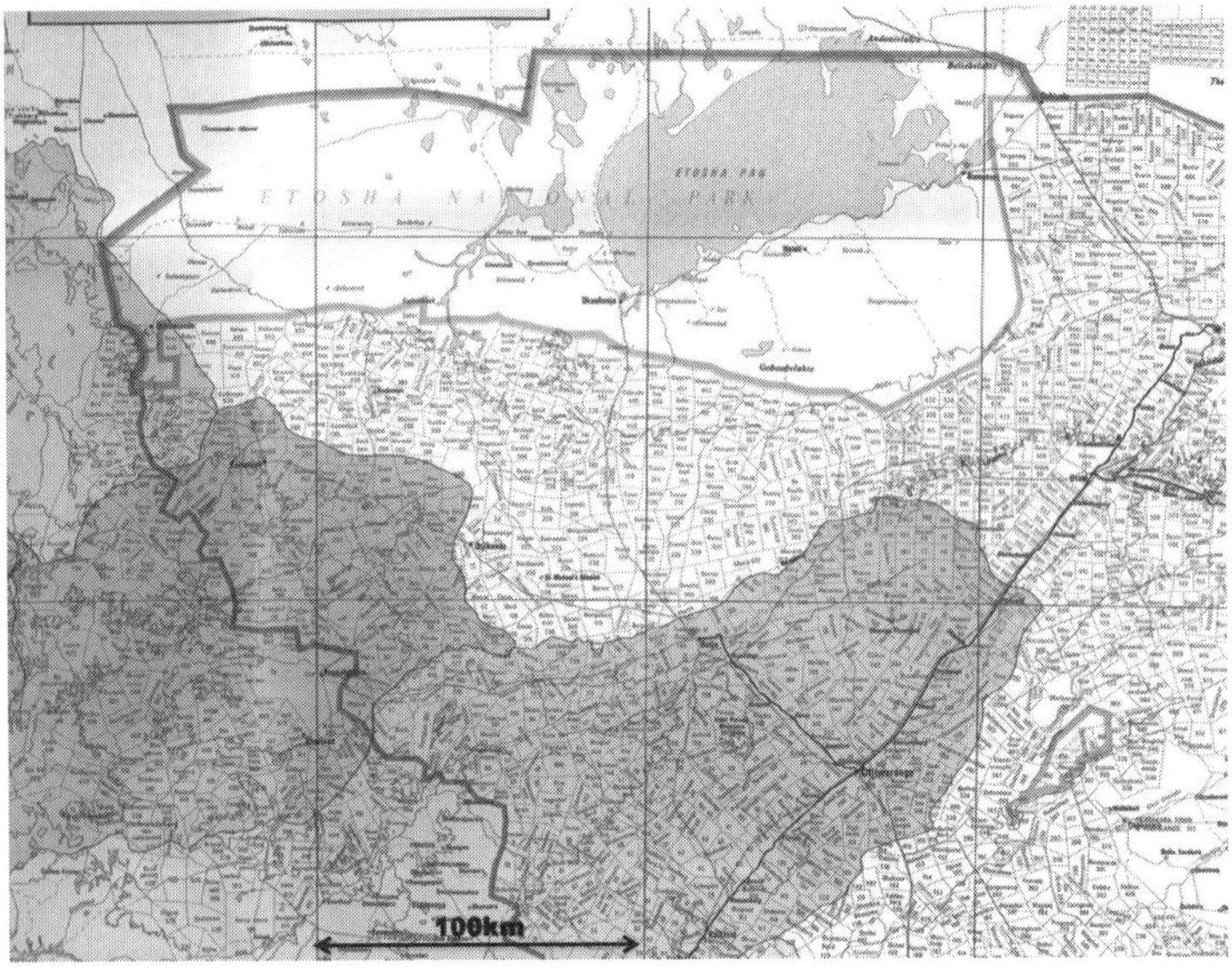

図 3-1　ナミビアの地図。国立公園以外は白人の大農場によって占められている。日本の住宅地図のように白人の土地所有者（居住者）の名前が示されている

写真 3-3　たまに雨が降ると池ができる。遠くに大農場の民家の井戸を汲み上げる風車が見える

写真 3-2　硬い地層と軟らかい地層の互層の斜面。軟らかい層が侵食され、草本と灌木が生育している

写真3-4　白人の大農場は周りが延々と柵で囲まれている

ナミビアの道路はランクによってB、C、Dと区分され、幹線道路のB1やB2の道路は農場の境界を走っているが、舗装されていないDの道路になると大農場を横断している。道路が柵を通過する場所には扉がついていて、その扉は通常開けっ放しになっているが、たまに世帯主が鍵をかけている場合がある。以前、車で20㎞くらい走ったところで扉に鍵がかかっていたことがあって、また20㎞戻らなくてはならなかった。それ以来、Dの道路はなるべく走らないようにしている。

ナミビアは南半球にあるため、北ほど暑く降水量が多い。ナミビアの北部のみがマラリア危険地域で、そこが黒人の居住地域になっている。その北部は半農半牧地域で、ウシも飼われているが、北部と中・南部の間では、家畜の感染症の伝播を防ぐという名目でウシの移動が制限されてきた。両者の間にはレッドラインと呼ばれる防疫フェンスが築かれていて、北部の家畜は検疫を受けなければならない。その境界を車で通過する際には、警察によって肉製品を持っていないか荷物のチェックが行なわれ、人は車から降りて、靴をはいたまま消毒液の中を歩かされる（消毒液の中を歩くのは最近廃止された）。つまり、北部の黒人居住域の家畜の病気が中南部の白人の大農場の家畜に感染しないように徹底管理されているのだ。この背景には、かつてのアパルトヘイトによる人種隔離政策が大きく影響している。大農場のウシは主として食肉のために飼われている。ナミビアには干し肉がよく売られていて、かつてはナミビアのお土産として重宝されたが、近年は日本の空港では、海外の干し肉の持ち込みが禁じられている。

ナミブ砂漠はどうやってできたのか?

ここでナミブ砂漠の成り立ちについて説明しておこう。ナミブ沙漠は、ナミビアの大西洋岸に沿って幅約100㎞余り、長さ1000㎞以上にわたって分布する海岸砂漠である。ナミブという名前は、現地の民族コイの言葉で「何もない土地」という意味に由来する。

海岸部にある砂漠としては、南米のペルー~チリ海岸部にあるアタカマ砂漠や、アメリカ合衆国のカリフォルニアの太平洋岸にある砂漠などが挙げられるが、共通点は海岸部に寒流が流れているということだ。ナミブ砂漠の形成は、南回帰線付近の亜熱帯(中緯度)高圧帯下にあることに加え、寒流のベンゲラ海流が沿岸を北上し、それによって下層の大気が冷やされることに起因する。通常は地表付近の暖められた大気が上昇気流となって降水をもたらすのだが、寒流によって地表付近の大気が冷やされると、下層の大気が上層の大気よりも温度が低くなるという気温の逆転が起き、大気が安定化して上昇気流が生じにくくなる。したがって降水がまれになり、砂漠が形成されるというメカニズムだ。寒流の影響で、海岸近くでは霧が発生しやすく、気温も低い。ナミブ砂漠の内陸で40℃くらいの気温があっても、海岸部まで行くとひんやりとして肌寒い（水野２０１５、２０２１ｂ）。

寒流の発生は海底付近から上がってくる冷たい湧昇流《ゆうしょうりゅう》によるが、海底の栄養塩類も上がってくるため、魚が集まり、豊かな漁場となる。そのため、海岸部のスワコプムントやウォルスベイの町では、おいしい海産物が食べられる。また、ウォルスベイではフラミンゴの群れ、ケープクロスではナミビア〜南アフリカ沿岸部の固有種であるミナミアフリカオットセイの群れが見られる（図３－４）。ケープクロスは多いときで21万頭のオットセイが集まる一大コロニーとなり、車から降りるとその強烈な生臭い匂いで思わず鼻をつまむ。

写真 3-5　海岸の低地（ナミブ砂漠）と内陸の高原の境界にあるエスカープメント（急崖）

ナミブ砂漠の砂丘の砂はどこから来たのか？

首都のウインドフックを出て、ひたすら西に向かうと途中でエスカープメント（急崖）に出くわす（写真３－５）。ここは大西洋岸の低地と内陸の高原の境界部である。かつて南半球にはゴンドワナ大陸があった（図３－２）。ゴンドワナ大陸は１億２８００年前にアフリカ大陸と南アメリカ大陸に分割されると、その断層崖は侵食によってどんどん後退し、今では１００㎞くらい内陸に後退している。その断層崖がエスカープメントとして存在する。この急崖を、車のギアをローにしてエンジンブレーキを使いながらゆっくりと下っていくのだ。道路と崖の間にガードレールはないので、ドライバーはかなり緊張してハンドルを握ることになる。実際に崖から車が転落することもある。

その急崖から海岸までの幅100kmくらいの低地では、何千万年も前から、現在の南アフリカ共和国とレソトの国境にあるドラケンスバーグ山脈（写真3－6）の岩盤が風化して砂が生産され、今のナミビアと南アフリカ共和国の国境を流れるオレンジ川が上流から砂を運び、河口に三角州を作った。それが海岸沿いの南からの海の流れで侵食され、その砂が北に運搬される。さらに、南西からの風で内陸に運ばれ、それがナミブ砂漠の砂丘を作る砂の供給源となっている（図3－3、水野2018、2021a）。

ナミブ砂漠は世界最古の砂漠であり、世界一美しい砂漠と言われている（写真3－7）。砂丘の砂はほぼ100％が石英の粒で、砂丘の砂を取ってルーペで見ると、オレンジ色の宝石のような粒が見える（写真3－8）。石英の粒の表面には鉄分がコーティングされているため、その鉄が降水で酸化して酸化鉄になり、錆《さび》のようなオレンジ色の砂丘を作っているのだ。砂丘地帯に所々で露出する岩盤から、鉄分を含む鉱物粒子が風化する過程で、鉄分が溶出していくのだが、その風化過程には長い年月が必要である。海から運ばれたばかりの、海岸部の砂丘の砂は、鉄分の付着がまだ進んでいない。そのために、海岸近くの砂丘の色は白い（写真3－9）。

内陸に行くにしたがって、海岸部から南西風で移動してきた時間が長く、石英の表面がより多く酸化鉄の皮膜で覆われ赤くなっていくのだ（写真3－7）。

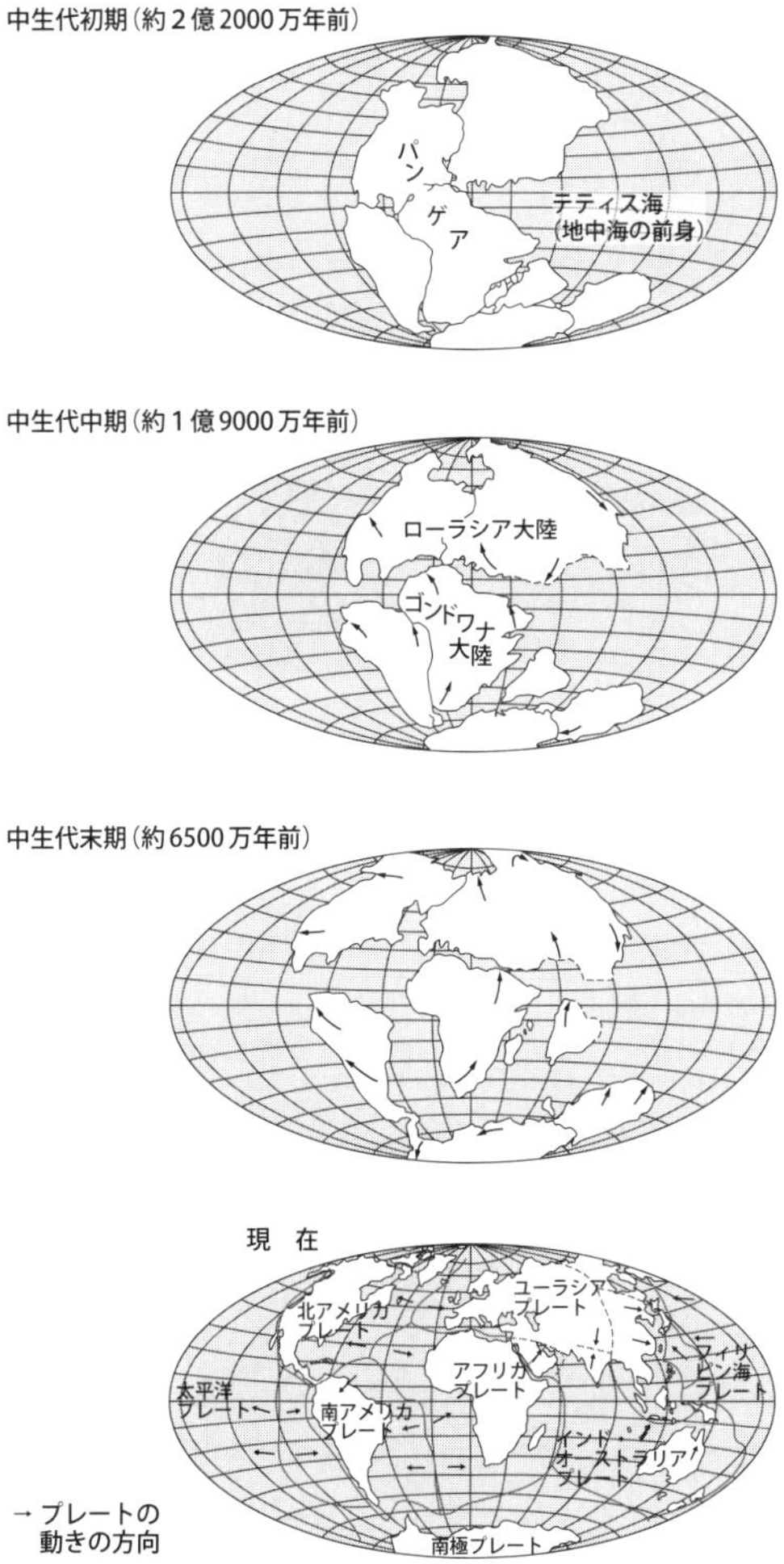

図 3-2　大陸移動とゴンドワナ大陸

写真 3-6　南アフリカ共和国とレソトの国境に位置しているドラケンスバーグ山脈

写真 3-7　ナミブ砂漠の内陸部のオレンジ色の砂漠。内陸の砂漠ほど古く、赤みが濃くなっていく

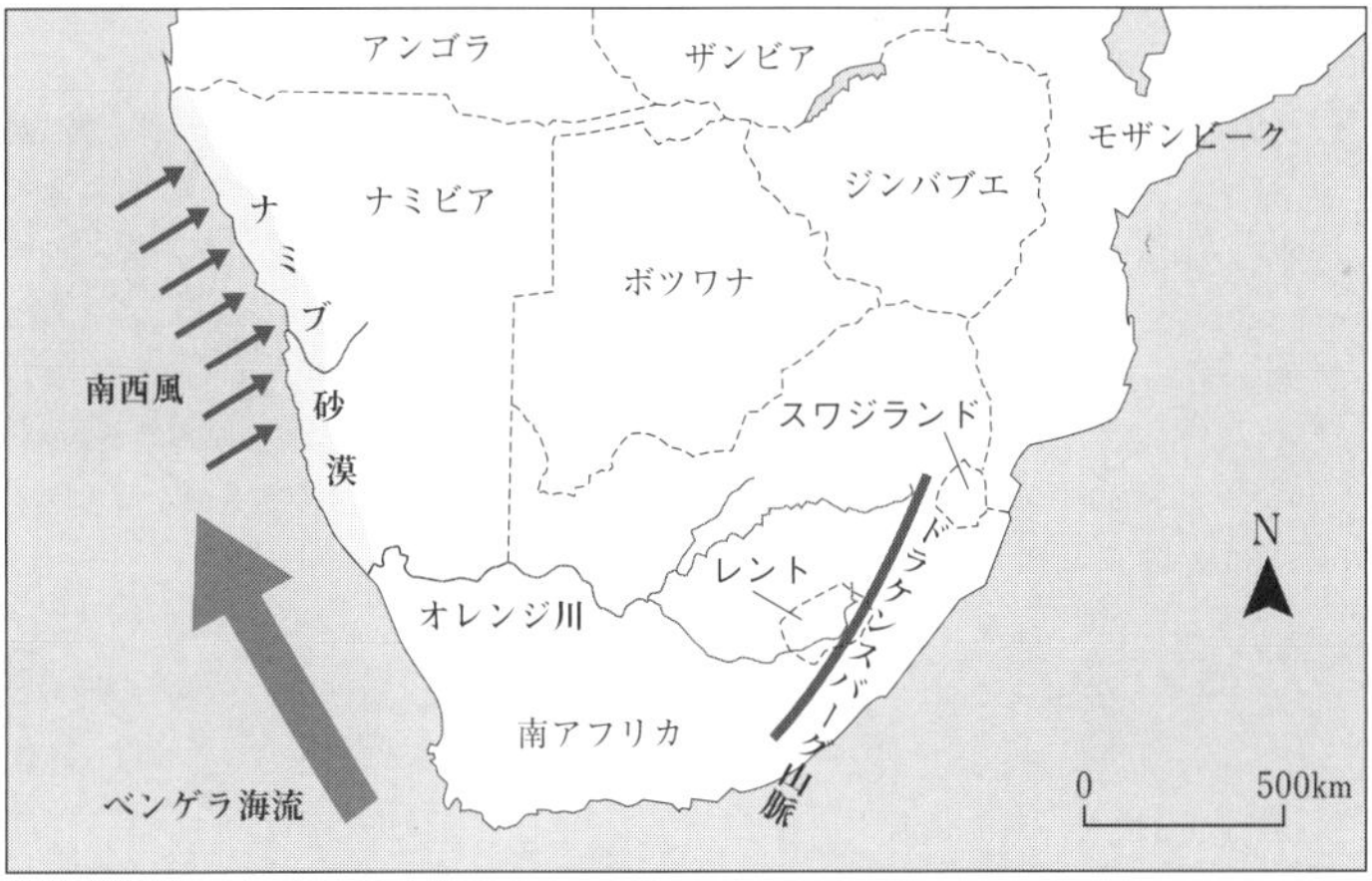

図 3-3　ナミブ砂漠の砂丘の砂の供給過程（水野 2018、2021b）

写真 3-9　ナミブ砂漠の海岸部の白い砂丘

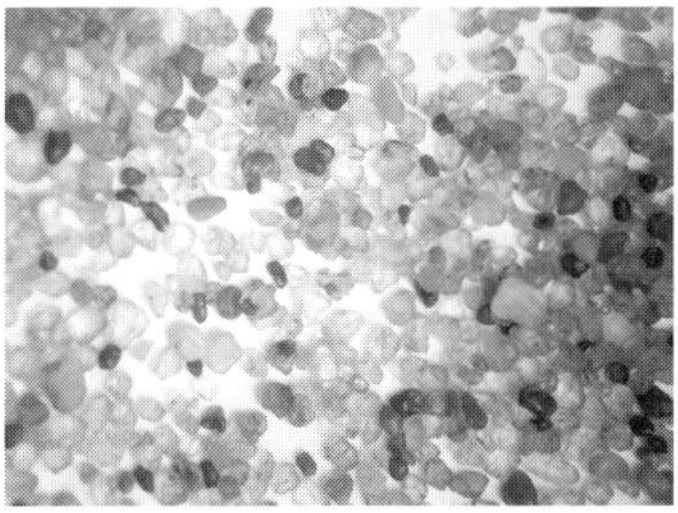

写真 3-8　ナミブ砂漠の砂を拡大鏡で見ると、砂はほとんど石英の粒であり、酸化鉄の皮膜に覆われた石英の粒が宝石のように見える

写真3-10　夕日に赤く染まるナミブ砂漠の砂丘

砂丘の麓にある研究施設に宿泊

砂丘が夕日に赤く染まる頃、我々はゴバベブに到着した（図3－4、写真3－10）。ここにはゴバベブ・リサーチ・アンド・トレーニングセンターがある（写真3－11）。ナミブ砂漠のおもに自然の調査にくる研究者や大学の野外巡検・研修旅行の学生たちを受け入れている。バンガローなどの宿泊設備が整い、そこで自炊をするか、あるいは前もって予約をしておけば3食を提供してくれる。センターは、1年に数日から数十日のみ水が流れる季節河川（涸《か》れ川、ワジ）のクイセブ川沿いに建っている。クイセブ川の河床は周囲より地下水位が浅いため（深さ約18m）、川沿いに河畔林が分布し、人が住む集落が点在している。センターも河床に井戸を掘って、その水を飲用水として利用している。乾燥地なので、飲むと少し塩味がして、カルシウム分が多い。衣類をその水で洗濯して屋外に干しておけば、1時間もあればすっかり乾くが、叩くと白いほこりが舞う。

センターのスタッフは所長のヘンシェル氏を除くと、マネー

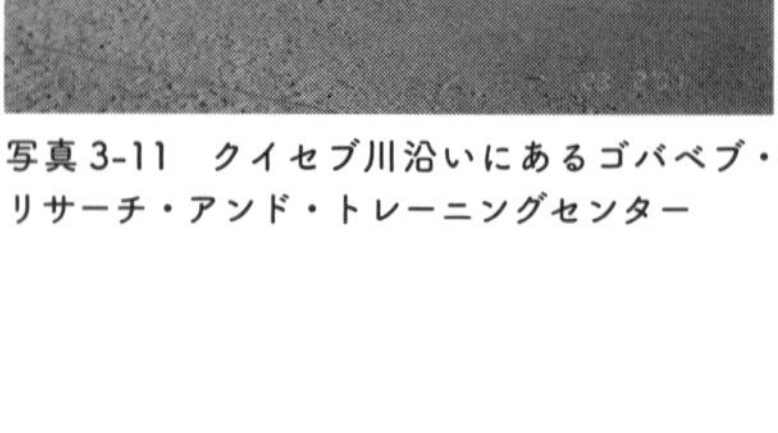

写真3-11　クイセブ川沿いにあるゴバベブ・リサーチ・アンド・トレーニングセンター

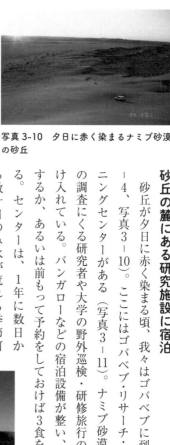

アンゴラ
ザンビア
ボツワナ
南アフリカ
オカバンゴ川
クイト川
クワンド川
ザンベジ川
クネネ川
ルカアナ
オシャカティ
オンダングア
オプボ
ホアルシブ川
プロス
エトーシャ・パン
ツメブ
セスフォンテイン
オウチョ
オタビ
グロートフォンテイン
ホアニブ川
コリハス
オシワロンゴ
ウォーターベルグ
トウィフェルフォンテイン
ブランドベルク
ウィス
オカカララ
オマルル
ウサコス
オカハンジャ
ヘンティスベイ
ケープクロス
ゴバビス
スワコプムント
ウィンドフック
ウォルビスベイ
クイセブ川
レホボス
コバベブ
ナミブ砂漠
マリエンタール
ノソブ川
リューデリッツ
ケートマンスワープ
オレンジ川
ポパフォール
ルンドウ
カティマムリロ
カサネ
ナミビア共和国
首都
県都
主要町村
名所
空港
国境
主要道路
主要河川
季節河川
N
0
200km

図 3-4　ナミビア共和国

ジャーやトレーナーなどほとんどのスタッフが1年ごとに交代する。マネージャーは我々研究者にとっては重要な人物であるが、仲良くなったと思ったら、1年後には次の新しい人に変わっている。マネージャーとエンジニアの仕事で夫婦で住み込む場合もあるが、この砂漠という厳しい環境の中、図書館やプール、バスケットコートなどがあるとはいえ、1年以上続けて勤務するのは難しいようだ。私はとくにアメリカ人夫妻と南アフリカ人夫妻にはお世話になった。アメリカ人夫妻は夜に星座を教えてくれた。南アフリカ人夫妻はめずらしく2年間勤務した。

トレーナーは学生実習などのときにナミブ砂漠を案内する役割を果たす。彼らは大学生であり、アメリカやイギリス、ドイツなどの大学から、1年交替で何人もやってくる。引き継ぎ時期に、ナミブ砂漠の自然やクイセブ川沿いに住む住民の社会や文化などの知識を前任者から新任者に伝授していくのだ。

昼間熱々、夜冷たい砂漠で生き抜く動植物たち

ヘンシェル氏は昆虫のクモの行動に関する研究を行なっている。私が訪れたときは、ちょうどデンマークから同じくクモの行動に関する研究をテーマにしている学生がヘンシェル氏を頼って来ていた。それで私とマークは2人の調査に同行させてもらった。まず、地面に腹ばいになって、地表の砂の上にクモが歩いた痕跡を探す。そしてその足跡からクモのすみかを探すのだ。すみかがわかったら、すみかの扉を開く。クモが吐き出す粘着質な物質で砂を固めて、

ほんとうに扉のようになっている。扉を開くとすみかの穴が見えるため、その穴にスプーンを差して、周りの砂をどかしていく。砂をどかしながら、スプーンをどんどん地中奥深くに差し込んでいき、クモのすみかまでたどり着くのだ（写真3－12）。クモのすみかまでたどり着くと、白いクモ、ホワイトレディーが現れる（写真3－13）。そんなとき、「おお～」と思わず声が出てしまう。それはまさにプロの技と言える。

また、朝方に砂の上を猛スピードで、トカゲの一種のアンチエタヒラタカナヘビが走る（写真3－14）。日が高く昇っていくと、砂の表面はフライパンを熱したかのように熱くなるため、足の裏が熱い砂にほとんど接地しないかのごとく猛スピードで走るのだ。昼間は暑いので涼しい砂の中で過ごし、夜間の砂漠は寒いので、昼間に暖められた砂の中で過ごす。エサのクモが現れると砂から出てきて、猛スピードでクモを追いかけ捕獲する。こちらも神業だ。

また、植物もとても興味深い。ナミブ砂漠ではナラ *Acanthosicyos horridus* という植物が砂丘に自然に生え、ナラメロンと呼ばれる果実を付けている（写真3－15）。このナラメロンは地下15m以上に根を伸ばして地下水まで根を到達させ、水分を自らの果実に蓄えている。みずみずしい果実の原産地は乾燥地であることが多い。その代表がスイカである。スイカの原産地はナミブ砂漠～カラハリ砂漠あたりの乾燥地である。このナラメロンは地域住民にとってなくてはならない生活の糧であり、それは後に述べる。

ウェルウィッチア *Welwitschia mirabilis* はアンゴラ沿岸からナミブ砂漠にかけて生育する

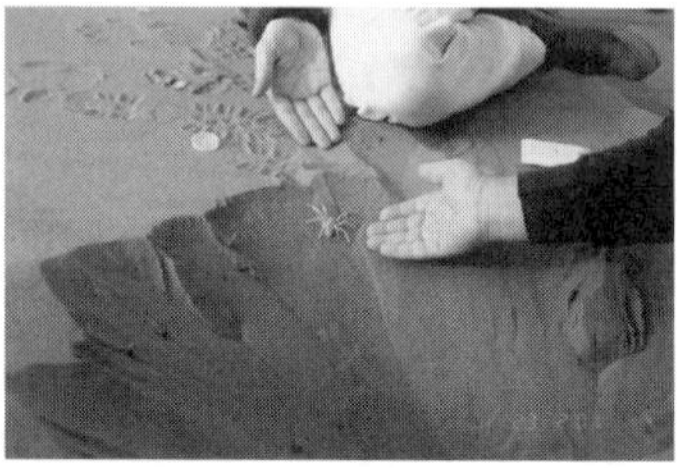

写真3-13　すみかまで到達して現れたホワイトレディーと呼ばれるクモ

写真3-12　砂の上のクモの足跡からすみかの入り口の扉を開けて、スプーン1つで追跡する

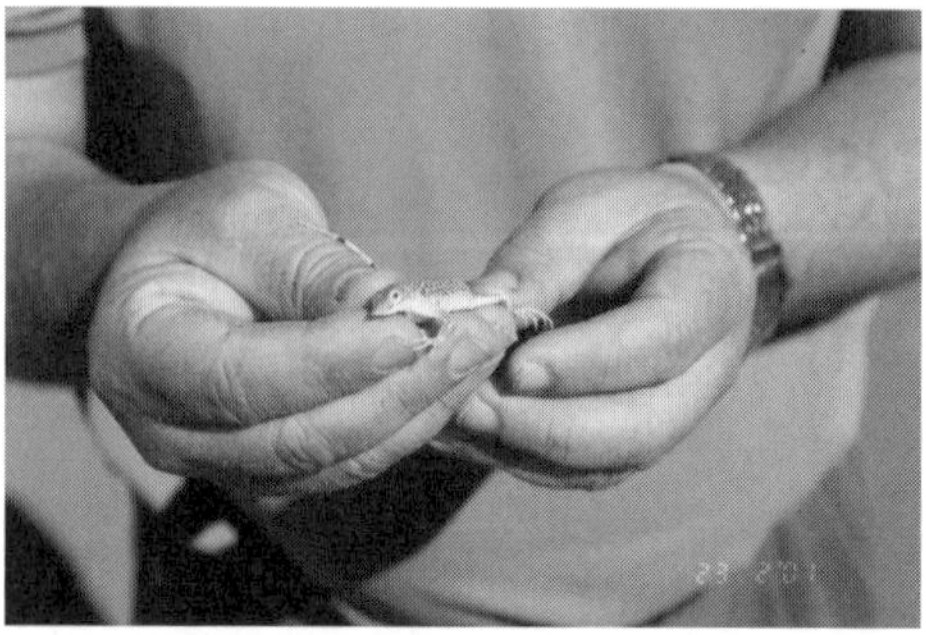

写真3-14　ナミブ砂漠の砂丘に生息するトカゲ。トカゲやヤモリはエサを求めて日中に地表に出るが、地表が熱いために足を交互に上げたり、すばやく地表を移動したりしている

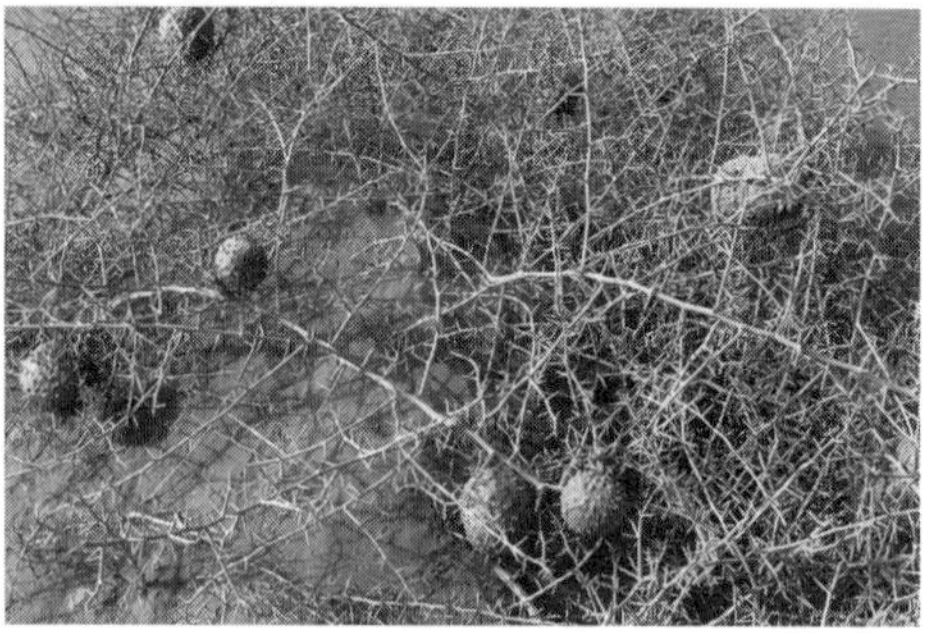

写真3-15　ナミブ砂漠に生育するウリ科のナラのブッシュと実（ナラメロンと呼ばれている）

固有種で、和名ではキソウテンガイ（奇想天外）と呼ばれている。ウェルウィッチアはウェルウィッチア科ウェルウィッチア属の1科1属1種の裸子植物である。2枚の葉を持つが、通常、風でリボンのように引き裂かれて、何枚もの細い葉が地面にたなびいているように見える。ウェルウィッチアの雄株は豊富な花粉をまとったサーモン色のコーン状の生殖器官（雄花）を持つ（写真3－16）。雌株は青緑色の比較的大きな球果（雌花）を持ち、球果は花粉を捕らえやすいように粘った液を分泌する（写真3－17）。花粉は昆虫や風によって媒介されるが、とくにカメムシの一種がその役割を担っている。種子は2枚の翼を持ち、風で散布される。ウェルウィッチアはマツやソテツのように球果を持つ裸子植物に属するが、開花する被子植物の特徴もあり、両者をつなげるものと考えられている。ナミブ砂漠のような乾燥地に生育するが、コルク質の茎（写真3－17）が水分貯蔵に役立っていて、根も30m以上伸ばして地下水まで到達させているると言われている。1000年以上生き延びると言われているが、このような乾燥地では発芽するチャンスが少ないため、種の保存のため長寿命にならざるを得ないのだ。そうでないと絶滅してしまう（水野2016b）。

マークといっしょにセンター付近でウェルウィッチアを探しに出たが、クイセブ川の支流と言える、凹地に分布していた（写真3－18）。やはり地下水位が浅い場所に生えているのだなと納得した。1000年もの間、一生懸命根を深くに伸ばし、過酷な環境の中で貴重な水を得ている植物のたくましさに感動すら覚えた。

写真3-16　ナミブ砂漠の固有種であるウェルウィッチア（和名「奇想天外」）の雄株。ウェルウィッチアは系統が不明確な裸子植物であり、1000年以上生き延びると言われている

写真3-17　ウェルウィッチアの雌株

写真3-18　ウェルウィッチアは地下水位が浅い涸れ川の支流などの凹地に生えている

ナミブ砂漠の動植物にとって霧はとても大切

ナミブ砂漠では1週間に数回、霧が発生する。ベンゲラ海流という寒流によって空気が冷やされて水蒸気を含めなくなった分、水粒となって海霧が毎日のように発生する。寒流によって大気の逆転層が生じるため、水蒸気をたくさん含んだ空気が上空に上がっていけず、海面付近にたくさんあることも要因だ。霧が海岸から内陸60kmくらいまで発生するときは、大西洋からの南西風が強くて、その海霧が内陸まで運ばれ、さらに陸地の放射冷却が盛んな日には、その空気がさらに地表付近の冷気によって冷やされて、霧が濃くなる。太陽が昇って気温が高くなっていくと、内陸から徐々に霧は消えていく。写真3－19は2016年にセスナで上空からナミブ砂漠の霧を見たときのものである。早朝はもっと内陸まで霧が入り込んでいたものが、太陽が昇って霧が徐々に海の方に後退していくときの様子である。この霧はナミブ砂漠の動植物には水の供給という意味でとても大切だ。

写真3-19　ナミブ砂漠に朝方見られた霧

同じとき、セスナからフェアリーサークルも見ら

写真 3-20　ナミブ砂漠のフェアリーサークル

れた（写真３－20）。フェアリーサークルの成因は、シロアリが植物の根を食べるためとか、植物同士の生存競争など諸説あるが、いまだミステリーのままである。

満天の星の下での素敵なキャンピング

我々はいったんウインドフックに戻り、あらたに旅行の準備をした。２月28日、宿にしていたペンションまでマークが朝８時に車で迎えに来てくれる。まず、キャンピング用具のレンタル店に行く。テント２つ、ガスコンロ、食器やスプーン、フォーク、ナイフなどのセットを１つ、マット２つ、シュラフ１つを７日間レンタルで、計約５５０ＮＤ（ナミビアドル）であり、デポジット６００ＮＤを支払った。２００１年当時は１ＮＤが約17円だった（２０２３年では１ＮＤは７・２円）ので１万円近くかかったことになる。ちなみにナミビアドルと南アフリカ・ランドは常に連動していて１：１であり、南アフリカ・ランドの通貨はナミビアでも普通に使用できる。しかし、ナミビアドルの通貨は南アフリカで使用できないため、両替するときは、ナミビアドルと南アフリカ・ランドを混ぜてもらい、先にナミビアドルから使っていく。私がとくに頻繁にナミビアを訪問した２００１～２００８

写真 3-21　ゲートが閉まる直前に、夕日に染まる砂丘を見に行く

年は、交換レートが1ナミビアドル（ランド）15～20円の範囲で推移していた。

その後スーパーに行って食料を買い込み、銀行に行ってマークがお金を引き出した。結局ウインドフック出発は昼12時くらいになった。出発準備に4時間もかかったのである。ウインドフックを出てしばらく舗装道路であったが、隣町のレホボスから未舗装道路を砂埃を巻き上げながらの運転となる。エスカープメント（急崖）で高原から低地へと標高を下げ、ソリティアを経由して、午後6時頃にセスリエムに着いた。

セスリエムはナミブ砂漠の砂丘地帯、ナミブナウクルフト国立公園への入り口にあたる小さな村である。キャンプ場使用料が1サイトあたり220NDと高く、マークに高い理由を尋ねたら、砂丘への舗装道路入場料が入っているのだという。キャンプサイトはとても快適で、一つひとつのサイトがブロックで囲まれていて、その中央に大きな木があり、木陰を作っている。ブロック内の円形の敷地に2つのテントを張る。借りたテントは四方に網の窓が付いていて、風通しが良く、虫も入っ

写真 3-22　巨大な鳥の巣

てこない。テントの入り口を開けておくと、夜中にサソリやヘビが入ってくることがあり、サソリに刺されると猛烈に痛く、8時間以内に病院に行く必要があるそうだ。テントを張ったら、さっそく車を砂丘まで飛ばして、夕日と日の入りを楽しんだ（写真3－21）。

ランタンがなかったので、車のフォグランプを点け、懐中電灯も灯して、夕食を調理した。その間に、マークと交代でシャワー室へ湯を浴びに行った。お湯と水の2つの蛇口をひねって適温にするのが少し難しかったが、砂漠で温かいお湯を浴びられるのは幸せだった。シャワー室の前には公衆電話もあって、満天の星の下で友人に電話してみたが、「もし、もし」「あっ、俺だけど」と言っただけで、プツリと切れてしまった。

料理はジャガイモやニンジン、ソーセージを茹《ゆ》でたものであり、塩を買い忘れたため、塩なしで食べたが十分おいしかった。食後に2人で満天の星を眺めると、オリオン座が出ていて、マークが、真ん中に見える三

写真3-23　ナミブ砂漠の大西洋岸。極暑の砂漠から海岸に出ると、ひんやりした風が吹く

ツ星は、島を荒らし回るライオンをこん棒で一撃したオリオンの腰のベルトにあたると教えてくれた。

巨大な鳥の巣

パンと紅茶で朝食を済ませ、朝9時に出発し、近くの峡谷に行く。大きく侵食された峡谷の底に降り、そそり立つ壁の中を歩いた。そこは風の音と鳥のさえずりだけが聞こえる、まったくの静寂の中だった。壁の上方にものすごく大きな巣があり、とても普通の鳥が作ったとは思えなかった(写真3－22)。マークが「エレファント・ネスト」と叫ぶ。フォーゲルフェーダーベルク vogelfederberg まで、暑い砂漠を車で走る。そこは大きな岩山だった。岩山が侵食されて庇《ひさし》のように突き出た岩盤の下にテントを張るキャンプ地がある。そこにはテーブルとイスがコンクリートで作られ、ゴミ箱やトイレもある。トイレは木の塀で囲まれ、そこにコンクリートで便器が作られ、穴の下に用を足すのであった。岩山を過ぎるとますます乾燥した風景になり、大西洋岸に位置するウォルビスベイに着くと、そこは港湾で、工場もあちこちに点在していた。ウォルビスベイからスワコプムントまでは海岸砂丘に沿って延びる道路を北上して、ベンゲラ海流の影響でひんやりした冷たい風を受けて車で走る（写真3－23）。これまで、40℃以上にもなる、あれほど暑かった内陸の砂漠地帯を走ってきたので、この気温差には驚かされる。空もどんより曇って、太陽の日差しがなく、寒流の影響の大きさを感じる。

スワコプムントではバンガローに宿泊した。ツインの部屋で、ベッドが2つにキッチン、テーブル、冷蔵庫、トイレ、シャワーが付いて、2人で200NDだった。

ナマクアカメレオンに遭遇する

スワコプムントは、ドイツ植民地時代の様相を示すかのようなヨーロッパ風の建物が目立つ（写真3－24、図3－4）。首都のウインドフックに住む白人たちが別荘を持っていて、週末をここで過ごすことも少なくない。スワコプムントから大西洋岸をベンゲラ海流の冷たい風を受けながら北上する。途中で灌木に覆われたマウンドを写真で撮影していたら、灌木の中からナマクアカメレオンが現れた（写真3－25）。普通カメレオンは樹上に棲むが、このカメレオンは地表に生息している。私がボールペンを近づけたら、口を「ガアー」と開けて威嚇してきた。これまでマダガスカルなどで見てきた温厚なカメレオンとは様子が違った。

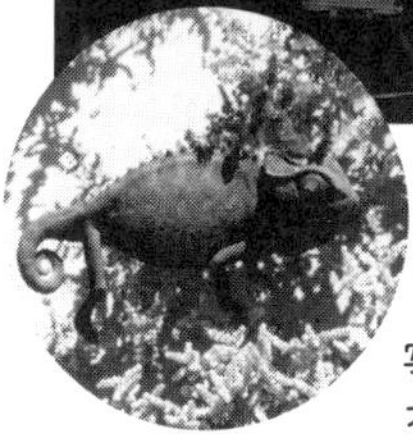

写真 3-24　ドイツ植民地時代の様相を示すかのような
ヨーロッパ風の建物が立ち並ぶスワコプムント

写真 3-25
ナミブ砂漠に棲むナマクアカメレオン

写真 3-26　どの世帯もドラム缶を屋根の上に高々と設置している海岸沿いの町

途中の町では水道の水圧を上げるためなのか、各家庭の家の屋根にやぐらを組み、その上にドラム缶の水槽を置いている家並みが続く（写真3－26）。また、海岸沿いに地平線まで赤茶色の地衣類《ちいるい》（菌類と藻類が共生した複合体）が広がる地帯に、道路が一直線に北に延びている（写真3－27）。乾燥した砂漠地帯であるが、ときどき朝方に発生する霧が水分を補給する。

ヘンティスベイから内陸に向かう道に入り、ウイスに到着する。ウイスの道路の交差点では、近くで採取された水晶を手に持った子供たちが待ち構えている。彼らからいくつかの水晶を購入した。ウイスで車の燃料の軽油を補充する。とにかく、ナミビアではガソリンスタンドの数が限られている。レンタカーだと車が改造され、70Ｌの燃料タンクを2つ装備し、そうでない車は、屋根の上のキャリアーに予備の燃料タンクを載せている。ウイスからブランドベルクに向かい（図3－4）、ガイドを雇ってホワイトレディーの壁画を見に行く。ブランドベルクの山の中に入り、所々で植物についての解説を聞きながら、2時間ほどで岩穴に到着する（写真3－28）。そこには、ウシなどの家畜を追う人々やオリックスなどの動物が描かれ、諸説あるものの、少なくとも2000年前にさかのぼるサン（ブッシュマン）の絵画であると言われている。

壁画に着いたのは夕方6時くらいであったので、車が置いてあるゲートまで戻ったときは夜7時頃だった。そこは一応キャンプサイトになっていたので、トイレもシャワーもないが、そこにテントを張ることにする。2つのテントのちょうど中間（両方から約1ｍの距離）には穴

写真 3-27　地平線まで赤い地衣類が広がっている

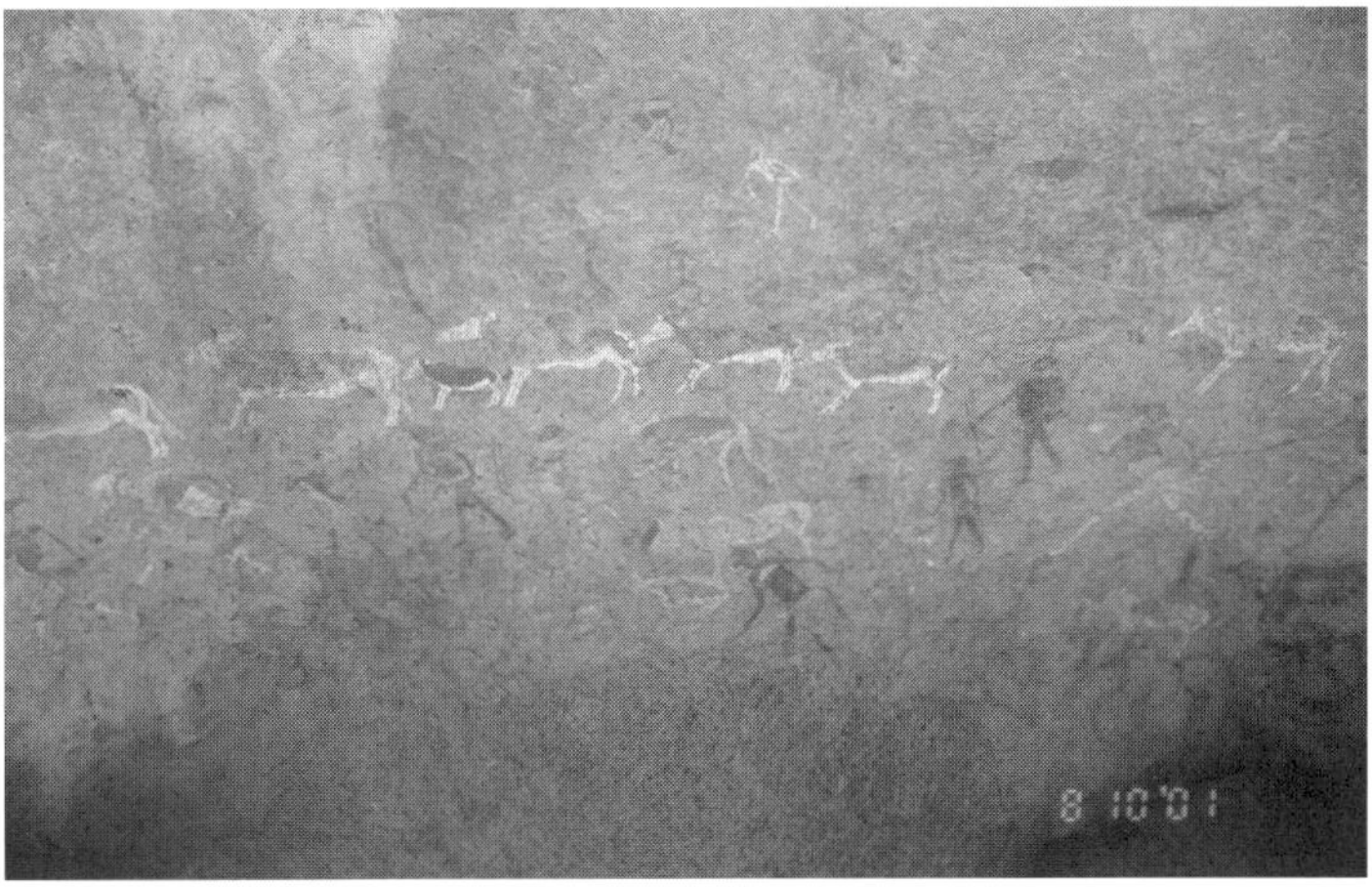

写真 3-28　ブランドベルクのホワイトレディーの壁画

写真 3-29　ブランドベルクの登山口付近でキャンピング

があって、この穴は絶対にサソリの穴だとマークは言う。2人で満天の星を見ながらワインを飲んだ（写真3－29）。そしてときどきサソリの穴をチェックした。マークが車のフロントの上に横になったので、私は車の屋根の上に寝転んだ。屋根から見上げる空の星はすばらしく、昼間はあんなに暑かったのに、夜になると心地良い風に変わっていた。その微風を肌で感じながら見上げる星のきらめきは、今日出会った発見や驚き、興奮を静めるかのような安らぎを与えてくれた。

赤い台地の崖下でのバーベキューは最高！

朝7時過ぎにパンと紅茶で朝食をとっていると、マークが車の前輪タイヤに亀裂を見つけた。タイヤのゴムが剥げ落ちて、このまま走ればパンクするのは目に見えている。それで8時頃からタイヤの交換に取りかかる。しかし、マークはこの車のタイヤ交換は初めてらしく、要領がわからず、説明書を見て試行錯誤をしながら格闘する。スペアタイヤを2本積んでいたが、車の後ろに付けていたスペアタイヤのカバーを外すと、すり減って空気の抜けたタイヤが現れた。それを見たマークはかなり嘆き、結局、車の屋根に積んでいたタイヤと交換した。終わったときはすでに午前10時だった。一度ウイスに戻り、車のタイヤとスペアタイヤに空気を入れた。ウイスを出てブランドベルクの北側に広がるモパネの純林の中をさまよった。モパネは蝶の羽のような形の葉をつける。あちこちに火山の噴火でできた溶岩の突出物のような小山が見られ、

写真 3-30
ウォーターベルク高原

おもしろい景観を作っている。海岸地帯の低地に比べると植物が豊かだ。とくに山には霧がかかり、水分補給があるため植物が豊かに見える。結局、道がわからず、再びウイスに戻ることにする。ウイスからオマルルまで行き、そこから舗装道路を時速100㎞くらいの速度でオシワロンゴにたどり着く。

オシワロンゴではスーパーで薪を購入した。このあたりからますます緑が濃くなり、オカカラから北に進み、ウォーターベルクに到着する。ウォーターベルクはテーブルマウンテンの様相で、上層部の赤い砂岩の硬い岩盤が差別侵食で取り残され、テーブル状の地形を作っている（写真3-30、図3-4）。一方、上層部の砂岩は多孔質でスポンジのように雨水を吸収し、一方、裾野は不透水層で西から東へわずかな勾配がある。そのため、南東側の斜面では5～9月の乾季でも、この層に沿って水が湧出しているため、それに山の名前が由来している。200種類以上の鳥類が生息するなど生態学的に多様な場所であり、ウォーターベルク高原国立公園として動植物が保護されている。

夕食はスーパーで購入した薪で炭を作り、その炭火でソーセージと鶏肉を焼いた。とくに鶏肉は最高においしかった。バーベキューがあまりにおいしくて、ビールとワインを飲み過ぎて、翌朝には少し頭痛がした。半乾燥地帯のナミビアでは薪に簡単に火がつき炭を作れるので、薪で簡単にバーベキューができるのはありがたかった。

ウォーターベルクの眼下に広がる緑のジュータン

ウォーターベルクの生態系は多様であり、200種以上の鳥類が生息し、山の下部には小型のアンテロープの希少種も生息する。地質学的には、最古の岩石層は8億5000万年以上前のもので、約2億年前の地層には恐竜の足跡が残されているという。下から見上げるとそそり立った壁面が見えるので、登るのはさぞかし大変だと思っていたが、登ってみると意外に簡単、1時間足らずで平坦なテーブル上の山頂に着く（写真3－30）。山頂から見渡すと木々の緑のジュータンが

写真3-31　ウォーターベルク高原からの景観。水平線まで道路が地表に傷を付けたように延びている

写真3-32　ドリーネ（石灰岩が溶食されてできた凹地）

水平線まで広がり、そこにひっかき傷のように道路が延び、バンガローが作られている（写真3－31）。

巨ゾウの挟み打ちに遭う

朝6時に起床し、7時半頃出発する。朝のドライブは風が冷たくて気持ちが良い。オシワロンゴからツメブに向かう。ツメブは鉱山都市で大きな町だ。鉄道もここまで通っていて、スワコプムントやウォルビスベイの港町まで鉱物を鉄道で輸送する。ツメブでは、少し北にある石灰岩地形のドリーネに水がたまってできた池を見に行く（写真3－32）。100年ほど前に作られた、水を汲み上げるポンプと配管が残されていて、配管は今でも利用されているという。ただし、かつては水を汲み上げていたのが、今では逆に池の保全の目的で、水を供給するために配管が利用されているという。ツメブ周辺は石灰岩地形とともに石灰岩植生にも特徴が見られる。

ツメブからナムトニに向かい、そこでロッジに宿泊する。エトーシャ国立公園の入り口で手続きを行ない、そこから少し走ってロッジに到着した。しばらく休んでから1時間ほどサファリに出かける。途中でゾウの群れに道を阻まれ、引き返そうとすると反対方向から大きなゾウがこちらに向かってドッシドッシとやってくる。2台の車が挟まれ、ゾウの群れと巨ゾウの間の距離は徐々に狭まっていき、恐怖感に襲われる。群れの2頭が道の真ん中でじゃれ合っている。すると群れが茂みの方に移動し始めたので、道の路肩付近を突進して避難した。動物でこんな恐ろしい思いをしたのは初めてだった。

幽霊の森

朝6時半に起床し、7時過ぎに出発した。今日はウインドフックに戻る日だ。サファリをしながらオカクエジョに向かう。エトーシャ・パンには雨季にアンゴラ高原で降った雨が網状流のように流入し、大きな湖ができている（図3－4）。パンとはフライパンのような浅い皿状の凹地のことを指す。このパンに蓄えられた水を求めて野生動物が集まるため、エトーシャ・パンは国立公園になっている。西の海岸地帯の砂漠と、この野生動物がたくさん棲みつくエトーシャの間をかつては野生動物が行き来していたが、そのうち両者の間に人が住み始め、町ができた。そのため動物の移動は遮断され、砂漠では砂漠ゾウなどの野生動物が、砂漠の環境に適応できるように独自に進化していったのである。

エトーシャ・パンの湖から西に向かうと、すぐに塩が一面に広がる死の世界が現れた。マー

写真3-33 エトーシャ国立公園にあるモリンガの森。モリンガはゴーストツリーと呼ばれている

クは、明日ウインドフックに戻ると勘違いしていたので、サファリをゆっくり行ない、気がついたときにはすでに昼を過ぎていた。急いで往復1時間をかけて、モリンガ *Moringa ovalifolia* の木々が一帯に生え、幽霊の世界のような様相を醸し出している「幽霊の森」と呼ばれる場所を訪れる（写真3－33）。マークに、「なぜ、ここにだけモリンガの木々ばかりが生えているの？」と尋ねたら、「わからない」という返事だった。理由をぜひ知りたいものだ。

午後2時にオカクエジョを出発し、時速100㎞で突っ走るが、どんどん他の車に追い抜かれていく。マークは追い抜かれるたびに、「なんで、みんなそんなに急ぐのか？」と訝《いぶか》しい顔をする。オウチョで休憩し、オマタコの山の横を通り過ぎる頃には日が沈み、地平線を赤く染める。このあたりはとくにシロアリ塚が地平線までいっぱい点在し、アフリカの自然のすごさをまざまざと見せつけているようだ。オカハンジョに着いた頃には真っ暗で、ここから真っ暗の中をウインドフックまで急いだ。予約していたペンションに着いたのは夜9時少し前で、ペンションのおばあさんが出てきて、「遅いから心配していたのよ」と話してきた。

エンジントラブルで飛行機が引き返す

ナミビアでの調査旅行を終えて帰国するために、夜8時くらいのヨハネスブルク発、ロンドン行きの飛行機に乗った。離陸後しばらくの間、隣のジンバブエ人の白人の高齢女性としゃべっていたところ、機内アナウンスで「エンジントラブルがあるのでヨハネスブルクに戻ります」という。その女性は非常に怖がり、「あなたの手を握らせてください」と言われて、ぎゅっと強く1時間ほど握り続け、着陸時には私の手に青あざが付いていた。

乗客たちがヨハネスブルクのホテルに入ったのは深夜2時くらいだった。機内食が出なかったので腹ぺこで、ホテルのキッチンでコックが私たちのために食事を作ってくれた。翌日はアルコール以外の飲食はすべて無料であったが、ホテルの部屋に1人で暇だったので、テレビのリモコンをよくわからずカチャカチャと触っていたら、アダルトビデオが流れた。夜にチェックアウトするとき、アダルトビデオの特別料金が2日分請求された。1日しか滞在していないのになぜ2日分なのかと文句を言ったら、「それもそうだ」と1日分だけになった。飛行機は夜8時発の便なのだが、その日にも正規の夜8時発のロンドン行きの便があるので、混乱しないように、前日の便は夜の10時半発になった。

04 テント・冷蔵庫付きの四輪駆動車でナミビア全土を駆け巡る

初めて科学研究費を獲得して
ナミビアで研究プロジェクトを始める（２００１年）

初めて科学研究費補助金に応募する

ドイツのレーゲンスブルクでの在外研究から戻ってすぐに、初めて文科省の科学研究費に応募したことは先に述べた。科研費にはいろいろな種類があるが、最も多くの人が応募するのが、科研費の多くを占める「基盤研究」である。基盤研究Ａは上限５０００万円、基盤Ｂが２０００万円、基盤Ｃが５００万円と定められているが、上限の金額で応募しても、「７ガケ」と言って、その金額に０・７をかけた金額前後で通るのが一般的だ。最初は基盤Ｃで応募していって、だんだん基盤Ｂや基盤Ａに挑戦するというのが一般的だが、私は初めての応募で思い切って基盤Ａにチャレンジした。

当時在籍していた大学院アジア・アフリカ地域研究研究科（通称ＡＳＡＦＡＳ）は、海外調査を行なう大学院であったので、周りの教員は基盤ＡやＢに応募していて、その周りの雰囲気で強気で基盤Ａに応募したのだった。すると運がいいことに1発目で採択され、それも8ガケの4000万円で通った。アフリカ専攻の中でも採否は半々で、中でも8ガケで通ったことが話題になった。しかし、これ以降、8ガケで通ったことはない。だいたい7ガケだった。4年間の研究期間で応募していたため、1年間の予算はおよそ1000万円だった。

私はこれから行なう科研費での海外調査に大きな期待を寄せた。自分が研究プロジェクトのリーダーとしてナミビア研究を牽引していくのだ。応募時に、研究分担者には地形学、気候学、植物生態学、土壌学、環境変遷学、リモートセンシング学の研究者を加え、計7名で研究プロジェクトを始めた。ただし、アフリカで調査した経験のある者は少なかった。多くは、シベリア、カムチャッカなど、ロシアでの調査経験がある人たちだった。海外研究協力者としてレーゲンスブルク大学のハイネ教授に参加を依頼し、さらに現地のナミビア砂漠研究所の研究員であり、ゴババブ・リサーチ・アンド・トレーニングセンターの所長であったヘンシェルさんを紹介してもらって、彼にも参加を依頼して了承を得ていた。

この2001〜2004年度のプロジェクトの成果は、『アフリカ自然学』（水野一晴編2005、古今書院）と、*Studies on the Environmental Change and Human Activities in Semi – Arid Area of Africa* (Edited by Mizuno, K., *African Study Monographs, Supplementary*

Issue, No. 30, 2005）として出版された。プロジェクトの最初のミーティングの際に、私はメンバーの研究者たちに、4年間でアフリカについて各専門分野から勉強してもらい、4年後にアフリカの自然についての概説書を出版することを目標にすることを話した。『アフリカ自然学』は本邦初のアフリカの自然に関する概説書となり、また、現在においてもその種の唯一の書籍である。

レンタカー屋の運転テストに落ちる

プロジェクトとしての最初の調査は2001年の8月に行なった。科研のメンバー7名のうち、植生担当の千葉大の沖津さん、気候担当の都立大の木村さん（現奈良大）と私、それから教え子の石川くんの4人でナミビアを訪問した。まずは、ナミブ砂漠に向かう。泊まったペンションでレンタカー屋を紹介してもらい、そこを訪れると、「日本人はよく事故を起こすから、運転のテストをして合格したら車を貸す」という。よほど日本人は自動車事故を起こして車を破損させるようだ。アフリカは道路が舗装されていない部分が多く、そのため基本的にレンタカーはマニュアル車だ。オートマチックしか乗らない日本人は運転に慣れていない。

最初に私が運転し、助手席にレンタカー屋のオーナーらしき人が乗ったが、マニュアル車に慣れていない私は、坂の多いウインドフックで何度もエンストを起こす。次に石川くんが運転したが、同様だった。結局我々はテストに落ちて車を借りられなかった。最近の大学生はオートマチックしか乗れない免許証を取る人が多いが、彼らは将来、外国でレンタカーを借りて運転することはないのだろうか？　発展途上国やヨーロッパのレンタカーは大半がマニュアル車である。ただし、発展途上国でも日本の中古車をレンタカーとして貸しているところでは、オートマチック車が多い。

ペンションに戻って、テストに落ちたことは言わず「車を借りられなかった」と告げると、ペンションのオーナーは「えっ！　なぜだろう？」と訝しい顔をしながらも別のレンタカー屋に電話してくれた。そこではテストもなく、運良くマニュアル車の四輪駆動のトヨタハイラックスを借りられた。ナミビアで広く旅行するキャンピング用の車は大半がトヨタのハイラックスである。ダブルキャビンが4人乗れ、シングルキャビンは2人乗れる。ハイラックスはピックアップトラックで、その荷台に各レンタカー会社が特注で荷物室を設置する。荷物室はレンタカー会社によって様々だ。たいてい冷蔵庫は付いていて、冷蔵庫専用のバッテリーを積んでいる。屋根の上にテントを1つか2つ載せられて、はしごを引っ張れば一瞬にしてテントが立てられて便利だ（写真4－1）。車の屋根の上のテントは涼しいし、動物から守られる利点がある。荷物室はすべて鉄板で覆われていて、たいていガラス窓はなく、厳重に南京錠で鍵をかけるようになっている。車を離れるときは、運転席に何も残してはいけない。夜に駐車するときは、ＣＤデッキが外せるようになっていて、それごと持ち出さないといけない。運転席にたばこ1本を残した日本人は、運転席の窓ガラスを割られた。たばこ1本を盗むために簡単に窓ガラスが割られるのだ。

たまに、ハイラックスと同タイプの日産やマツダの車を貸すレンタカー屋もある。ナミビアについての英語やドイツ語のガイドブックには、「ナミビアを旅する場合、レンタカーはトヨタの四駆の車を借りること」と注意書きがある。さらに、必ずスペアタイヤを2つ積むことと書かれてある。まともなレンタカー屋なら、何も言わなくても、ナミビアを旅行する四輪駆動車にはスペアタイヤが2つ積まれている。

トヨタの車を借りなければならないということは、前回にマークとランドローバで旅したときに痛感した。ナミビアではしょっちゅうタイヤがパンクする。パンクにすぐに気がつけばいいのだが、気づくのが遅れて車を走らせると、タイヤが破損してしまう。そのとき、ナミビアの大きな町のガソリンスタンドでは、トヨタのハイラックスのタイヤが必ず売られている。しかし、ランドローバのタイヤは大きな町でも売っていなくて苦労した。

一度、レンタカーの予約が遅れて、どこも予約でいっぱいで、2台借りるうちの1台は少しいかがわしいレンタカー屋で借りた。普通はレンタカー屋で手続きをするのだが、そこはペン

写真4-1　ナミビアの四駆のレンタカーにはオプションで屋根に備え付けのテントがあり、冷蔵庫も付いている

ションまで車を持ってきた。その四駆の車が、1つしかスペアタイヤを積んでいなかったのだ。スペアタイヤが1つではかなり不安である。案の定、ナミビアでも最も町を通過しないルートでタイヤがパンクした。しかし、スペアタイヤは1つしかない。タイヤを交換した後、次の町までパンクしないでくれと祈ったものの、再びパンクした。もう、スペアタイヤはない。なんとかキャンピング場（ロッジも併設）にたどり着いたら、運良くトヨタのハイラックスのタイヤを売っていた。ここで売っていなかったらアウトだった。ナミビアを広く旅行する場合には、スペアタイヤは絶対に2ついる。

レンタカー屋で借りるハイラックスなどの四輪駆動車は70Ｌの燃料タンクの他に、もう一つ70Ｌの燃料タンクを積んでいる。それでも、ナミビアの奥地のガソリンスタンドは、燃料の供給が滞って、10Ｌとか20Ｌの限定で販売することが少なくない。だからナミビアでは、奥地で燃料切れになる不安が常にある。

砂漠で飲む冷たいビールは最高！

首都のウインドフックを出発し、西に太平洋岸の方向に進むにつれて、樹木の高さが低くなっていき、灌木に変わっていく。そのうち、原生のスイカの実がゴロゴロと地面に生えているのを見かける（写真4－2）。あの甘くてみずみずしいスイカの原産地はナミブ砂漠やカラハリ砂漠など、南部アフリカの乾燥地である。それが品種改良されて、甘いスイカが世界に広がっ

写真4-3　硬い岩盤が侵食から取り残されてできたインゼルベルク（孤立丘、残丘）

写真4-2　野生のスイカ。カラハリ砂漠からナミブ砂漠がスイカの原産地である

た。こんなみずみずしいスイカの原産地がなぜ乾燥地なのかと疑問に思う人がいるかもしれないが、乾燥地だからこそ、根を深く地下水まで到達させて、水分を吸い上げ自らの母体に保存し、乾燥という環境に対応するような戦略をとっているのだ。水分を蓄えた多肉性の茎や葉を持つサボテンが乾燥地に生えるのと同じ理屈である。

途中にエスカープメントと呼ばれる急崖を下ると、一気に砂漠に近くなる。岩石砂漠の中を車で走ると、硬い岩盤が侵食から取り残された残丘であるインゼルベルクと呼ばれる岩山にときどき出くわす（写真4－3）。岩山のてっぺんに登って見渡すと地平線まで眺められ、遠くに涸れ川のところが緑で覆われ、その向こう側にオレンジ色の砂丘列が遠望できる。

さらに岩石砂漠を進むと、ゴバベブ・リサーチ・アンド・トレーニングセンターの白い水道塔が見えてくる。ここには世界中からナミブ砂漠を調査する研究者らが集まってくる。我々も、ナミブ砂漠に関する調査はここに宿泊して行なうことにした。

ゴバベブの施設にはバンガローが4つあって（バンガロー以

外にも宿泊設備はある)、各バンガローに4人は宿泊できる。トイレとシャワー、キッチンが付いている。ウインドフックで買い込んだ食料で自炊する。ビールは冷蔵庫に入れられるだけ詰め込む。砂漠で飲む冷たいビールは最高だ。夕方6時くらいになって砂丘の砂が冷えてきた頃、ビールを担いで砂丘のてっぺんまで裸足で歩く(写真4-4)。足の裏からひんやりとした砂の感触がたまらない。夜になると外気もひんやりと涼しくなるので、野外の満天の星の下で飲み会だ。野外でつまみのピーナッツをほおばりながらビールを飲んでいたある日、暗闇の中から浮き出た4つの輝く眼差しが徐々に近づいてくる。バンガローの灯りを受けて姿を現すと、なんと2匹のジャッカルだった。ピーナッツを放り投げるとむさぼり食っていた。

写真 4-4　砂丘で調査をする筆者

料理はもっぱら沖津さんが担当してくれた。料理は沖津さんの趣味の一つのように見えた。首都のスーパーで10種類くらいの調味料や香辛料を購入し、それらを組み合わせて料理していたが、どの調味料や香辛料も少量しか使わないので、調査終了時にはそれらはほとんど余っていた。

涸れ川(ワジ)のクイセブ川沿いの河畔林の中を歩いていると、50匹くらいのヤギの放牧に出くわすことがある(写

写真 4-5　クイセブ川沿いの河畔林で放牧されているヤギ

真4－5）。これ以降、10回以上ヤギの放牧に出会ったが、一度も牧童がいっしょにいるところを見たことがない。その代わりによく訓練された犬が1匹いて、その犬によってヤギの群れは統率がとれている。我々がヤギに近づこうとすると、犬がものすごい勢いで吠えてくる。なんともよくできた犬だ。

家畜のうち、ヤギとラクダは木本植生を採食するブラウザー（browser、草木の芽や葉を食べる草食動物）で、ウシとヒツジは草本植生を採食するグレーザー（grazer、草を食べる草食動物）である。そのため、ヤギは後ろ足で立ち上がって樹木の葉を食べるので、ヤギが立ち上がる高さより低いところには、樹木に葉が少ないのだ。

ナミビアに住むたくさんの民族

最初の調査ということもあって、とにかく車でナミビアを広く回った。ナミビアは大半の土地を白人が占拠し、自らの土地を柵で囲んで大農場としてウシを飼っている。ウシは肉牛で、牛肉とくに乾燥させた干し肉は、ナミビアの重要な輸出品になっている。そのため、柵の中に勝手に入れないので、調査ができるのは白人の大農場でない場所に限られる。ナミブ砂漠は国立公園のため、白人の大農場はなく、涸れ川のクイセブ川沿いに古くから、トップナールの人たちが住んでいる。トップナール民族は、ナミビア中南部の海岸地方に分布するナマ民族に属し、ナマはコイコイ民族（コイとも言う）の中の最大民族である。民族は多くは、話す言葉による語族で区分される。コイコイ民族はコエコエ語を話すコエコエ語族とも言われる。コイコイは、カラハリ砂漠に住むサン（ブッシュマン）とあわせて、コイサン語族に属し、オバンボ語やヘレロ語は、ニジェール・コンゴ諸語の中のバントゥー諸語に属する。コイコイとサンの特徴は、使用言語におけるクリック音（吸着音、舌打音《したうちおん》）の存在である。

ナミビアを広域に回ると、ナミブ砂漠周辺のナマの他に、内陸のダマラ、北西部のヘレロやヒンバ、北東部のサン（ブッシュマン）、北部のオバンボなど、様々な民族が住んでいることがわかった。

カバンゴ諸語とカプリビ諸語は、それぞれカバンゴ地域で話されている諸言語、カプリビ地方で話されている諸言語という意味でまとめられているので、カバンゴ語やカプリビ語という言語があるわけではない（米田 ２０１６）。

ナマとダマラは同じ言語、ヘレロとヒンバも同じだが、他はそれぞれ異なった言語で、互いに通じない。そのため、ナミビアでは英語を公用語としているが、南アフリカで使われているアフリカーンス語（南アフリカにオランダ人が入植し、そのオランダ語から派生した言語）やドイツ語を話す人たちもいる。

月世界から火星世界、地球へと

沖津さんと木村さんが一足先に帰国の途についた後、私と石川くんはあらためてウインドフックからスワコプムントに向かい、そこから大西洋岸を北上してトーラ・ベイまで行く。そのあたりは白い砂漠で非常に風が強く、まるで月世界のようだ（写真4－6）。時間的にはお昼頃だが、とても野外で昼食を食べるような場所ではない。猛烈な風が車から外に出るのを拒んでいる。そこから東へと内陸に向かってしばらく進むと、地表は玄武岩が酸化して赤茶色になった礫がゴロゴロと転がっており、まるで火星のような世界に入る。その赤茶色の大地に、日本では奇想天外と呼ばれる、ナミブ砂漠の固有種ウェルウィッチアが点々と生えている（写真4－7）。こんな火星のような世界で、草本でありながら、2枚の葉が風でビリビリに裂かれたウェルウィッチアが1000年以上生きているというのには驚かされる。

道を進むにつれて緑も多くなっていき、軟らかい層が侵食され、硬い層が残るという差別侵食の地形であるメサやビュートがあちこちに見られるようになっていく（写真4－8）。このような月世界から火星世界、そして地球の緑を感じさせるような景観の激変は、訪れる誰をも驚嘆させ、魅了する。このようなわずか数時間での劇的な景観変化は、世界広しといえどもなかなかお目にかかれないだろう。標高が1200mくらいになったところで、北上する道と、

写真 4-6　大西洋岸沿いのナミブ砂漠の白い砂丘。風が猛烈に強い

写真 4-8　硬い層が侵食から取り残されてできたメサ（写真左）とビュート（写真右）

写真 4-7　玄武岩の鉄の皮膜が酸化して赤くなった岩屑とウェルウィッチア

そのまま東進する道との分岐点がある。今回はそのまま東進した。

しばらく行くと、トワイフェルフォンテインまで南下する道に出合う。そこで5人の少女が待ち受けていて、車に乗せてほしいという。助手席に座る私の隣に1人の少女が座り、後ろに4人の少女が座った。彼女らはトワイフェルフォンテインで働いているという。

トワイフェルフォンテインは、2500以上のロックアートが見られ、世界遺産にもなっている（写真4－9、図3－4）。ロックアートは6000～2000年前に製作されたと考えられている。近くにはオルガン・パイプと呼ばれた場所に玄武岩の柱状節理が見られ（写真4－10）、樹木が石化した化石林も見られる（写真4－11）。化石林は2億8000万年前の堆積物の中に埋まっていたものが侵食によって地表に露出したものである。幹が丸太のまま化石になったものや年輪がよく見て取れる化石林もあり、それらが地表にゴロゴロしている。この化石林は2億8000万年前に寒冷な環境で生育していたグロッソプテリス植物群（絶滅したソテツ状のシダ植物で、ゴンドワナ植物群の主要属）に属し、今日のモミやマツのような針葉樹の祖先である。ここを歩いていると、数億年前の氷河周縁の寒冷地を来訪したような気分になる。現在は乾燥してとても暑いのだが……。

石川くんとナミビアの地形や植物景観の変化に壮大な時代の流れを感じながら、1週間ほどの旅を終えて首都に戻った。

写真 4-9　トワイフェルフォンティンの壁画

写真 4-10　オルガン・パイプと呼ばれる玄武岩の柱状節理

写真 4-11　2 億 8000 万年前のグロッソプテリス植物群（裸子植物であり、ソテツ状のシダ類の一つ）の樹木の化石（珪化木）。ツンドラや氷河周辺の寒冷地の湿地に生育していた

05

日中の砂丘の地表面は熱したフライパンのようだ

クイセブ川の環境変遷を探る（２００１年）

照りつける屋外と涼しい木陰

科研のメンバーで8月の調査のときに参加できなかった上越教育大の山縣さんとナミビアに渡航した。山縣さんは、私が都立大の地理学専攻の博士課程に進学したとき、修士課程にいて、かつていっしょに小笠原諸島の父島で調査をしたことがあった。そのときに、わがままな私にもよく順応できる人柄の良さや、地形学における彼の優れた洞察力と構想力を知り、ナミビアで科研費を申請するとき、迷わず彼に地形を担当してもらおうと考えた。ナミビアに来る前にセネガルに寄っているので、２００１年10月23日から12月6日までのかなりの長期旅行になった。

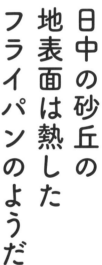

ナミビアは南半球にあるため、8月は冬であるが、11月は夏にあたり、猛烈に暑かった。午前9時（サマータイムなので実際は8時）を過ぎる頃から、太陽からの日射が容赦なく肌に突き刺さり、砂丘の砂も熱したフライパンの上を歩くようで、靴底からその熱さ（暑さ）をひしひしと感じる。その暑さの中で、ゴバベブを拠点に、涸れ川のクイセブ川流域の調査を行なった。河床を歩いたり、河畔林の中をにぎやかな鳥のさえずりを聞きながらさまよったり、そこから砂の斜面を必死になってよじ登り、砂丘の上に上がって全体の景観を観察したりした。すごく暑い砂漠であるが、涸れ川のクイセブ川沿いの河畔林の中に入ると、びっくりするほどひんやりしている。日本だと夏の日向と日陰で、それほど大きな体感温度の差を感じないが、砂漠では猛烈に暑い野外から、施設内に入るとエアコンが入っているのでは？　と錯覚するほどひんやりしている。これには比熱が関係していて、やかんに入れた水を沸かすのには時間がかかるが、沸騰させたお湯はいつまでも温かい。一方、フライパンを熱すれば30秒でアツアツになるが、火を消せば3分後にはもう冷たい。固体は比熱（1gの物質の温度を1℃上げるのに必要な熱量）が小さく、液体は大きい。湿気や水分の多い日本（やかんの湯）に比べ、ナミブ砂漠（フライパン）は湿気や水分が少ないので、熱しやすく、冷めやすいのだ。おまけに年中晴天のため、夜間に地面から放出される熱を遮る雲がなく、放射冷却で急速に冷えてくる。

ハンドレベルを使って、クイセブ川周辺の環境変遷を明らかにする

砂丘の上から、クイセブ川を挟む、岩石砂漠と砂丘地帯の雄大な光景に圧倒され、砂の上に座りながら何をしようか考えた（図5－1、写真5－1）。とりあえず河川周辺の地形を、ハンドレベル（水平や傾斜角を測る簡易測定器具）を使って測量し、地形断面図を描くことから始めた。地形断面図を作成してみると、クイセブ川を挟んで3段の段丘面があることがわかり、それらを高位段丘面、中位段丘面、低位段丘面とした（図5－2）。つまり涸れ川でも洪水時には水が流れ、河床を侵食する。土地の隆起や海面低下などにより、河川が再び下刻《かこく》を行なうと、古い河床の中に一段深く、新たな河床が誕生する。すなわち河岸段丘ができていくわけだ。ハンドレベル1本あれば、地形断面図が描け、地形の発達を検討できるのだ。さらに中位段丘面の表層にあるカルクリートの年代を求めて、中位段丘面の形成時期を推定した。カルクリートは、土壌中の水分の蒸発により炭酸カルシウム $CaCO_3$ が集積して形成された塩類皮殻である（写真5－2）。カルクリートの年代を放射性炭素 ^{14}C の年代測定により、5300±60年BP（BPは1950年を基準として、そこからさかのぼった年代）および6740±50年BPという年代が得られたが、その頃に中位段丘面はかつての河床であって、地下水面が浅く、毛細管現象によって地下水が上昇し、地表から蒸発することによってカルクリートが形成されたと推定されたのだ。また、この中位段丘面上には丸みを帯びた礫が分布しており、ここがかつて川が流れていた河床であることがわかる（写真5－3、水野・山縣2003、2005）。

このような地形の成り立ちは、山縣さんから現地で教わった。いろいろな研究者といっしょに調査を行なうと、彼らの専門分野からいろいろと学ぶことが少なくない。

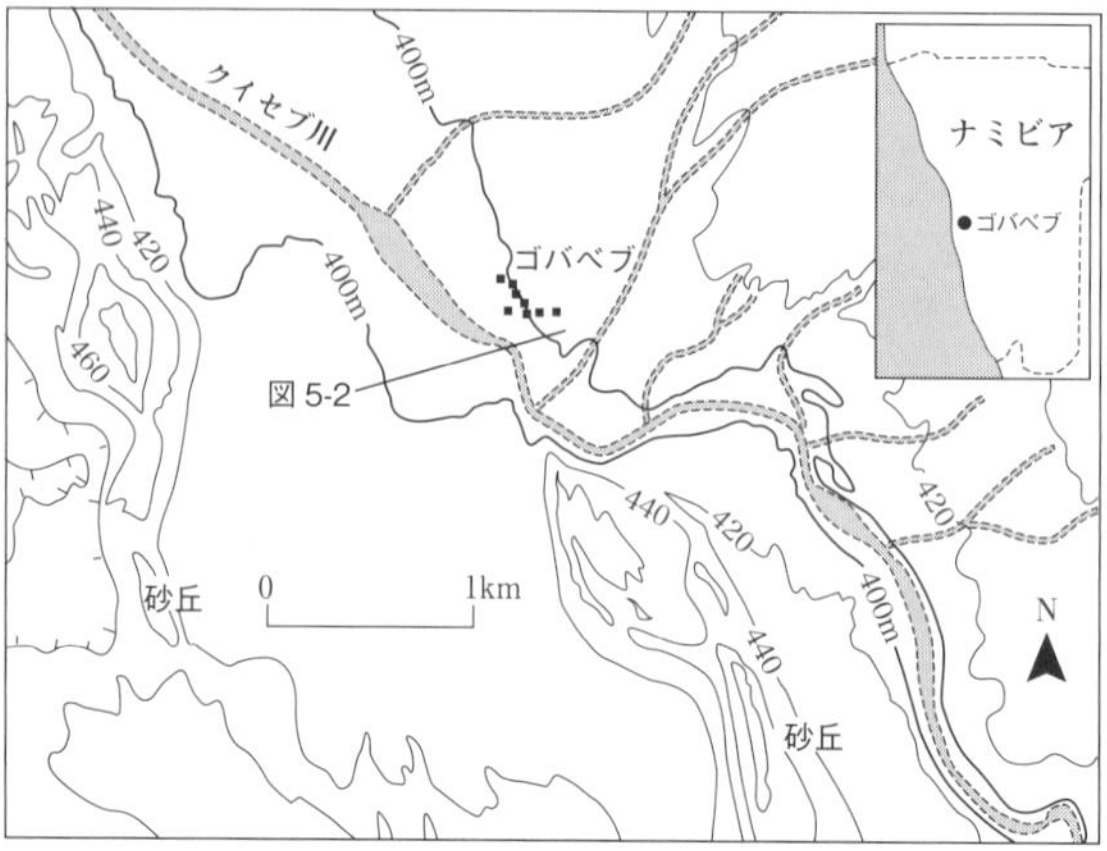

図 5-1　ナミブ砂漠のクイセブ川流域の調査地

写真 5-1　ナミブ砂漠のゴバベブ周辺の砂丘とクイセブ川

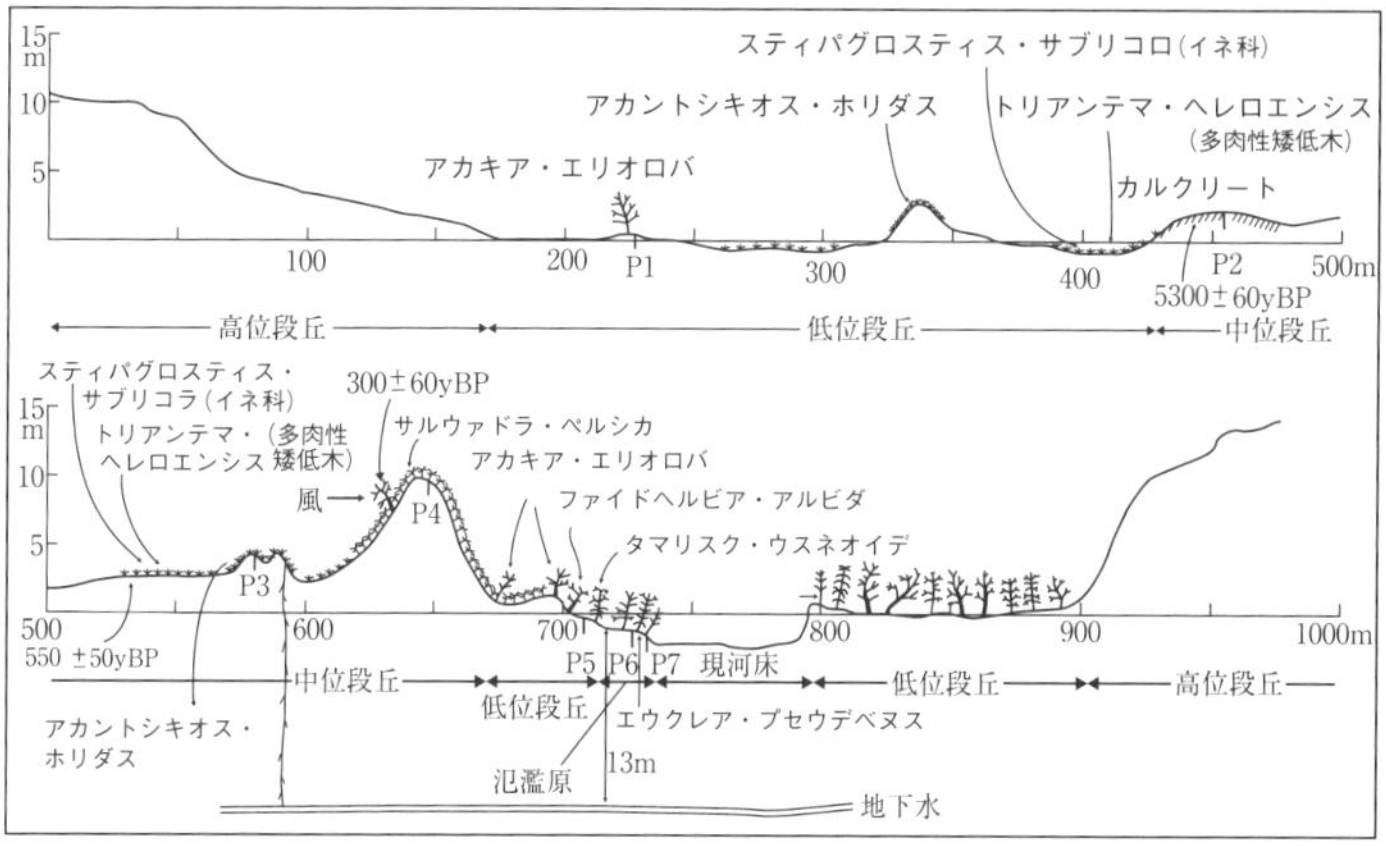

図5-2　トランセクト（図5-1）に沿った地形断面と植生（水野・山縣2003；2005）
P1-7：土壌断面

写真5-2　中位段丘上のカルクリート（$CaCO_3$）

写真5-3　クイセブ川に形成された中位段丘の地表を覆う円礫。流水によって礫が丸みを帯びたと考えられ、かつて河床であったことが推測される

砂丘に埋もれたアカシアの枯死木

地形断面の測量をしていると、枯れたアカシア（アカキア・エリオロバ）の木が砂丘の中に埋もれている姿に目を奪われる（写真5－4）。山縣さんは成長錐《すい》（樹木を枯死させることなく、比較的小さなダメージで、太さ4・3～12㎜、長さ100㎝以下の円柱状の木材試料（成長錐コア）を採取する器具）を持ってきていたので、アカシアの木の幹に成長錐を錐《きり》のように、取っ手のハンドルを回しながら挿していったが、ものすごく硬くて、ハンドルを逆回転させて抜こうとしても抜けなくなってしまい、無理をしたら先が折れてしまった。成長錐で年輪のコアを取って、樹齢を調べようとしたのだったが、失敗に終わった。成長錐を折った山縣さんはかなりショックを受けていた。

そこで、このアカシアが最後に生育していたと考えられる枝の先端を採取し、それを放射性炭素年代測定によって測ったところ、300±60年BPという年代が得られた。1950年より300年くらい前、つまり今から400年くらい前にはアカシアの樹木が生育しており、その後、川の流路の方向と直交する南西風によって飛ばされてきた砂が、河床の西側に分布する樹林地帯に遮られ、砂の堆積の拡大によって、現在の高さ10mくらいの砂丘ができたと推定された。そのことは、そこに埋まっている樹木の地表面下の部分が10m近くにものぼることから推定できた（水野・山縣2003、2005）。

これらをまとめて、涸れ川のクイセブ川周辺の環境変遷を解明した（図5－3）。

写真5-4　クイセブ川沿いの樹林帯で止められた飛砂と砂に埋もれていくアカシア林

測量や植生調査は早朝から行なったが、暑さで午前11時くらいまでが限界だ。しかし、どんなに暑くても、木陰に入ると涼しい。乾燥地での日向と日陰の体感温度の違いには驚かされる。実際に1日の気温差は大きく、朝晩は涼しいが、日中は気温が40℃以上にもなる。8月だと朝晩は寒いくらいで、セーターを必要とする。

山縣さんとの調査では、アカキア・エリオロバの根が露出した場所にも遭遇した（写真5－5）。初めて見たときはびっくりしてしまった。これほど地表の浅い部分にたくさんの根を伸ばしている姿を見たことがなかったからだ。無数の浅い根は、霧で湿る地表付近の水分を無駄なく吸収しているのではないかと思われた。それまで河床を歩いていて、洪水のときの流木が集まったものだと思っていたものも、アカシアが横倒しになっているものだと気がついた（写真5－6）。これを見ると、地表の浅い部分に膨大な根を張り巡らせていることがわかって、あらためて生物の生きるたくましさに驚かされた。

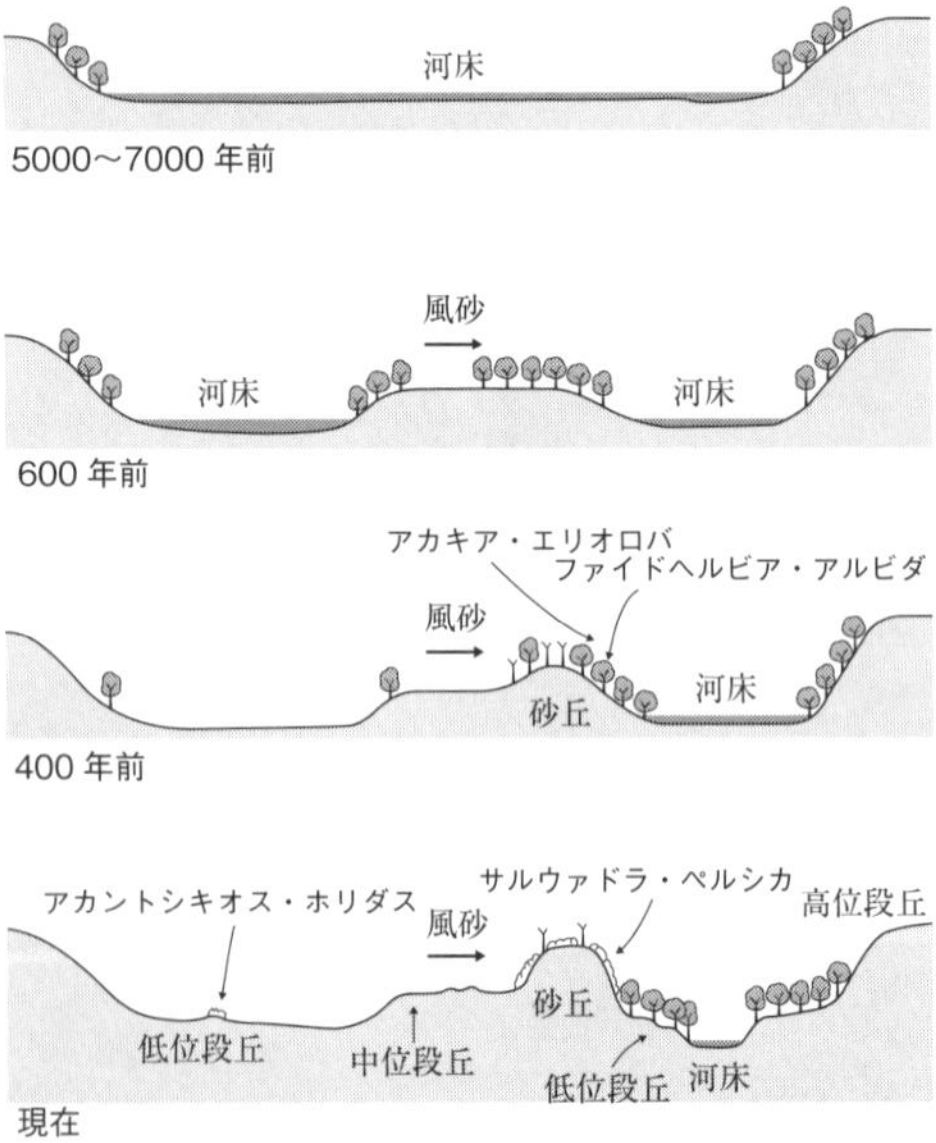

図 5-3　調査地の環境変遷と植生の遷移（水野・山縣 2003；2005）

写真 5-6　河床に倒れていたアカキア・エリオロバの成木。膨大な浅い根を持っていた

写真 5-5　アカキア・エリオロバの成木。地表の浅い部分にたくさんの側根を伸ばしていた

06

イスラーム指導者のマラブーはまるで芸能人のようだ

イスラーム信仰と地域社会をセネガルで探る（2001年）

精霊が宿るバオバブの木

2001年10月にナミビアの調査に行く前に、セネガルに寄った。10月23日に日本を発ち、同日にフランクフルトに到着し、レーゲンスブルクに移動して、レーゲンスブルク大学のハイネ教授を訪問し、ナミビア研究に関する情報交換を行なった。26日にパリに移動して、28日にパリからエールフランスでセネガルのダカールに到着した。セネガルでは私が副指導教員になっていた大学院生の平井くんの調査地を訪れ、レンタカーで彼の受け入れ先の家のご主人といっしょに、彼が行きたい場所に行って聞き取り調査を行なった。

セネガルは私が西アフリカで最初に訪問した地であり（カメルーンを中部アフリカに分類し

た場合）、アフリカでフランス語が公用語になっている国としてはカメルーンに次いでの訪問である。

セネガルはイスラームの国で、とくにイスラームスーフィズム（スンニ派の系統に属する神秘主義的なイスラーム哲学で、厳しい修行と禁欲を重視する）の流れを汲むムリッド教団（19世紀末、教祖バンバによりセネガルで広められた教え）が急速に拡大している。ムリッド教団の宗教的指導者は「マラブー」と呼ばれて崇拝されている（写真6－1）。信者は自分の好きなマラブーを選んで指導を受けることになるが、それは一種の芸能人に近いものがある。街のあちこちでマラブーのブロマイドが売られ、車の運転席の窓際にはひいきのマラブーの写真が飾ってある。宿泊したホテルのロビーには客引きの娼婦の女性がいて、自分がファンになっているマラブーのブロマイドを見せてくれたこともあった。

写真6-1　セネガルのイスラーム、ムリッド教団の宗教的指導者であるマラブー。写真のマラブーは薬草の知識があり、住民に伝統医として治療を行なっている

写真6-3　精霊が宿るとして伐採できないバオバブの木

写真6-2　マラブーの経営するレストラン。弟子が運営している。壁面には伝説のマラブーが描かれている

マラブーは経済的にも大きな力を持ち、タクシーやトラックなどの運送業やレストラン経営（写真6－2）など、多角的に事業を行なっている。マラブーのところには結婚や妊娠、就職などの相談のために人々がやってくる。薬草の知識のあるマラブーは伝統医の役割も果たしている。セネガルではバオバブは精霊が宿る木として、その木を切ったりはしない（写真6－3）。バオバブの葉はソースに使ったり、実は食べられ、樹皮からはロープを作ったりと利用されている。バオバブの他にタマリンドも精霊が宿るとされている。精霊はジネと呼ばれ、ある村のマラブーの家の前にはタマリンドが植えられており、彼の祖父が植えたとされ、祖父が呼び寄せたジネがその木に入るので、そのまま植えてあるという。

ここのマラブーは住民に治療行為を行なう。ジネが人に入り込むと、頭痛や神経症、不眠、歩き回る、人に教えることができなくなる、騒音がするといった症状が現れるという。ジネが入った人は他の人とは異なる匂いがして臭く、言葉がはっきりしゃべれなくなるという。私は頭痛持ちなので、マラブーに私の頭痛を治してくれるように頼んだところ、「まずは病院に行きなさい。それでも治らなかったら私のところに来なさい」と言われた。マラブーは病院でも治らない病気、すなわちジネが関わっている病気を治すのだという。ここのマラブーは精神病の患者をタマリンドの葉を使って、呪文を唱えて治療するという独自の施術を持っていた。

昼食は煮込んだ魚の炊き込みご飯チェブジェンがおいしい

セネガルには、マラブーが子供たちにクルアーンを教えるダーラ（写真6－4）と呼ばれる学校がある。そこではタリベと呼ばれるたくさんの生徒たちが、木の板に書かれたクルアーンを学び（写真6－5）、日中は街に出て食べ物やお金の施しを得ている。通りを歩いていると、必ずタリベの子供たちが空き缶を手にして近づいてきて、お金や食料をくれるように頼んでくる。マラブーがタリベに金銭的なノ

写真6-4　イスラームのクルアーン（コーラン）を学ぶ学校ダーラの生徒であるタリベ。タリベの子供たちは日中、街でお金などの物乞いをしている

写真6-5　ダーラの学校に置いてあるクルアーンが書かれた木の板で子供たちはクルアーンを学ぶ

ルマを課しているため、タリベたちも必死である。ノルマが満たせない場合、身体的・性的虐待を受けたり、ダーラから締め出されたりすることも少なくないからだ。2007年のユニセフの研究によれば、セネガルで物乞いをする子供の90％はタリベだという。

アフリカなどイスラームが信仰されている国に行くと、周辺に住むムスリムたちに、拡声器で礼拝の時間が来ることを伝えて、モスクに集まるように知らせるアザーンという呼び掛けが1日5回行なわれる。1回目は朝の3～4時頃なので、たいていその大音響で目が覚めてしまう。モスクに行けないムスリムのために空港などにも礼拝室がある。みな、イスラームの聖地であるサウジアラビアのメッカの方角に向かって礼拝をする。私が大学院生だったときにもインドネシアからの留学生が礼拝の時間になると手足を洗い、研究室の中に敷物を敷き、メッカに向かって礼拝をしている光景をよく目にした。

写真6-6　セネガルの昼食でよく食べられている炊き込みご飯のチェブジェン

西アフリカは東アフリカに比べて伝統料理がおいしいのではないかというのが、私の周りのアフリカ通の人たちの意見であり、私もそれに同感する。セネガルの昼食でよく食べられるのが、白身の魚を野菜やトマトペーストといっしょに煮込んで、その煮汁で長粒米を炊いた炊き込みご飯のチェブジェンである（写真6－6）。ウォロフ語で「チェブ」は米、「ジェン」は魚を意味する。この料理はけっこうおいしく、米と魚を使っているので、日本人の口によく合う。私はダカールにいる間は、昼はほとんどチェブジェンを食べていた。チェブジェンを食べさせる食堂はいたるところにある。米はセネガルでもけっこう栽培されているが（写真6－7）、それだけでは足らないので、タイやパキスタンからインディカ米が輸入されている。チェブジェン以外には、肉、タマネギ、ジャガイモを炒めてピーナツペーストを加えたものをご飯にかけた、マフェと呼ばれる料理を昼食にときどき食べていた。

セネガルでコメが食べられているのは、植民地時代、フランスが落花生を栽培させるために他の自給用食糧を生産させず、仏領のベトナムから安い破砕米《はさいまい》を持ってきたことによる。

写真 6-7　稲穂を長い棒で叩いて脱穀しているところ（セネガル）

セネガルの中のガンビア

セネガルの中でガンビア川に沿った領域は、別の国ガンビアである。セネガルがフランスの植民地であったのに対し、ガンビアはイギリスの植民地だった。セネガルの最大民族はウォロフ人で全体の43・3％を占め、次いでフラ人23・8％、セレール人14・7％である。公用語はフランス語だが、民族語のウォロフ語やフラ語、セレール語、ジョラ語、マンディンカ語も話されている。一方、ガンビアの最大民族はマンディンゴ人で42％、次いでフラ人18％、ウォロフ人16％、ジョラ人10％である。公用語は英語で、マンディンカ語、フラ語、ウォロフ語などの民族語も話されている。セネガルとガンビアには、同じ言語を話す同じ民族が住んでいるにもかかわらず、公用語はそれぞれフランス語と英語で異なるのだ。

１９７７年にアメリカで放映されたテレビドラマ『ルーツ』の主人公クンタ・キンテがガンビア出身の黒人奴隷であったことで、ガンビアは世界に広く知られるようになった。

私はガンビアとの国境近くまで行ったことがある。すぐ向こうは、同じ民族でもフランス語から英語に変わるのだなと思うと複雑な心境だった。

11月7日にダカールを出て8日にパリに到着。パリではリュクサンブール公園やソルボンヌ大学に近い本屋の「ハルマッタン」（世界各国ごとに棚が並び、アフリカの書籍、とくにかつてフランスの植民地であった西アフリカ各国に関する本が充実している）を訪れ、セネガルに関する資料を購入し、自然史博物館を訪問した。

07

ナミブ砂漠の涸れ川沿いの河畔林が大量枯死しているのはなぜ?

大学院生たちとの「ケニア縦断空の旅」とナミビアでの調査地探し(2002年)

中古のセスナで6日間の空の旅

2002年には、私のもとに何人もの院生がASAFASの大学院に入ってきた。藤岡くんと伊東くんと宇野くんの3人である。前年度に獲得した科研費でナミビア調査を始めたため、まず、私の指導大学院生の藤岡くんと伊東くんを連れてナミビアを訪問した。彼らの調査地を探し、彼らは半年間滞在して調査を行ない、そのデータをもとに修士論文を執筆する。このときは山縣さんや沖津さん、木村さんもいっしょだった。最初に2人を連れてケニア山に登り、私の調査を手伝ってもらった。ナイロビを出て戻るまで9日間の調査旅行だった。その後、ケニア在住の友人である早川さんの紹介で彼女の友人のアレックスを紹介してもらい、彼が友人といっしょに保有している中古のセスナを6日間チャーターして、ケニア北部のトゥルカナ湖からタンザニア国境のキリマンジャロまで空の旅を続けることになった。本来は120万円かかるところを「お友達料金」の60万円という破格の安さで請け負ってくれた。

ナイロビを飛び立つと、すぐに眼下に広大なスラム街キベラが見えてくる（写真7－1）。セスナは高速で飛んでいるはずだが、スラム街はどこまでも続く。しばらくすると赤茶色の大地に緑の畑、谷沿いの湖畔林が見えてくるが、それもどんどん緑が少なくなり、乾燥した土地に移っていく。

丘の上のベッドで満天の星を見ながら寝る

初日はトゥルカナ湖までの中間地であるエル・カントに降り立った（写真7－2）。眼下に村が見えてくると、セスナは何回も旋回して到着を村人に知らせた。土埃が舞う滑走路に降り立つと、そこはもうすでにかなり乾燥した大地であった。地面に大きな穴が掘られていて、底にたまった水が家畜の飲み水となる（写真7－3）。たくさんのラクダが労働力や乳の提供のために飼われていて（写真7－4）、ホテルが丘の上にあるため、ラクダたちが水をホテルまで運んでいた。ホテルには何とプールがあって、そこに運ばれた水が注がれていた。ホテルの部屋がすごかった。丘の上にベッドが置いてあるだけだ。めったに雨が降らないし、暑いので野外で寝る方が快適だからだ。寝るときは真上に満天の星が見え、そして地平線から昇る太陽

写真 7-1　ナイロビ最大のスラム、キベラ（2002 年）。線路沿いにスラム街が発達していた。写真右上に見えるのが中心街のビル群

写真 7-2　エル・カントの風景

写真 7-3　エル・カントでの水源

の光で目覚める（写真7－5）。トイレも崖の斜面に作られているので、トイレから地平線まで見渡せる。

2日目はエル・カントを飛び立ち、トゥルカナ湖の湖畔の町、ロイアンガラニに到着した（写真7－6）。トゥルカナ湖はアフリカ大地溝帯にある断層湖（地溝湖）であり、大部分はケニア側にあるが、北端はエチオピアにある。砂漠にある恒久的な湖としては世界最大であり、アルカリ性の湖としても世界最大である。セントラル島は火山島で（写真7－7）、周辺地域の岩石はおもに火山性のものである。島には火山活動によって誕生した3つの湖があり、それぞれ生息している動物に基づいてクロコダイル湖、フラミンゴ湖、ティラピア湖と呼ばれている。とくにナイルワニの繁殖地として有名だ。翌日に、セスナで湖に沿って北上し、景観を観察したが、湖にある火山と乾燥した茶色い大地、青い湖水が不思議な景観を作っていた。

ロイアンガラニでは、レンディーレやトゥルカナ、サンブルなどの民族の人々が共存し（写真7－8）、遊牧で生計を立てているが、エルモロ民族の人々はトゥルカナ湖で漁業を営み（写真7－9）、家の屋根の上で、湖で採った魚を干している光景が興味深かった（写真7－10）。

ロイアンガラニで2泊し、4日目はそこから途中ナイロビで給油をして、キリマンジャロの麓のアンボセリまでひとっ飛びだ。

アンボセリでは、セスナのドアを外して、私の身体にザイルを取り付け、それをイスに固定してキリマンジャロ上空を飛んだ（写真7－11）。高い高度まで飛べるように、少しでも機体

写真 7-4　家畜として飼われているラクダ

写真 7-6　トゥルカナ湖の湖畔の町ロイアンガラニ

写真 7-5　エル・カントのホテル

写真 7-7　トゥルカナ湖の火山島であるセントラル島

写真7-8　トゥルカナ湖の湖畔に住む女性たち。左の２人は民族がトゥルカナ、真ん中の３人は不明（首に付けているビーズはサンブルのものだが、服装は町の女性なのでわからない）、右の１人はレンディーレ

写真7-9　トゥルカナ湖の湖畔の町ロイアンガラニで唯一、漁業で生計をたてているエルモロ民族の集落

写真7-10　エルモロ民族の住居と屋根に干してあるナイルパーチの魚

を軽くするため、アレックスはセスナの翼に入れる燃料をゲージで慎重に測り、我々にカメラやビデオカメラ以外は荷物を持ち込まないように注意した。アンボセリの貧弱な滑走路を滑り出し上空に舞い上がると、寒さ対策のために何枚もの衣類を着込んでいたものの、撮影のために素手だったので、手が猛烈に冷たかった。ドアを外した空間から見渡せるキリマンジャロの山体が近づき迫力があった。最初、マウエンジ峰に近づくと、アレックスが「下に1955年に墜落した東アフリカ航空のＤＣ－３の機体の残骸が見えるだろ?」と言うが、私にはどこに落ちているのかわからなかった。その機体はタンザニアのダルエスサラームからケニアのナイロビに向かう途中、悪天候でマウエンジ峰の南東斜面（４６３３ｍ地点）に激突したのだった。ダグラス社製のＤＣ－３には4名の乗務員と16人の乗客が乗っていたが全員が亡くなった。

キボ峰に近づくと氷河が間近に迫り、その光景に圧倒された。カメラとビデオカメラを交互に使い、氷河の写真や映像を撮って、氷河分布を調査した（写真7－12）。上空からはキリマンジャロのカルデラや火口もよく見え（写真7－13）、あらためて火山だということを認識させられた。わずかな時間だったが、自然の畏怖のようなものを感じた。アンボセリに戻ると、今度はアレックスがオートバイに羽根を付けたような超軽量飛行機に、一人ひとり後ろに乗せてくれた（写真7－14）。眼下には雄大なサバンナの草原といろんな野生動物たちが見られ、アレックスはこれを使って動物の個体数を調べていると語った。

写真 7-11　セスナのドアを外して写真撮影に臨む

写真 7-12　セスナから見たキリマンジャロのキボ峰の氷河

写真 7-13　セスナから見たキリマンジャロのキボ峰のカルデラと火口

写真 7-14　超軽量飛行機に乗る

砂丘地帯の穴掘りは過酷だ

日本を7月30日に出発し、ケニアでケニア山調査とケニア縦断空の旅の合計約3週間を終えて、8月18日にナミビアの首都ウインドフックに着いた。標高5000mを超える、寒いケニア山から、今度は乾燥した世界での旅である。

2人の大学院生を連れて、私の調査地であるナミブ砂漠を最初に訪れ、そこで約1週間滞在した。私は、涸《か》れ川(ワジ)のクイセブ川沿いの河畔林が大量に枯死している場所で調査を行なった(図7－1の地点1、写真7－15)。河床の氾濫原や砂丘斜面では樹木は枯死していないのに、氾濫原より一段高い土手のような地形上では樹木が枯死しているか、枯れかけであった。そこで藤岡くんと伊東くんに、樹木が枯死している土手状の地形と氾濫原の両方でスコップを使って穴を掘ってもらった(写真7－16)。これがきわめて大変で、掘っても掘っても、周りから砂が流入して、なかなか深く掘り進むことができなかった。それでもなんとか掘り進み、土壌断面が見られるようになった。両者は明らかに異なっていて、樹木が枯れていた土手状の地形では赤茶色の砂が堆積した土壌断面、樹木が生育している氾濫原ではシルトが豊富に堆積した灰色の土壌断面だった(写真7－17、水野2005d、Mizuno 2005c)。

枯れている樹木の枝の先端を多数採取し、そのサンプルを放射性炭素年代測定によって、放射性炭素の濃度を測り、樹木が大量に枯れた年代を求めたところ、1976～1987年であることが判明した。図7－2(P.132)はクイセブ川の洪水日数のグラフである。涸れ川は

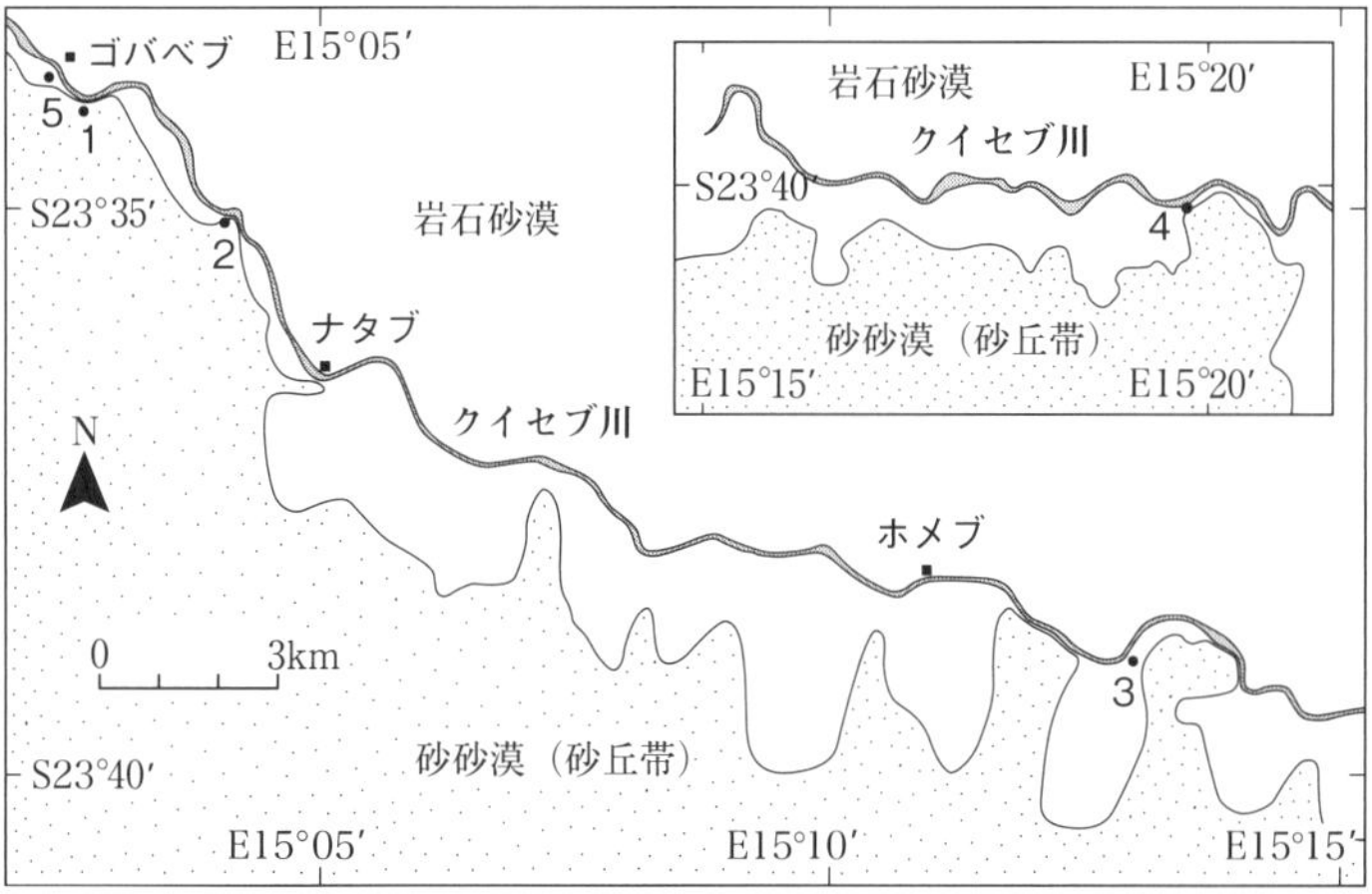

図 7-1　クイセブ川沿いの大量枯死木観察地点（地点 1 ～ 4）。地点 5 は比較対象地域

写真 7-15　砂丘と季節河川の河床の間の土手状の地形で大量枯死していた樹木

写真 7-16　大量枯死していた樹木付近を掘って土壌を調べる

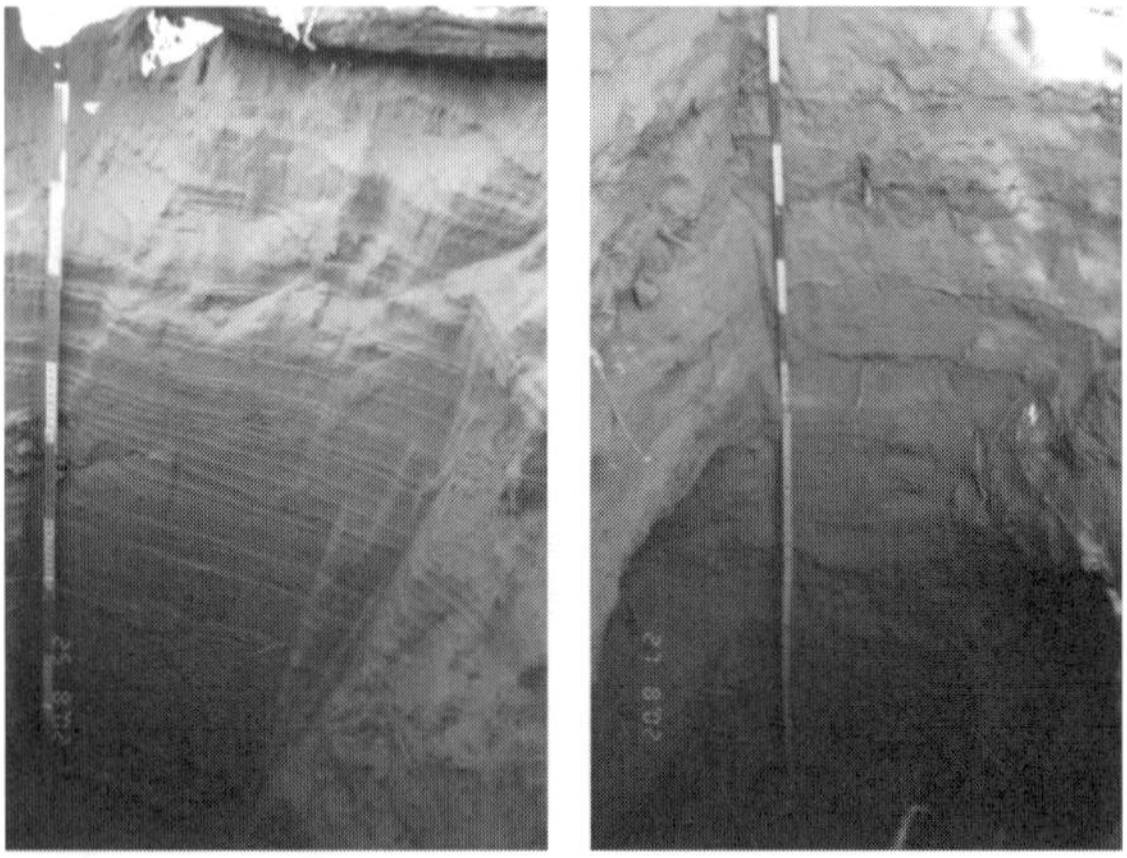

写真 7-17　樹木が枯死していた土手状の地形の土壌（左）と、樹木が枯死していない氾濫原の土壌（右）

普段は水が流れていないが（写真7－18）、上流で大量に雨が降れば、上流から水が押し寄せ洪水が生じる（写真7－19）。なお、涸れ川に水が流れれば洪水と呼んでいる。図7－2を見れば、森林が枯れた1976～1987年というのは、ほとんど洪水がなかった時代に相当する。つまり、森林の維持には洪水が不可欠であるということだ（Mizuno 2010b）。

ナミブ砂漠にいる間に、その付近で伊東くんの調査地を探した。伊東くんはナミブ砂漠の季節河川（涸れ川、ワジ）のクイセブ川沿いの村で調査することにした。その村であるアムストラット村の一軒の家の横にテントを張らせてもらって、そこで彼は生活をした（写真7－20）。クイセブ川沿いの砂丘地帯には、ナラという果実が自然になっている（写真7－21）。住民たちはそれを収穫して、主食とし、主たる現金収入としていた。しかし、クイセブ川の支流の河口にあるウォルビスベイの町が10年に1回くらい洪水の被害に遭うため、支流に洪水防止ダムを造ったところ、洪水がなくなったことにより、多くのナラが枯死することになった。ナラの生育にも洪水が重要なことがわかった。伊東くんは自然環境とナラ植生の関係、それらが地域社会に及ぼす影響について解明した（伊東2005）。

彼の調査によれば、ナラの収穫期には住民の食事はほとんど、ナラの果肉をぐつぐつ煮込んで濃縮させ（写真7－22）、それをブルーシートの上に流して干してできたナラケーキ（写真7－23）という保存食か、ナラの果肉そのものだった。また、ナラの種子を干したものは住民の重要な現金収入になっていた（写真7－24）。ナラの種子を炒って、ピーナッツのように食

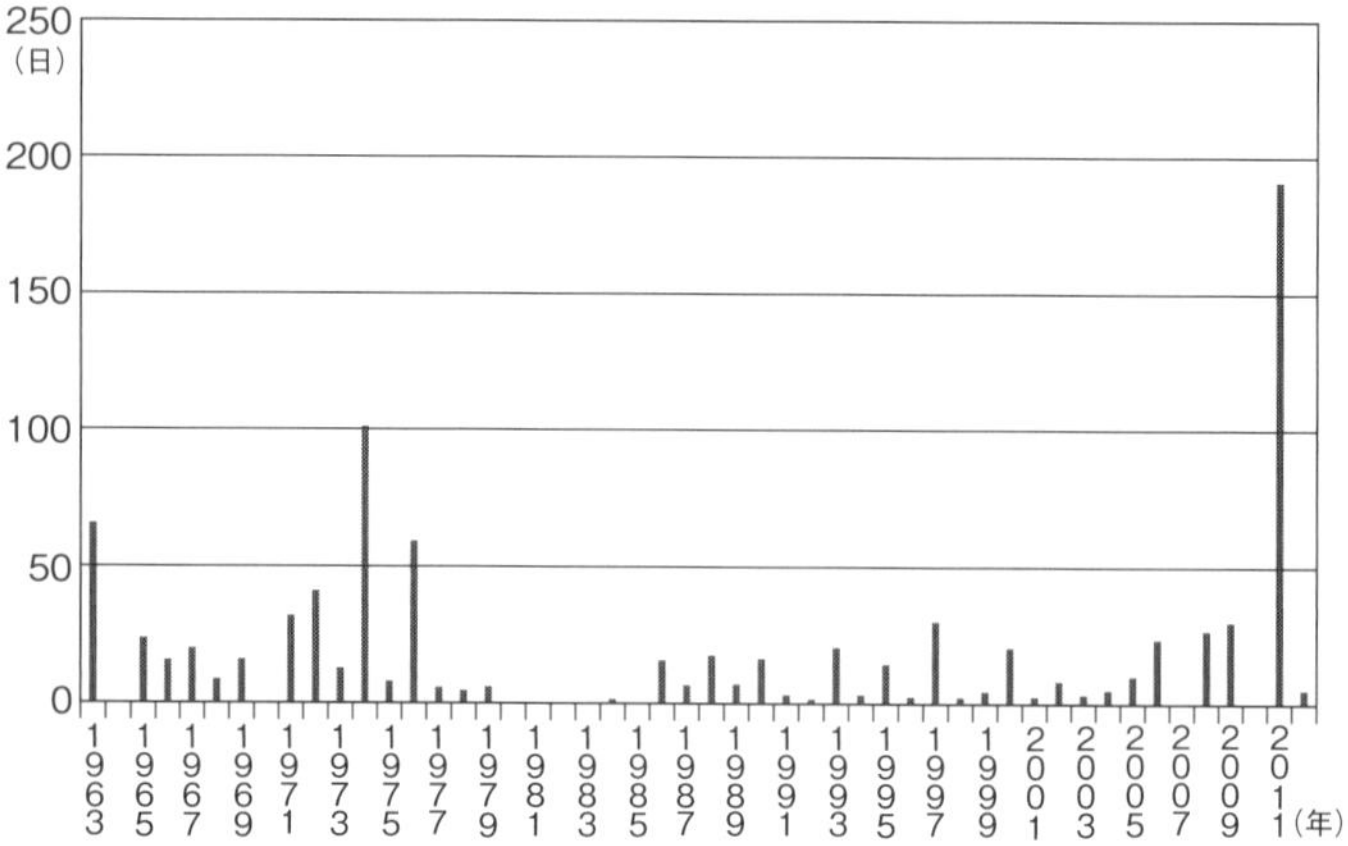

図 7-2　中流域のゴバベブにおけるクイセブ川の洪水日数（1963 ～ 2012 年）（Gobabeb Research & Training Center よりデータ提供）（水野 2016c）

写真 7-18 普段水が流れていない涸れ川（ワジ）のクイセブ川

写真 7-19 クイセブ川の洪水（2004 年 1 月 18 日［水位 1.7m］から 4 日間継続）（Andrea Schmitz 撮影）

写真 7-20 トップナール民族の住居

写真 7-21 ナラの果実がたくさん生育しているナラフィールド

写真 7-22 熟したナラメロンの果肉をドラム缶に入れて火にかけて煮詰める

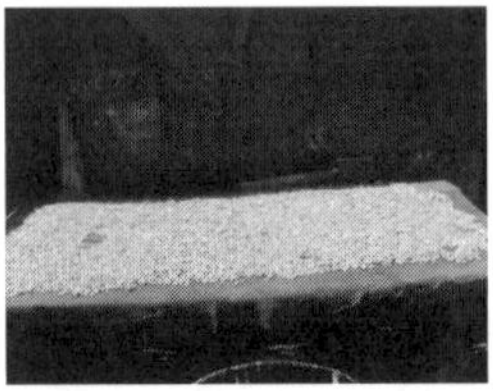

写真7-24　ナラの実から種子を集めて販売する。クイセブ川沿いの住民にとって重要な現金収入となる

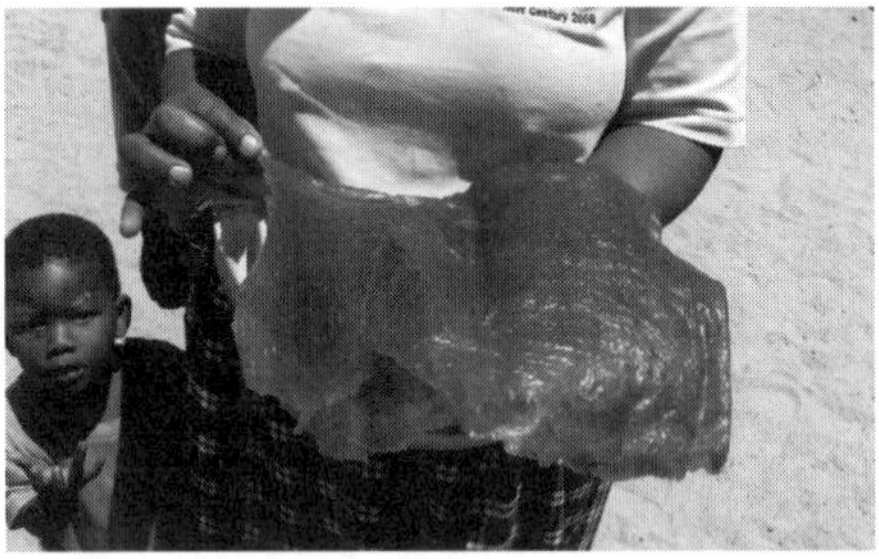

写真7-23　ナラメロンの果肉を煮詰め、ふるいにかけて種を取り除いた液体部分をビニールシートの上に流し、薄く伸ばして天日干ししたナラケーキ

べるのだ。フライパンに砂を入れて種子を炒るのは、砂を入れないと黒く焦げるが、砂を入れるときつね色にこんがり焼けるからだ。また、彼の調査から、村の住民の収入の約4割はナラの種子で、ナラの種子からしか現金収入のない人は住民の約4割を占めていることがわかった。

食中毒で全身が痺れて動けなくなる

ナミブ砂漠での1週間ほどの滞在中に伊東くんの調査地を決めた後、藤岡くんの調査地をナミビア北部、オバンボ民族の人々が居住するオバンボランドにしようと考えていたが、その前に、国境を越えてボツワナのオカバンゴデルタを訪れることにした。オカバンゴデルタでは比較的安い宿に泊まっていたのだが、夕食をとるためにレストランがある高級ホテルに出かけた。そのレストランで私は、大きなエビを蒸したものを注文した。食べてから約30分後に急に気持ち悪くなり、トイレに行く途中で吐いてしまった。吐いた後、急激に身体がしびれて動けなくなった。学生たちに抱きかかえられて車に乗せてもらい宿に戻った。ものすごく苦しく、翌日も食事はとれなかった。生まれてこのかた、初めて食中毒になったのだ。食中毒とはまさに全身に毒が回り、しびれて動けなくなる。体調は良くなかったが、力を振り絞って、オシャカティ近くに住む砂漠研究所の現地スタッフであるオッティさんに電話をした。

オシャカティはナミビア北部のオバンボランドの中心都市である。オッティさんに藤岡くんの現地受け入れ農家を紹介してもらうことを事前に頼んであったのだ。電話で話して、4日後にオシャカティに近いもう一つの大きな町であるオンダングワ（ここには空港がある）のホテルで午後2時に待ち合わせることにした。しかし、当日、レセプション前のラウンジで1時間待っても彼女は現れなかった。部屋に戻ってしばらくしたら、フロントから電話があり、伝言を預かっているという。伝言は、昨日オッティさんのご主人が亡くなり、急遽彼女は首都に向かうことになったので会うことができないという内容だった。

私は翌日にはオンダングワから飛行機で首都のウインドフックに戻り、日本への帰途につく予定になっていた。藤岡くんの受け入れ農家が決まらないうちに私が帰国することになったため、木村さんに彼の調査地探しを委託した。結局、藤岡くんは、木村さんが滞在中にも受け入れ農家が決まらず、その後、安宿に泊まり、首都で購入した自転車でオバンボランドを走りながら調査をし始めた。自転車などの必要道具を購入するため、彼らがいったん首都に帰るときに途中で車が燃料切れになったという。1人がヒッチハイクをして、ガソリンスタンドがある町まで車に乗せてもらい、購入したガソリンをポリタンクに入れて再度ヒッチハイクで車に戻ったという。ナミビアは国土の広さの割に人口が少なく、公共交通はあまり発達していない。地元民の主要な交通手段はヒッチハイクである。車の運転手が地元の人なら有料で乗せてくれる。

ある日、藤岡くんが休憩したバーでジュースを飲んでいたら、店主が話を聞いて、彼の家の敷地内にテントを張って生活させてくれることになったという。アフリカでは自転車に乗る人を見かけることは少ない。とくに都市ではほとんど見かけない。おそらく自転車は簡単に盗難に遭うため、都市では乗らないのであろう。オシャカティのホテルに泊まったとき、レセプションの女性が、藤岡くんの自転車で走る姿は、このあたりでは有名だと教えてくれた。

藤岡くんが住み込んだウウクワングラ村は、オシャカティに近く、日本人がテントで寝泊まりしているという噂を聞きつけた町の2人組が、朝の4時くらいにテントを襲い、ナイフで彼を脅して、彼が3ヶ所に分けて隠していた2ヶ所のお金が見つかって、巻き上げられてしまった。その知らせを藤岡くんから国際電話で聞いたときはびっくりしてしまった。彼には、すぐに店主に家の中に住まわせてくれと頼むように伝えた。田舎ではこういうことは起きにくいのだが、町に近いと何かと治安が悪い。オシャカティでは4年後に私もひどい目に遭うことになる。

人の交流に欠かせないマルーラ酒

アンゴラとの国境に近いナミビア北部では、雨季になるとオシャナと呼ばれる、季節河川が洪水によって網状流として水を湛えている地域が広がる（写真7－25）。雨季にアンゴラ高原で降った雨が洪水として国境を越えるのだ。水深はさほど深くはなく、私も車で恐る恐る水の中に入っていって、タイヤが大きな水しぶきを上げながら不安げに走行した経験が何度となくある。この網状流はエトーシャ・パンに注ぎ込み、そこは野生動物の重要な生息地となって、野生動物を保護するための国立公園となっている。

このオシャナ地域周辺で藤岡くんは、植生分布やオバンボ民族の人々の樹木利用、生業活動、社会関係などについて調査を行なった（藤岡２００７）。オバンボの人々は雨季に水に浸かるオシャナを避けて周辺の高台に住居を造る。彼らの生業は様々だが、主として行なわれているのがトウジンビエ（写真7－26）やソルガムなどの作物の農耕とウシやヤギの牧畜である。

オバンボランドは数万年前に広がっていたカラハリ砂漠由来のカラハリサンドと呼ばれる砂質地帯であり、有機物含有量が少ない貧栄養の土地である（山縣２００５a・b、２００６）。今はサバンナでもかつては現在のナミブ砂漠のような砂漠だったのだ。貧栄養の土地であるため、収穫後の畑で、家畜の刈り跡放牧を行ない、家畜の糞を畑に投入するだけでなく、栄養価の高い作物の茎や葉を家畜に与える（藤岡２００７）。家畜の糞が貧栄養の土地にとって重要な栄養分となるのだ。

オバンボランドにはマルーラというウルシ科の半落葉広葉樹が生育している（写真7－27）。樹高は20mほどに達し、雨季の間に梅の実くらいの黄色い果実を大量につける。藤岡くんはこのマルーラについても調査を行なった。オバンボは、マルーラの果汁を発酵させた果実酒であるマルーラ酒（オマゴンゴ）を作る。彼らはソルガムの醸造酒やヤシの蒸留酒も作るが、それらは世帯ごとに個別に作られるのに対し、マルーラ酒は異なる世帯の5～10人くらいの女性が集まり、共同で作業が行なわれる点に特徴があるという。マルーラの木を保有する世帯の女性と手伝いの女性がいっしょになって果実を搾る。搾られた果汁はすべてその木の保有世帯のものになるが、酒が発酵すると、酒の保有者は手伝ってもらった女性や友人、親戚などを集めて、その酒を共に飲み、また他世帯に贈与するという。オバンボでは相互扶助の関係を保つために、マルーラ酒が積極的に他世帯に贈られ、人と人の関係を取り持つために重要な役割を果たしているという（藤岡 2016a・b）。

私もオバンボランドを訪れて、何度となくオバンボの人々からマルーラ酒やソルガムの醸造酒を飲ま

写真 7-25　オシャナ（ナミビア北部の雨季の洪水でできる網状流地帯）

せてもらった。お酒は世界共通、人をもてなす手段として重要だ。これについては後日、ヒマラヤ地域のアルナーチャル・プラデーシュで調査したときに痛感することになる。

藤岡くん（現九州大准教授）は、博士後期課程にも進学し、私が主たる指導教員を務めた、初めての博士号取得者となった。

写真 7-26　トウジンビエ畑（ナミビア北部）

写真 7-27　マルーラの果実（ナミビア北部）

ケニアの楽しい農地巡り

2002年の11月には宇野くんを連れてナミビアに調査に入った。その年の夏に藤岡くんと伊東くんをケニアに連れて行っているので、宇野くんにもケニアに行きたいか尋ねると、訪問を希望したので、ケニアの早川さんに頼んで、彼女がキベラスラムでマゴソスクールをいっしょに運営しているリリアン、さらに彼女の弟とともに、車をチャーターして1週間かけてケニアの農地を見て回ることにした。

リリアン姉弟は、ふだんはケニアを回ることなどないため、さしずめ修学旅行のように大はしゃぎであった。まずナイロビからビクトリア湖の方面に向かった。アーバーデア山地東斜面のケリチョでは、広大なプランテーションのお茶畑を観察した。ケリチョ・キシ地方は、年間1500㎜以上の豊富な降水がある。ケリチョは降水量が多い上に、山地斜面で水はけが良いため、お茶の世界的な生産地になっている。広大なお茶畑の中から女性の姿が点々と現れる光景はとても印象的だった（写真7－28）。今、宇野くんは奥さんや子供たちといっしょに静岡県浜松市春野町でお茶園を経営していて、私も毎年5月に新茶を購入しているが、お世辞抜きでとてもおいしく、友人らにプレゼントするとすごく喜ばれる。まさかこのときは、将来宇野くんがお茶作りをすることになるとは夢にも思わなかった。

お茶畑を過ぎると、主食のトウモロコシ畑やプランテーションのコーヒー畑も見られた（写真7－29）。さらにビクトリア湖に近づくと、約2400haのサトウキビの大農場を見ること

写真 7-28　お茶のプランテーション（ケニアのケリチョ）

写真 7-29　コーヒーの木とコーヒーの実（ケニア）。これから実がだんだん赤くなっていく

写真 7-30　サトウキビ農園（ケニア）

ができた（写真7－30）。そこには労働者と季節労働者をあわせて約1500人が働いていた。75％が国営、25％が民営の製糖工場が1976年から操業していた。農地は地元のルオ民族の人から買い集め、サトウキビ畑にしていた。年による降水量の不規則さに対応し、また、病気の蔓延を防ぐために、農場にはたくさんの種類のサトウキビが導入されていた。このサトウキビ畑の労働賃金を聞くと、1日あたり100ケニアシリング（ksh）であり、ケリチョのお茶畑の賃金の1日あたり20ケニアシリングよりだいぶよかった。2002年当時は1ケニアシリング2円くらいだったので、100ケニアシリングは200円くらい、20ケニアシリングは40円くらいである。この農場では1年に1haあたり、70トンのサトウキビが収穫されるという。この工場では9トンのサトウキビから1トンの砂糖が生産されていた。

また、ケニア山の南東山麓のエンブも訪れた。エンブにはJICA等の日本の援助も入って米の生産が行なわれている（写真7－31）。雨季にはインディカ種の水稲、乾季にはネリカ米の陸稲という二毛作も普及しつつある。ネリカ（New Rice for Africa：NERICA）は、高収量のアジアイネと、耐乾性が高く病気や雑草に強いアフリカ稲を交配することによって出来上がった品種の総称である。ネリカ米の特徴は、生育期間が短いので短い雨季でも栽培可能で、干ばつの影響が少なく、耐乾性と耐病性に優れ、かつ多収量が見込めることである。

ナイロビ近郊では、温室内で栽培されているバラの園芸作物も見られた（写真7－32）。バラの大半はヨーロッパに輸出されるという。宇野くんがケニアの農地を見たいと言って始まった小旅行であったが、リリアンの親戚などの農家に泊めてもらい、夕食には、スクマ（緑の葉野菜で、トマトや玉ねぎといっしょに油で調理し、スパイスで味付けする）やムレンダ（モロヘイヤに似た葉野菜で、調理するとオクラのようなヌルヌル・ネバネバした食感になり、やや苦い。葉っぱを塩水や牛乳で煮て作る）をおかずにして、ウガリ（トウモロコシなどの粉を湯で練り上げたアフリカの伝統食）を食べたりしながらの農地観察はとても興味深く、貴重な体

写真 7-31　水田（ケニアのエンブ）

写真 7-32　バラの栽培（ケニアのナイロビ近郊）

験となった。

ケニアの後、ナミビアに渡り、ナミビア北部のオバンボランドで農業の調査をすることにした。前回に会えなかった、ナミビア砂漠研究所の現地スタッフのオッティさんに頼んで、宇野くんはオッティさんの部屋を使わせてもらうことになった。

宇野くんの調査により、オバンボランドではトウジンビエを、長稈《ちょうかん》で早生、収量の少ない在来種「オシワンボ」と、短稈《たんかん》で晩生、収量の多い改良種「オカシャナ」の両方を組み合わせて栽培していることがわかった。改良種の方が収穫量は多いが、在来種は早生のため、雨季が短い年でも収穫が可能である。ナミビアの不規則な降雨パターンを考慮した、農民たちの地に根付いた知恵から、両品種の共存が成り立っていると考えられる。実際に、２００１収穫年は２０００収穫年と比較して、約２ヶ月も雨季が短かった。そのため、２０００年を豊作と答えた農家は改良種の作付面積比率が高く、２００１年を豊作と答えた農家は改良種の作付面積比率が低かった（宇野 ２００５）。

車のタイヤが砂に埋もれたときの脱出方法

科研の研究プロジェクトには海外協力研究者としてレーゲンスブルク大学のハイネ教授にも加わってもらっていた。２００３年２月、私と藤岡くんはハイネ教授とナミブ砂漠で合流した。ハイネ教授は奥さんや娘さん夫妻といっしょにナミビアに来られていた。私は、２００２年８

月の調査で、クイセブ川沿いの河畔林がゴバベブ付近で大量に枯れている場所を調査していたが、そのことをハイネ教授に話すと、「ここと同じように樹木が大量に枯れている場所を、もう少し上流で見たことがある」とおっしゃるので、「そこに連れて行ってください」と頼んだ。

ハイネ教授のニッサン・パトロールの四駆レンタカーと我々のトヨタ・ハイラックスの四駆レンタカーは連れ立って、涸れ川のクイセブ川の河床を走った。しかし、何度となく、タイヤが砂の中に埋まって車がスタックしてしまい、そのたびに、タイヤの下に、車内の足下のマットや集めた枝などを敷き詰めて、車を後ろから押してもらい、脱出時のみに使用するギアに入れて、ウィアーンとものすごい音と高い回転速で煙を上げながら脱出を試み、多分の時間を費やした。こういう経験を数年続けているうちに、現地の人に教えてもらって、スタックしたとき確実に脱出できる方法を編み出した。それは、タイヤの空気を抜き、空気圧を下げ、砂の地面への接地面積を増やしてゆっくり発進するというものである。タイヤをいわゆる戦車のキャタピラのようにして、砂の中から這い上がっていくのだ。だからナミビアでは、ナミブ砂漠を走るような観光客に貸す四駆のトヨタ・ハイラックスのようなレンタカーは、ほとんどマニュアル車である。

ハイネ教授の車について行くと、河畔林が大量に枯れている光景が目に飛び込んできた（写真7－33）。思わず、「おぅ～」と声を上げてしまった。ハイネ教授は私に、「ほら、枯れているでしょ」と微笑んだ。なぜ、川沿いの特定の場所だけ河畔林が枯れているんだろう？　という疑問が湧いてきた。ゴバベブの宿泊施設に戻った私は地形図を睨んで、「あっ！」と思わず声を上げた。2つの場所には、ある共通点があった。その共通点が、地形図の中に、もう2ヶ所あった。私は藤岡くんにその共通点を説明し、「明日、その共通点がある2ヶ所に行ってみよう。もし、そこでも河畔林が大量に枯死していたら、すごいぞ」と興奮気味に語った。そして、その2ヶ所にたどり着いたとき、目の前には大量に枯死した河畔林の林が広がっていたのである。読者のみなさんには、図7－1の地図を見て、樹木が大量に枯死している地点1～4の場所の共通点をぜひ探していただきたい。ヒントは、河川流路のパターンとそこでの位置、そして砂丘の分布との関係にある。

写真 7-33　クイセブ川沿いの樹木の大量枯死

08

ゾウの鼻で身体を吹き飛ばされても調査を続ける院生

ナミブ砂漠で砂漠ゾウの調査に挑む（2004年）

トイレの便器を壊して水を飲むゾウ

新しく大学院に入ってきた吉田さんは動物の研究がしたいという。そこで私は、ナミブ砂漠に生息する砂漠ゾウの研究はどうかと提案した。彼女が関心を示したので、ナミブ砂漠のプロスの砂漠ゾウと北東部のカプリビ地方のゾウの両方を見て回ることにした。カプリビ地方では、国立公園で保護されているゾウが村までやってきて農地を食い荒らす。村民たちは電気柵などで対抗しているが、ある農民は丹精込めて作ったキャベツが一夜で全部食い荒らされたと嘆いていた。ゾウは夜中に村にやってきて農地を荒らす。カプリビ地方の農民たちにとって、ゾウは恐怖と怒りの対象だった。

写真 8-1　ナミブ砂漠にあるプロス村

一方、ナミブ砂漠にある村プロスは、最も近い町セスフォンティン（図3－4）から北西に車で3〜4時間かかる。乾季に乾いている涸れ川が雨季には増水しており、そのような場所を車で何回も横断しなくてはならない。どれくらい深いかわからない場所では、地元の車がやってくるまで待ち、その車が横断するのを確認してから渡った。セスフォンティンではホテルに併設された唯一のガソリンスタンドがあり、そこで燃料を満タンにしたいのだが、入れられるのは20リッターとか制限があることが少なくなかった。

プロスは、涸れ川のホアルシブ川流域に200人くらいのヒンバ民族の人々が住み、年間降水量が50㎜以下のため農耕はできず、ヤギの牧畜を行なっている（写真8－1）。近年はNGOが砂漠ゾウを見にくる観光客のためのキャンプサイトを作り、観光業で成り立っている。電気や電話、診療所はなく、小学校（写真8－2）と教会はある。店屋は前年に1軒だけできた（写真8－3）。このような砂漠の村にある店には何が売っているのか気になる。トウモロコシの粉や砂糖、石けん、缶詰、紅茶のティーバッグ、ケチャップ、トイレットペーパー、洗濯ばさみなどが売られているが、どうしてこんなものが大量に売られているのかと驚くものが2つあった（写真8－4）。一つ

写真 8-2　プロス村の小学校

写真 8-3
プロス村の唯一の店

写真 8-4　店での販売品。一番右側にあるシャンプーのような容器は肌クリーム。一番左のノートの背後にある黒い缶は靴墨

は肌クリームで、もう一つは靴墨だ。現地の人たちは肌が乾燥するのをいやがり、ワセリンや肌クリームを全身に塗っている。また、村に1つだけある教会に、日曜日になると正装して、靴をピカピカに磨いて参列するのだ。ヨーロッパ諸国によるアフリカ植民地化にキリスト教の布教は大きな力を発揮した。砂埃の立つ砂漠の村で、靴を靴墨でピカピカに磨いて正装して歩いている人々の姿は、私の目には奇妙に見えた。

砂漠ゾウは雨季には南方のホアニブ川沿いの河畔林に生息し、乾季になるとホアルシブ川にやってくる（図3－4）。ゾウはホアルシブ川の河床に長い鼻をこすりつけ、地下水の浅い場所を探索し、鼻を使って河床を掘り、穴に突っ込んで水を飲むのだ。

初めてプロスに来たとき、キャンプサイトにテントを張って夕食を食べていると、暗闇の中に何か動くものの気配を感じた。それまで談笑していた我々はみな急に黙り込み、ぴーんと張り詰めた空気に耳をそばだてて、暗闇の中の動く気配を警戒した。そのうち何も感じなくなったので、再び談笑して夕食を続けた。しばらくして、私はすぐ脇にあったトイレに用を足しに行って驚いた。昼間にはちゃんと使用できたトイレが便器ごと破壊されていた。どうやらゾウが水を飲むために破壊したようだ。また、昼間にテーブルを挟んで手前側に私が座り、向こう側に吉田さんと他の院生が座って、吉田さんの調査方法を検討していたら、彼らのすぐ後ろをゾウが横切っていった。私は静かに押し黙ったが、彼らは気づかず話し続けるので、「静かに」と小声で言って、目配せして気づかせた。

第二夫人宅の方が贅沢な食事

吉田さんはプロスで半年間生活をして調査することになったので、村長に会って、彼女をどこかの家に半年間住まわせてほしいと頼んだ。村長には次男が町に出稼ぎに行って使っていない家があるので、それを使ってよいと言ってくれた（写真8－5）。村長は奥さんが2人いて、月ごとに少しお金を支払って、第一夫人に彼女の食事を作ってくれるように頼んだ。食事はほとんどトウモロコシ粉の粥（ポリッジ）である。現地ではシマとかオフィシマと呼んでいる。2週間に1度くらいの割合で、ウシやヤギ、ときにはスプリングボックなどの野生動物の煮込んだ肉が出てくるだけだ。彼女が住み始めた初日に、夕食は何が出てくるのか楽しみにしていたらブリキ製の皿に軽く盛ったポリッジだけだった。おかずは何かと聞いたら、砂糖だと言われてショックを受けた（吉田 2007）。彼女はたまに店でスパゲティとかを買うのだが、彼女が店で購入するとすぐに村中に知れ渡るので、結局、そのスパゲティは村長家族といっしょ

写真8-5　院生が住んだ家

に食べることになる。村長は第二夫人と2人で別に観光ビジネスをしていて、第二夫人の家は村の外れにある。ときどき彼女は、村長に第二夫人の家に呼ばれて食事をごちそうになるのだが、パンとかが出てきて、彼女曰く、第二夫人の方がいいものを食べているという。彼女が第二夫人宅に呼ばれたときは、家に戻ると必ず第一夫人に何を食べてきたかを聞かれる。

村長は吉田さんが水浴びをできるように、次男宅に隣接して木の枝で囲いを作ってくれた。彼女は井戸で水をバケツに汲んで、その囲いの中で水浴びをしていたが、子供たちが若い外国人女性の水浴び姿に興味津々で隙間から覗くので、結局家の中で水浴びをすることになった。

鎖骨を折ったり、全身にジンマシンができる過酷な調査

吉田さんはホアルシブ川の河畔林の調査を行なった。そして砂漠ゾウが何を食べるのかを調べた（写真8－6）。ゾウは河畔林のすべての樹種をまんべんなく採食していることがわかった。ゾウの採食による河畔林のダメージ（損傷）を調べたところ、樹木の約8割がゾウによるダメージを受けていた（写真8－7）。キリンなど他の動物は河畔林の葉だけを食べるが（写真8－8）、ゾウは葉の採食時に枝ごと折り、樹皮を剥いて食べたり、地面を掘って根を食べたりするので、ゾウがもたらす河畔林のダメージは大きいのだ。このままゾウと人間によって河畔林が破壊されていくと、河畔林は減少していく。河畔林の減少は、それをエサとするゾウの生息に影響を及ぼす。ゾウが減れば、観光業に影響が出てきて、住民生活にも関わってくる。ナミブ砂漠の

写真 8-6
砂漠ゾウの調査風景

写真 8-7　木の葉を採食する際に河畔林を破壊する砂漠ゾウ

写真 8-8　季節河川沿いの河畔林に生息するキリン。季節河川沿いにしか森林はない

涸れ川を巡る河畔林と人間とゾウの関係はとても脆弱であることがわかった（吉田・水野 2016）。

吉田さんは調査を始めてから4ヶ月ほど経ったとき、調査中にゾウと鉢合わせをして、ゾウが鼻で彼女の身体を吹き飛ばした。彼女は地面にたたきつけられて、鎖骨を折ってしまう。村に診療所はないし、そのことを受け入れ家族に話すと心配されると思い、誰にも話さず痛みを我慢して残りの1ヶ月余りを過ごした。帰国後に病院に行ったら、鎖骨の骨のくっつきはきれいではないが、すでにくっついているのでこのままでいいでしょうと言われたという。帰国後に彼女からこの話を聞いて、びっくりしたが、大事に至らずによかったと安堵した。

この半年の調査で彼女は修士論文を書いた。その後、およそ2年ぶりに再び彼女はプロスを訪れた。私が車に彼女を乗せてプロス村に入ったところ、村人が車の中を一生懸命覗き込む。車を停めた瞬間、村人たちが彼女の名前を口々に叫んで大騒ぎになる。たくさんの村人たちが集まって、みな彼女と再会のハグをしていた。プロス村に半年間住み込んだ外国人は彼女が初めてだし、その後も他にはいない。村人にとって彼女は、最高に親愛なる外国人なのだ。あとで、彼女に、「ハグをした人はみんな知り合いなの？」と尋ねると、「知らない男の人もハグをしてきた」という。

2回目の調査も半年間の滞在の予定だったが、帰国まで1ヶ月を残したある日、彼女から国際電話があった。電話口で彼女が語るには、村に1軒だけある店のオーナーが事故で品物を村に運んで来られなくなり、村全体が食料不足に陥り、彼女も何日にもわたりヤギの内臓脂肪だけを食べて過ごしたという。そうしたところ、身体中にジンマシンができたため、村人たちに村を出た方がいいと助言を受けた。そこで村にやってくる車を待って町に戻るときに乗せてほしいと頼み、要求された法外な乗車賃を支払ってセスフォンティンの町まで戻ってきたという。外国人観光客の車ならお金を要求されることはほとんどないが、町の車だった。彼女は私に「予定より早めに日本に帰国していいか？」と尋ねるので、「すぐに帰っておいで」と伝えた。彼女の調査地での生活は、私の教え子の中では一番過酷であったに違いない。

09

よちよち歩きのペンギンを見ながら自転車をこいで喜望峰へ

ケープタウンの特異な植物区系界を調査する（2004年）

なぜケープタウン付近にたくさんの固有種が？

この年は7月下旬に日本を発ち、シンガポール経由でケープタウンに飛んだ。ケープタウン周辺の狭い地域には、世界最小の植物区系が存在している。植物区系とは、世界各地の植物相（フロラ）を形成する植物種を比較し、それぞれに特徴を持ったいくつかの地域に分類したものをいい、世界は6つの植物区系（全北植物界、南極植物界、新熱帯植物界、旧熱帯植物界、オーストラリア植物界、ケープ植物界）に分けられる。ケープ植物界（図9－1）はその他の区系に比べて、極端に狭い植物界である。アフリカ大陸の大半が属する全北植物界や旧熱帯植物界の広がりと比べるときわめて狭く、このことからもケープ植物界の特異性がうかがえる。

ケープ植物界には合計８５５０種の維管束《いかんそく》植物（コケ類、藻類を除く植物）が分布し、そのうち73％、６２５２種がここにしかない固有種である。１００㎢あたりの種数は、多様な植生を誇る日本列島でも１・04なのに対し、ケープ植物界では11・08もあり、他地域に比べて飛び抜けて高い値だ（沖津２００５）。

私はぜひこの、種の多様性がきわめて高いケープタウン周辺を訪れたかった。そのときは２人の大学院生といっしょに、ケープ植物界を見るためにケープタウンから喜望峰へのツアーに参加した。しばらくはワゴン車での移動であった。途中で、アフリカに生息する唯一のペンギンである、ケープペンギン（アフリカペンギン）の群れを観察した（写真９－１）。寒流であるベンゲラ海流の影響で、喜望峰近くにはたくさんのペンギンが生息しているのである。ペンギンの可愛らしい動きは見ていて飽きない。喜望峰に近くなると、ワゴン車に連結され

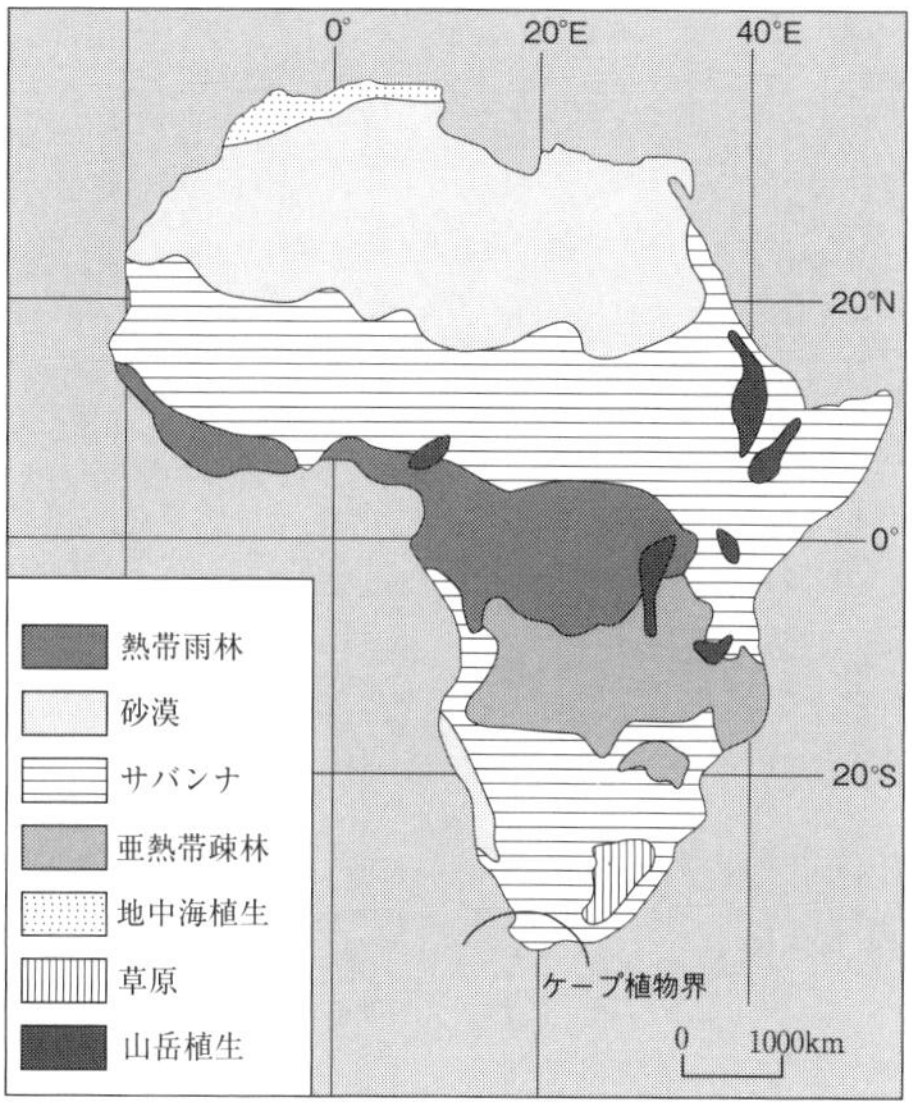

図 9-1　アフリカの植生分布（沖津 2005）

た荷物車に積まれていた自転車が一人ひとりに手渡され、各自、自転車で喜望峰まで向かうのだ。自転車をこぎ始めた地点から岬まではずっと下り坂だったので、自転車に乗りながらひんやりとする風を切って、様々な植物の咲き誇る絨毯の中を突き進む。こんな快感は他ではめったに得られないだろう（写真9－2）。

それではなぜ、ケープタウン周辺の狭い地域に、このような特異な植物区系界ができ、固有種がとても多いのだろうか？（写真9－3）

千葉大の沖津さんの説明によれば、これには地中海性気候特有の冬季の雨が関係しているという。この地域では、夏季にはほとんど降水はないが霧が発生し、著しい乾燥を防いでいる。冬季の降水は規則的で年変動がきわめて少なく、植物にとって予想しやすい環境である。このような気候環境のもとでは、多年生植物の規則的な種子生産、発芽、定着が可能になるのだ（沖津2005、水野2015、水野2021b）。

一般に乾燥地域では、厳しい気候環境のために発芽、定着が困難で、多年生植物は長寿命にならざるを得ないが、ケープ植物界では比較的短い寿命で世代交代が可能になる。この結果、急速に種分化が進み、わずかな環境の違いに応じて多くの種が棲み分けることになったという。

このケープ植物区系保護地域は世界遺産に登録されており、その一角を占めるのが、世界有数の植物公園のカーステンボッシュ国立植物園である（写真9－4）。その植物種の豊富さと貴重さでは、同じく世界遺産であるロンドンのキュー植物園に匹敵する。テーブルマウンテン

写真 9-1　ケープタウン周辺に見られるケープペンギン

写真 9-2　ケープタウン周辺の植生

写真 9-3　ケープタウン周辺は種の多様性が非常に高い

写真 9-4　ケープタウンのカーステンボッシュ国立植物園

写真 9-5　ケープタウンの市街地

の東側斜面に広がる広大な園内には遊歩道が設けられ、散歩を楽しみながらゆっくりと植物を観察できる。とくに、南アフリカ共和国の国花で、花の王様と称えられる約100種ものプロテアが、華麗に咲きそろうプロテアガーデンはすばらしい。キリマンジャロ登山でも、豪華なプロテア・キリマンジャリカが見られ、日本の花屋でもよく見られる。

翌日にはケープタウンのテーブルマウンテンに登る予定であったが、天候が悪く小雨交じりで風も強くて、ロープウェーが運休であった。我々は登れるところまで自力で登って、ケープタウンの街並みを見下ろすことができた(写真9－5)。ロープウェー駅まで戻り、そこからタクシーを電話で呼んだのだが、7月末は南半球なので冬であり、日が沈むと一気に冷え込み、待っている間寒さで震えていた。この冬雨がケープ植物界の種の多様性に大きく関わっているわけだ。

このテーブルマウンテンは夏に4～5回のみテーブルクロス現象が生じるという。それは、テーブルマウンテンの上に、まるでテーブルクロスのように雲がかかり、その雲が絶壁から滝のように流れ落ちる現象のことを指す。南大西洋上に形成された高気圧がテーブルマウンテンまで張り出し、南東の強い風がテーブルマウンテンに吹きつけるという2つの条件がそろったときに、テーブルクロスはかかる。ケープ半島まで張り出した高気圧によってテーブルマウンテンの上にある雲がクロスのように平たく押さえつけられ、崖を滝のように流れ出すのだ（写真9－6）。

写真9-6　テーブルマウンテンのテーブルクロス現象。雲がテーブルクロスのようにテーブルマウンテンを覆い、絶壁から雲が滝のように流れ落ちる

ケープタウンからナミビアに飛行機で飛んで、首都のウインドフックの宿に入った。ところが私と女子学生が風邪をひいて、高熱を出してしまった。ウインドフックでは他の研究者たちとも合流して、2台のレンタカーでナミブ砂漠に向かった。病人の2人は車の中でひたすら身体のだるさに耐え、昼食も抜きで、ナミブ砂漠のゴバベブの研究所まで5時間余りかけてたどり着いた。

仲間が自動車事故で重傷を負う

ナミブ砂漠のゴバベブの研究所を宿泊地として調査を始めた。地形や気候、植生など、研究分野ごとに調査を行なった。その後、私と2人の大学院生、上越教育大の山縣さんの計4名は1台のレンタカーに乗って北上し、都立大（現奈良大）の木村さんと千葉大の沖津さんは、さらにゴバベブで気候の調査を続けることにした。

ナミビア北部のオプボまで行ってしばらく滞在し、その後ゾウやキリンの調査を行なっている研究者に会うために、オウチョまで南下した。オウチョにはインターネット屋があって、3台あるパソコンのうち1台のみがメールを日本語で読めた。私は日本語が読めないパソコンでメールを読んでいたが、メールの文字化けの文面にMedi Clinicという文字と電話番号だけが読み取れた。そのメールはゴバベブで別れた木村さんからのものであった。メールに病院名と電話番号が書いてあるなんて、何かあったのかな？　と思い、日本語が読めるパソコンと代わってもらいメールを読むと、自動車事故に遭って沖津さんが重傷で入院し、緊急手術を明日行なうという。我々はすぐに翌朝ウインドフックに向けて出発した。

夕方病院に着くと、我々の顔を見て緊張の糸が切れたのか、沖津さんの付き添いをしていた木村さんが私の身体に寄りかかってきた。彼の話はこうだった。

気温の測定のため、海岸から真東に延びる未舗装道路を車で時速100kmを保って走行し、その気温変化を測定していた。西海岸から首都のウインドフックへの道路は舗装道路と未舗装道路があり、ほとんどの人は舗装道路を使用するため、未舗装道路はまれにしか車が走らない。そのため観測には、車の往来のない未舗装道路の方が都合が良かった。沖津さんが運転し、木村さんが観測していたが、車はバランスを崩して横転した（写真9－7）。

写真 9-7　事故に遭った車

木村さんは軽傷だったものの、沖津さんは首を損傷し重傷を負った。しばらくしてイタリア人の観光客の乗った車が通りかかり、彼らがギリギリ電波の届く携帯電話を使って救急車を呼んでくれた。海外の多くの国では救急車は有料で、1回につき何万円も支払わなくてはならない。そして最も近い大きな町であるスワコプムントの病院に運ばれた。木村さんは海外旅行保険会社に電話して事故のことを伝えた。レントゲン撮影の結果、首の骨がずれているので、スワコプムントでは手術ができないという。医者と保険会社が話し合って、ウォルビスベイまで救急車で運んで、そこから保険会社がチャーターした専用機で首都のウインドフックまで運ぶことにした。ウインドフックの空港から病院までは、保険会社が手配した救急車で運ばれた。

我々がウインドフックに着いたときは手術が終了した後だった。まだ3週間ほど入院が必要だ。保険会社と医者が相談し、保険会社は沖津さんと付添人の2人分のビジネスクラスの席を用意した。我々はエコノミーの席を予約していたが、医者が保険会社に、エコノミーで帰国するのは無理だと伝えたからだ。保険会社と医者は通常、患者をどのように帰国させるかを相談する。一番重いときは、現地から日本までのチャーター機で、医者と看護婦が同乗する。その次が、定期便のビジネスクラスに、医者と看護婦が同乗、その次が看護婦だけが同乗、その次が患者と付添人が同乗、一番軽いのが、エコノミークラスに付添人と同乗か単独で帰国である。それらはすべて保険会社と医者の間で話し合われて決められる。今回の場合は、予約してあった帰国日より、実際の帰国日が1週間ほど遅いため、最初のチケットは破棄して、保険会社が買い直した。

ずっと付き添っていた木村さんはこの後、イギリスで開催される国際地理学会で発表する予定だった。彼は学会発表を諦めて、このまま付き添うと申し出たが、プロジェクトのリーダーであった私は、私と同行動をとっていた山縣さんに、木村さんと付き添いを代わるように頼んだ。そして、私と院生2人は、そのうちの1人の女子学生の調査地を探すためにまたナミビア北部に向かったのであった。

海外旅行保険への加入は緊急時の救世主

沖津さんと山縣さんはヨハネスブルクとシンガポールを経由して、無事に成田まで帰国した。経由地では常に車椅子が待機しており、成田空港でもタクシーに乗せるまで車椅子が用意され、2人はそれぞれの自宅までタクシーで送迎された。沖津さんは日本でも病院に半年ほど通院した。救急車代からチャーター機代、現地医療費、入院費、手術費、付添人のホテル代、付添人が使用する国際電話代、日本での治療費、タクシー代等、すべて保険会社が支払った。私は自分の指導学生には、必ず海外旅行保険に入り、治療・救援費を無制限にするよう義務づけている。チャーター機などは莫大な費用がかかるため、治療救援費が無制限でないと、後から大きなツケが回ってくる。海外旅行保険の一番いいところは、最善の方法ですべての手配をしてくれることだ。事故が起きて気が動転している当事者には、病院や移動手段などの手配を、それも海外で行なうのは至難の業だ。よく、クレジットカードに海外旅行保険が付帯しているから、あらためて入る必要はないと言う人がいるが、クレジットカード付帯の保険は、海外で事故や急病にあったとき何の役にも立たない。海外旅行保険に入っていれば、その保険番号を電話で伝えたら、すぐに動いてくれる。クレジットカードに付帯している保険は、領収書等で後から請求できるものであり、現地で最も困っているときには何もしてくれないのだ。

沖津さんは半年ほどで身体が良くなり、また我々と海外調査をともにした。しかし、2016年2月に舌がんで逝去された。私は沖津さんが体調を崩されていることは聞き知っていたが、舌がんにかかっていたことはまったく知らず、亡くなる前月まで『アンデス自然学』の出版のことでメールのやりとりをしていた。まさか、そのメールが病室から送られてきていたとは夢にも思わなかった。研究者仲間から、亡くなる数ヶ月前に沖津さんの講演のセミナーの案内が回ってきたとき、「沖津教授は発声が難しい状態ですので、准教授が説明し、質疑応答の仲立ちを行ないます。」と書かれてあったことや、ごく内輪で行なうセミナーであるというようなお知らせであって、また会のわずか4日前に知らされたことなど、そのときは「なんでなんだろう?」と不思議に思っていたが、そこまで深刻に感じていなかった。亡くなった後に知ったのは、2015年1月に舌がんを患われ、夏に舌を切除したということ。最後にお会いしたのは2014年5月の科研のミーティングのときだった(写真9－8、9－9)

2016年4月下旬に、「沖津先生追悼シンポジウム」が千葉大で開催されたとき、私は講演を頼まれ、記念植樹にも参加した。沖津さんには2001～2008年度のナミビア調査と2014年度のアンデス調査に同行していただき、私や私の指導学生たちに多くの教えと大きな影響を与えてくれたのだった。沖津さんは2015年春から2016年2月まで約1年間入院されていたが、2015年5月に1ヶ月だけ退院できていて、そのわずかな退院期間の5月下旬に、沖津さんから送られてきたメールが左記である。

やや遅ればせながら、『自然のしくみがわかる地理学入門』をお送りいただき、ありがとうございます。

項目の多彩さと各項目の的を射た記述、地理学会で右に出るものは全くいないでしょう。日頃の勉強量が光っています。

神田三省堂書店で、ここしばらく人文書部門の売り上げトップテン！をキープしています。

ウーム。

まずはお礼まで。

写真 9-8　上越教育大学野外施設（赤倉）で行なった科研ミーティング（2014 年 5 月、長谷川裕彦撮影）

写真 9-9　科研ミーティングの夕食。一番左から沖津さん、山縣さん、筆者、小坂さん（2014 年 5 月、長谷川裕彦撮影）

10

窓がなく、ネズミが走り回る石造りの家を借りて調査する院生

南アフリカ共和国の中にある小さな山岳国レソトでの調査（２００５年）

斜面を一直線に並ぶ住居

この年に大学院に入ってきた長倉さんは、先輩たちがみなナミビアで調査をしているので、他の国で調査をしたいと申し出てきた。そこで、２００２年２月にナミビアで調査した後に同僚の荒木さんとレソトを訪問して山岳地帯の景観に魅了されたので、長倉さんにレソトでの調査を勧めた。

レソトは南アフリカ共和国の中にある、ソト民族が居住する小さな山岳国である。標高１４００～２０００ｍの西部低地と２０００～３０００ｍの東部山岳地からなり、全国土が標高１０００ｍ以上に位置する世界唯一の国であるという。レソトは大半が草原である。降水量

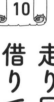

が600～2000㎜あるので、通常であれば広範囲が森林に覆われるはずであるが、部分的に植林された場所を除けば、在来種の樹木が占める割合は全国土のわずか1％に過ぎない。また、差別侵食による段丘地形が見られる（写真10－1）。これはナミビアと同じで、ゴンドワナ大陸分裂時に、割れ目から噴出した洪水玄武岩がシート状に堆積していったが、噴出時期の年代によって硬い層と軟らかい層が形成され、その差別侵食によって形成されたものである。

長倉さんは山岳地の斜面に広がる土地利用に注目した（長倉2008）。住居は標高約2600ｍの等高線に沿って立地している（写真10－2）。その理由として、一つは朝方、谷底に冷たい空気がたまる、すなわち冷気湖の上限が標高約2550ｍであること、もう一つは帯状に広がる上方の放牧地と下方の耕作地の境界に位置し、居住地からどちらへもアクセスしやすいことを挙げている。

彼女は使っていない1軒の家を月約500円で借りていた（写真10－3）。その家は岩が積み上げられて造られていて窓はない。そのため、昼間は戸口を開けっぱなしにしておく。住み始めると、ネズミが夜中走り回り寝られない。そこで、家の大家が子猫を貸してくれた。その小さな子猫を飼い始めた途端、ネズミはいなくなったという。

レソトでは、主食であるトウモロコシやオオムギ、コムギが、山の斜面の段々畑で作られ、馬で移動する、のどかな山岳国だ（写真10－4）。国土の東側には南北を縦断する道路がなく、ドラケンスバーグ山脈を越えて南アフリカ共和国に入り、南ア国内の道路で南下して、もう一

写真 10-1　レソトのオレンジ川沿いの段丘面

写真 10-3　レソトの山岳地の窓がない住居

写真 10-2　同じ標高に一列に並ぶ集落。この集落のすぐ下まで朝方の冷気がたまる

度レソトに入国しなければならない。ドラケンスバーグ山脈をレソトから南アへ下る道は急斜面で（写真10－5）、冬の積雪期には非常に恐怖感を覚える。しかし、南アに入ると様相は一変する。それまでの山の斜面に作られた小さな耕地から、大規模なセンターピボットを使って散水する大農場へと劇的に変化するのだ（写真10－6）。

レソトの首都マセルは、ボツワナの首都ハボローネ同様、ホテル代がすごく高い。外国人の一般観光客が泊まるようなホテルは、シングルで1泊1万円以下で探すのは難しい。最初に荒木さんとレソトに来てマセルで泊まったホテルは、シャワーのお湯が出なくて、トイレの水も出なかった。従業員を呼んでなんとかしてくれと頼んだら、このホテルは2日後に閉鎖するのだという。翌日には別のホテルに移動した。アフリカの国の首都は一般に治安が悪いため、首都では現地の人が泊まる安宿はなるべく避けるようにしていた。地方に出れば一般に治安が良くなるので（地方でも大きな町では治安が悪いところもある）、現地の人が泊まる安宿に泊まりながら旅を続けた。

写真 10-4　レソトのトウモロコシの耕作地

ナミビアの場合は国の調査許可証が発行されるので、申請してそれを取得する努力をする。しかし、レソトは国の調査

写真 10-5　ドラケンスバーク山脈の急斜面を下る。
斜面の直下がレソトと南アフリカ共和国の国境である

写真 10-6　南アの大規模なセンターピボットを使って散水する大農場

許可証というものが存在しない。だから、勝手に外国人が調査を行なうと何か問題が生じたときにやっかいだ。そこで、いろいろな伝手を頼って、レソト国立大学の植物学教室の教授とコンタクトを取ることができ、長倉さんとレソトに入国するとすぐに、その教授の研究室を訪ねて、彼女をレソト国立大学の研究生にしてもらった。そうすれば、その大学の研究生として調査を行なえるので、大学がいろいろと責任を持ってくれる。大学の図書室も使えた。彼女は調査を終えると、その教授のゼミで調査報告も行なったのである。

車が横転し、ガソリンが漏れる

2005年11月、私は半年間レソトで調査をしている院生の様子を見るために、レソトを再度訪問した。そして、その後には自分の調査をするためにナミビアに向かった。このときは、もう1人の研究者といっしょだった。2週間かけてナミビアを回り、翌日にはナミビア北部から首都のウインドフックに戻る予定だった。このとき我々が乗っていた車はレンタカーではなく、ナミビアに住んでいる知り合いの日本人ミドリさんから中古で購入したものだった（写真10－7）。レンタカーの場合、たいていはトヨタのハイラックスで、改造されて通常の70Lの燃料タンクの他に、もう1つ70Lのタンクを積んでいる。ナミビアは地方に行くとガソリンスタンドが少なく、70Lのみだと途中で燃料切れになる恐れがあるからだ。しかし、一般の車には燃料タンクは1つしかない。そのため、ジェリカンと呼ばれる鋼板を溶接して作られた

写真10-7
我々が使用していた中古車

20リッター燃料容器を2個、車の屋根の上に載せている。また、タイヤもパンクすることが多いため、屋根の上と後ろに2個のスペアタイヤを載せている。キャンピングのときのための鉄製のガスボンベも屋根の上に載せている。これらはすべて南京錠が取り付けられている。駐車中にすぐに盗まれてしまうからだ。

その日はオプボから北部の町、オシャカティに向かっていた。ナミビアに来てから2週間、ずっと私が車の運転をしていたので、同行者にナミビアでの車の運転を経験させようと思い、運転を代わった。そして1時間も経たないうちに、車が仮舗装のカルクリート（乾燥地であるため、毛細管現象で炭酸カルシウムが析出し、それを露天掘りして道路の路面に撒いたもの）の路面ですべって左側の路肩の方に向かったため、彼は慌ててハンドルを右に切った。そうすると車は右にブレたため、再び慌ててハンドルを左に切り、車が左に傾いたため、ハンドルを右に切ると、振り子のように大きく車は揺れ、ハン

写真10-8
事故後の中古車

ドルを左に切ったとき、車は横転した。私の座席側が地面に叩きつけられ、さらに車は反転して、天井が地面に接地した。車の屋根に載せていたジェリカンは衝撃で吹き飛んで、ガソリンが地面に漏れた（写真10－8）。住民たちが事故を見て集まってきたが、遠くから眺めているだけで、誰も助けてくれない。ガソリンが漏れているため、爆発しないかと恐れをなしていたのだった。

我々は急いで車から脱出したが、私は身体に猛烈な痛みを感じていた。左腕が折れているのではないかと感じた。そうしたところに1台の車が通りかかり、自動車事故を見て、我々に無事かどうかを聞いてきた。我々が乗っていた中古車は、ナンバープレートがそのままになっていて、国連関係者専用のナンバープレートであったため、通りかかった人は最初、我々が国連関係者だと思ったのだ。その人はナイジェリア人で、オプボの病院の医者だった。ナミビアの大学には医学部がないため、ナミビアの医者の多くは外国人である。キューバやアンゴラ、ナイジェリア、南アフリカ人が多いようだ。彼は親切にもスーツケースとともに我々をオプボの病院に運んでくれた。その日は日曜日であったが、急患の患者は診療をしてくれるようで、私は、肌を露出していることで有名な民族、ヒンバの婦人の後に診察してもらえた。何か不思議な光景だった。

日本製の古いレントゲン撮影機で写真を撮り、それを見せてくれたが不鮮明で私にはよくわからなかった。医者は、骨は折れていないと言う。しかし、私の左腕は猛烈に痛かった。医者はとりあえず左腕を石膏《せっこう》で固めた。ドロドロの石膏が肌にヒンヤリし、しばらくして、それは固まった。私は海外旅行保険会社に電話をして、事故のことを話し、首都まで移動する手段を要請した。担当の人は医者と話し、私の身体に骨折などの異常が見られないため、それはできないと言われ、途方に暮れた。ナミビアはほとんど公共交通機関がないため、自分たちの車を失うと、国内移動が非常に困難になる。自分の院生たちの移動手段は基本的にヒッチハイクである。観光客の車はヒッチハイクしても止まってくれないが、地元の車は止まってくれることが多い。ただし乗車は有料だ。地元の人たちは、どうせ車で移動するなら、同乗者を乗せて少しでも稼ぐ方がいいのだ。医者は我々を新たに予約したオプボのホテルまで連れて行ってくれた。この災難時にこの人と出会ったのは、不幸中の大きな幸いだった。

腕の骨折と保険会社

ホテルから、車の元の持ち主のミドリさんに連絡すると、彼女が知り合いの運転手に、我々を首都のウインドフックまで運ぶ手配をしてくれた。料金は5万円ほどと高額だったが、それでも専用車で移動できるのはラッキーだった。その運転手は夜の7時くらいにウインドフックを出発し、一睡もせずに運転をして、翌朝9時くらいにオプボに到着した。そして、そのまま我々を乗せて、夜の7時くらいにウインドフックに到着した。私は運転手が一睡もせずに24時間運転をすることにかなり不安であったが、無事首都まで帰り着くことができた。先に、ナミビアでは白人と黒人の居住地域が大きく異なることを述べたが、ウインドフックの中でも分かれている（写真10－9）。

ホテルに着いて再び海外旅行保険会社に電話をし、自力で首都まで出てきたことと、翌日大きな病院で再び診断を受けたいことを伝えると、セカンドオピニオンをもらうことも意味があると了解され、私はおそらくMedi Clinicに行くだろうと伝えた。

翌日、別の知り合い日本人のリツコさんに連絡を取ると、彼女の義理のお父さんが医者なので、彼女の自宅に向かった。そこでその医者に診断をしてもらい、Catholic Mission Hospitalへの紹介状を書いてもらった。日本と同様に、ナミビアでは大きな病院で診断を受けるためには、まず小さなクリニックで診断を受けて、紹介状を手に入れる必要があったのだ。その紹介状を持って、Catholic Mission Hospitalに行くと、南ア出身の白人の医師がレントゲンを撮り、

写真10-9　首都ウインドフックの黒人居住区カトゥトゥーラ

写真10-10　カトゥトゥーラの焼き肉マーケット

その写真をもとに診断をしてくれた。その医師は私に、左腕と背中のあばら骨が折れていると伝えた。自分で予想していた通りだった。その病院では石膏ではなく、ギブスを左腕に取り付けてくれた。ホテルに戻って、また保険会社に電話をすると、担当者は、私がMedi Clinicに行くと伝えていたため、彼女はその日Medi Clinicに問い合わせをしていた。私はCatholic Mission Hospitalに行ったことと、そこで左腕と背中のあばら骨が折れていると言われたことを話すと、担当者は、「えっ！　そういうこともあるんですね」とびっくりしていた。その後、担当者はCatholic Mission Hospitalの医師と連絡を取り、私の病状を確認した。結局、5万円の移動費用やナミビアや日本での治療費は全額、保険会社が支払ってくれた。

次の回にナミビアを訪問したときは、オプボを訪れて、私を助けてくれた医者に感謝の挨拶とささやかなプレゼントを手渡した。

11

ヤギ放牧とシロアリ塚の不思議に迫る

院生たちの調査地探しでナミビア全土を回る（2006年）

蝶の羽のような葉が風で揺れる村

この年には手代木《てしろぎ》くんと山科さんが大学院に入ってきた。2人にナミビアでどんな調査をしたいか尋ねたところ、手代木くんはインゼルベルク（差別侵食で取り残された孤立丘、写真11−1）の植生と、そこに住む住民の生活を調査したいと言う。山科さんはシロアリ塚（写真11−2）と植生の関係や、そこの住民の生活について調べたいと言う。シロアリはゴキブリに近い仲間で、大きなものだと4m近い高さの土の塔を作る。1つのシロアリ塚には異なる世代からなる数百万匹の個体が暮らし、集団の中には卵を産む階級（女王）と、卵を産まずに働く階級が含まれる（山科 2016）。

写真11-1　侵食で硬い地層が取り残されてできたインゼルベルク（孤立丘、残丘）

2人を車に乗せてナミビアを回った。しかし、どのインゼルベルクにも植生はあるが、そこには人は住んでいない。どうやらこのテーマでは研究できないことがわかった。そのうち車はモパネ林の中に入っていった。蝶の羽のような葉がひらひらと風で揺れるモパネの林だった（写真11－3）。モパネはマメ科ジャケツイバラ亜科の半落葉樹である。そのモパネ林の中にある一つの小さな村を通り過ぎたところで、私が小用をもよおし、車を停めて、「ちょっとおしっこをしてくる」と言って用を足した。車に戻ると手代木くんが「さっきの村に戻ってくれませんか」と言う。

小さな村に戻ると、彼がここで調査したいと言うので、村長に会って、彼を村長宅に住まわせてくれるように頼んだ。手代木くんはこのダマラ民族の村に半年住んで、植生とヤギ放牧の関係を調査して修士論文を執筆した。修論提出後、2回目の調査のときには、村長が彼専用の家を作ってくれていた（写真11－4）。中には机やベッドもあって快適だ。我々が最初に訪れたとき、私が小用をもよおさなかったら、ここ

写真 11-2　シロアリ塚。木が生えていることが多い

写真 11-3　モパネ林

写真11-4　院生のために村人が造ってくれた家（左は母屋）

で調査することもなかったかもしれない。

山科さんの調査地探しには、シロアリ塚がたくさんある地域をかなり広範囲に集中的に回った。私が、もうここでいいのではないかと思った場所でも、彼女にとっては満足がいかなかったようだ。ナミビアの西北部のオプボの町周辺にもたくさんのシロアリ塚が見られる。その町から北の方に車を走らせて、林の中に入っていったとき、彼女がこのへんで調査したいと言ってきた。

湧き水までポリタンクを担いで水汲み

オプボあたりは、ヒンバやヘレロの民族の人たちが多く住む場所である（写真11－5）。その中でこの村には少数民族のゼンバの人たちが住んでいた（写真11－6）。村で村長の居場所を聞いたところ、村長は長期不在だという。そこで、若い女性で英語が話せる人に頼んで、山科さんといっしょに住んでくれないかと頼んだ。男子学生ならテント生活でもあまり不安はないが、女子学生だといろいろと心配だ。よから

写真 11-5　ヒンバ民族の女性。ヒンバの女性たちは鉄分を含む赤い石を砕いた粉にバターを混ぜて肌や髪に塗り、腰には羊皮や布のエプロンをまとい、腰周りや手足、首などにも様々な装飾具を身につけている

写真 11-7
院生が住めるように壊れた家を修復している

写真 11-6　ゼンバ民族の女性

ぬ男が近づいてくるかもしれない。一端、オプボの町のホテルに戻り、翌日もう一度村を訪れると、使っていなくて壊れかけた家の屋根を村の男性たちがふき直し、泥に牛糞を混ぜたもので、女性が床を整えてくれていた（写真11－7）。

写真11-8　湧き水地。村から毎日ポリタンクを運んで水汲みをする必要がある

村には井戸がなかった。水場まで案内してもらうと、村から歩いて30分ほどのところに湧き水があった。ここまでポリタンクを担いで、往復1時間かけて水汲みをする必要があったが、彼女はこの村に満足したようだった。水場には人々が集まるため、人々の交流の場になっていた（写真11－8）。

村ではトウモロコシやトウジンビエの農耕と、ウシとヤギの放牧が行なわれていた。ヤギの放牧は牧童が行ない、毎朝日の出とともに出かけ、お昼過ぎに戻ってくる。ウシの放牧は、仔ウシと親ウシは別方向に誘導され、仔ウシには牧童が付き添い、親ウシは家畜囲いから出された後は、勝手にエサを食べに行き、夕方に自然と帰ってくる（山科 2008）。

オプボ滞在で一番困るのが、適度なホテルが非常に限られていることだ。高級ロッジが1つあるが宿泊料がとても高い。そのロッジを除くと適度な値段で宿泊できる宿が2ヶ所しかなく、いつも予約で一杯である。それで、私は何度か値段の安いローカルな宿に泊まった。そこは観光客が泊まることは少なく、基本的に現地の人向けの宿である。共用のシャワーがあるが、お湯とは言えない生温い水の出るシャワーが2つあるのみだ。

オプボは深夜に水道が断水する。ホテルであれば、貯水設備を備えているので1日中断水しないが、安宿はそうはいかない。一度、深夜にトイレに行き、洗面所で手を洗おうとして水道の蛇口をひねったが、断水で水が出なかった。朝方、洗面所のジャージャーという水音で目が覚めた。水道の蛇口を閉めずに寝てしまったのだ。洗面台から溢れた水はベッドルームの床にも浸水し、床に置いてあった書物が濡れてしまった。また、朝になっても水道の水が出ないことがあった。山科さんから聞いた話によれば、彼女がお世話になっている家の家族がオプボに住んでいて、オプボの町の水道の元栓の開閉の仕事をしていたが、朝6時に開けなければいけない元栓を、寝坊で開けそびれたのだという。

2人の院生はそれぞれの村に最初は半年住み、修士論文を書いた後に、再び訪れたとき、村人たちは彼らを歓喜の声で大歓迎した。車で彼らを村まで送っていた私は、第二の故郷ができてアフリカの家族を得た彼らがうらやましかった。

ヤギは木の葉っぱの好き嫌いがある

手代木くんはヤギの首にGPSを取り付けて、ヤギ放牧のルートを調査した。ヤギ放牧では、牧者は毎朝9時頃に集落を出て、少しずつヤギを移動させながら10km程度歩き、午後4時頃に集落に戻ってくる。彼の調査の結果、雨季には多様な植物が葉をつけるため、ヤギは様々な種類の植物を採食し、地域の多様な植生をうまく利用していることがわかった。一方、乾季には食べられる植物が少ないため、その地域に広く分布し、乾季にも葉をつけているモパネをおもに採食し、緑が少ない時期のヤギの生存を担っているかのようだった（手代木 2016）。ヤギにも木の好き嫌いがあるようで、モパネは最も頻繁に遭遇するので多く食べられるが、その他の種がモパネと同じ場所に出てくると、ほとんどのヤギはモパネに見向きもしなくなるという。なかでも、シクンシ科コンブレトゥム属の1種とカトフィラクテス・アレクサンドリ *Catophyractes alexandri* は、とくにヤギが好む2種であることを、牧夫ははっきり認識している。そのため、牧夫は実際に、それら2種が多く生育している場所へとヤギを誘導しているという（手代木 2007、2016）。

手代木くん（現金沢大准教授）は、博士後期課程にも進学し、私が主たる指導教員を務めた、2番目の博士号取得者となった。

内部の温度調節がされているシロアリ塚

山科さんの調査地を探すためにあちこち回っているうちに、シロアリ塚に樹木が生育している場合が多いことに気がついた。「木が生えていて、そこにシロアリ塚ができるのか。シロアリ塚があって、そこに木が生えるのか。どちらだろうか?」という疑問が湧いてきた。山科さんは調査でそれを明らかにした。

ナミビアで見られるのは、キノコシロアリというシロアリが作った塚であり、巣内でキノコを育て、栄養をキノコから得ているという。塚の内部には多数の通気口があり、表面近くで暖められた空気が循環し、巣内の二酸化炭素濃度、気温、湿度が調整されている（山科2016）。

山科さんが最初半年間暮らした、ナミビア西北部、オプボ近くの村周辺では、シロアリ塚の巣内の温度が上昇しないように、木の下の木陰に塚が作られている。ナミビア西北部では分布するシロアリ塚の90％以上に木が生え、木の幹はシロアリ塚に埋まっている（山科2016）。

一方、その後、彼女が調査を行なったナミビアでは、比較的湿潤な北東部では、直径数十mもある大きなシロアリ塚の上に森が作られている。シロアリ塚の土が周囲に比べて養分や水分条件が良いことや、洪水や野火が起きたとき、シロアリ塚が植物の避難地になることなどによって、シロアリ塚に多様な植物が生育し、シロアリ塚の森には周辺の2倍以上の密度で樹木が生育し、3倍以上の多様な植物が生育しているという（山科 2016）。最近、彼女は研究の成果や調査生活をまとめて、『土の塔に木が生えて―シロアリ塚からはじまる小さな森の話』（山科千里 2023、京都大学学術出版会）という素敵な本を出版した。

山科さん（現学振 RPD 研究員）は、博士後期課程にも進学し、私が主たる指導教員を務めた、手代木くんと同時に2番目の博士号取得者となった。

貴重品を入れた大事なザックが盗まれる！

私は手代木くんと山科さんとともに、彼らの調査地探しでナミビアを広範囲に回っていたが、一番北部のオバンボランドの中心の町であるオシャカティにやってきた（写真11－9）。レンタカーの上にはテントも積んでいるので、キャンピングをしている外国人旅行者であることは丸わかりであった。ガソリンスタンドの一番端の給油スタンドが空いたのでそこに車を入れた。アフリカで車を停車させるときは、キーで全部のドアをロックするか、誰かが車に残って用心するのが普通だ。しかし、私が2人の院生に、ガソリンスタンドでタイヤに空気を入れるやり方を教えてあげると言ったので、2人とも車から降りてしまった。そのうえ、私がドアをロックすべきなのに、車のすぐ脇にいるからと思い、ロックしなかった。タイヤに空気を入れ、燃料も満タンにして、車に乗り込んで、次に用のある銀行まで行った。到着して、貴重品を入れたザックを車から取り出そうとしたら、そのザックがない。慌ててガソリンスタンドに戻った

写真 11-9　オシャカティ近郊で作られていた改良釜

が、ザックの行方はわからなかった。

カメラやビデオカメラなど貴重品はすべてそのザックに入れて、どこに行くときも、そのザックだけは肌身離さず持っていた。それを失ってしまった。盗られて一番困ったのは手帳だった。そこには、いろんな人の連絡先や暗証番号などを記入していた。なぜ、銀行に行くまでザックを盗られたことに気づかなかったのかと言えば、それは盗人がザックを車から盗った後、ドアをきちんと閉めていったからだ。ドアが開いていれば、ザックを盗られたことにすぐに気づく。ドアが閉まっていたので、ガソリンスタンドから銀行に行くまで気づかず、その間に盗人は悠々と逃げられたのだ。

12

夏は土砂崩れ、冬は積雪と格闘しながら車で山を登る

ヒマラヤの神秘の大地アルナーチャルで調査を始める――森林とヤク放牧（2007〜2009年）

アルナーチャル・ヒマラヤで調査を始める

2007年、インドのヒマラヤ地域、アルナーチャル・プラデーシュ州で調査を始めた。総合地球環境学研究所の高所環境プロジェクトで、いくつかある班のうち農業班のリーダーである京大の東南アジア研究所の安藤さんに誘われて、農業班の調査地であるインドのアルナーチャル・プラデーシュ州を7月中旬から訪問することになった。安藤さんたちとスケジュールの調整を行ない、7月15〜28日にインド、8月3日〜9月24日にナミビア、マラウイ、フランス、タイと長期調査旅行に出ることにしていた。しかし、インドへの出発の1週間前くらいになって安藤さんから、インドへの出発を1週間遅らせてほしいと伝えられる。安藤さんに理

由を問うと、「かみさんの誕生日を忘れていた」という返答だった。毎年奥さんの誕生日に家族で誕生日会を開くのだが、その日がインド渡航の日程と重なるようだ。しかし、アフリカなどの飛行機のチケットは購入済みなので、ずらすことはできない。安藤さんの奥さん想いの姿には感動すら覚えるものの、一方では、そんなに大事な奥さんの誕生日会なら、スケジュール帳にでも記入しておいてほしいとも思った。結局、私と琵琶湖博物館（現岡山理科大）の宮本さんは予定通り先に出発し、安藤さんとは1週間後に現地で合流することにした。

太陽と月の精霊を崇めるアパタニ民族

関西空港からバンコク経由でコルカタに到着し、コルカタからアッサム州の州都であるゴワハティに飛んだ。ゴワハティでは、ゴワハティ大学地理学教室を訪問して、情報交換や資料収集を行なった。ゴワハティからアルナーチャル・プラデーシュ州の州都のイタナガールに移動し、そこで本屋を訪れて資料を収集した（図12－1）。イタナガールからは、すでに農業班の研究者らが調査を始めている州中西部のジロー地方に移動し、そこに滞在して現地観察を行なった。

ジローは、太陽と月の精霊「ドニ・ポロ」を崇めるアパタニ民族が高床式の家に暮らす地域である（写真12－1）。アパタニの女性は伝統的に、顔に施す刺青《いれずみ》と、黒く焼いた木の栓を鼻にはめ込む習慣があり、高齢の女性はその習慣を今でも守っている（写真12－2）。シャーマンが唯一ドニ・ポロと交信でき、神のお告げなどを村の住民に伝える役割を果たしている。各村の手前に水田があり、水田の畦《あぜ》にはシコクビエを作っている（写真12－3）。アパタニ民族は竹を重要視し、各村の周囲には必ず村で管理する竹林があって、住居の外壁や内装には竹がふんだんに利用されている（写真12－4）。

図 12-1　アルナーチャル・プラデーシュ州の位置図

アルナーチャル・プラデーシュ州内では東西に道路が走っておらず、東西移動はアッサムまで南下し、ブラマプトラ川沿いの道路を使って西に移動し、再度北上するというルートを取る必要があった。ジローを出た我々は、アッサムのノースロキンプルまで南下し、ノースロキンプル大学の地理学教室を訪問した（写真12－5）。そこには、農業の犂《すき》を研究している安藤さんから収集を依頼された現地の犂が保管されていた。その後、当時安藤さんの指導院生であった浅田さん（現奈良女子大）が滞在している民家を訪れ、彼の調査状況を聞いた後、タワンに向かった。その日は夜の9時頃にアッサム州とアルナーチャル・プラデーシュ州の境界に位置するバラクポンにたどり着いた。

翌朝、バラクポンを出発し、ディランを経由して、アルナーチャル・ヒマラヤの標高4200mに位置するセラ峠に向かう（写真12－6）。峠に近くなると、霧の中に可憐に咲き誇る高山植物の群落に出迎えられた（写真12－7）。峠を越えてタワンに夕方5時くらいに到着した。その1時間後に安藤さん一行も到着した。ディランにはディランモンパ、タワンには

写真 12-1　アパタニ民族地域のジロー周辺で見られる精霊信仰

写真 12-2　アパタニ民族の高齢女性。アパタニの女性は、伝統的に、顔に施す刺青と、木の栓を鼻にはめ込む習慣がある

写真 12-4　竹を建材として作られた高床式のアパタニ民族の住居

写真 12-3 水田とその畦に作られているシコクビエ

写真 12-7　セラ峠周辺のお花畑

写真 12-5　ノースロキンプル大学を訪問

写真 12-6　ディラン地方とタワン地方を結ぶ冬のセラ峠（標高4200m）。セラ峠の両側の山地斜面にはインド軍が多数駐屯して、中国からの攻撃に備えている

表 12-1 モンパ民族の区分（現地での聞き取りから作成）（水野 2012a）

タワンモンパ	タワンモンパ：ウンパ（農耕民）
	ダクパナンパ：ウンパ（農耕民）
	ツォクスンパ：ウンパ（農耕民）
	マゴパ（ティンブパ）：ブロックパ（牧畜民）
	パンチェンパ：ウンパ・ブロックパ（農耕民・牧畜民）
ディランモンパ	ディランモンパ：ウンパ（農耕民）
	リスパ&チュッグパ：ウンパ（農耕民）
	ブートモンパ：ウンパ（農耕民）
	ブータン国境のブロックパ（牧畜民）
カラクタンモンパ：ウンパ（農耕民）	

注：タワンモンパは、ディランモンパやカラクタンモンパと言語が異なる。

ダクパナンパは、狭義のタワンモンパと言葉が少し異なる（アクセントが違う）。

マゴパ（ティンブパ）は、チベットに住むチベット人と言語や民族衣装が同じ。

パンチェンパは、狭義のタワンモンパやダグパナンパと言語が異なる。

狭義のディランモンパは、東ブータンとほとんど言語が同じ。

リスパとチュッグパは、周辺のディランモンパと言語が異なる。

ブートモンパは、ボンディラ付近のシェルドックペンと言語が同じ。

ブータン国境付近のセンゲゾンパやニュクマドゥンパ、ルブランの人々は、ブータンのメラック、サクティンの人々と言語や民族衣装が同じ。

カラクタンモンパは、東ブータンと言語が同じ。

写真 12-8 マニの横を通ってタワン仏僧院に向かう、伝統的衣装を身につけたモンパの女性たち。若い女性たちは新年やお祭り、伝統的行事のときのみ伝統的衣装を身につける

タワンモンパの民族の人々が居住し、伝統的衣装も同じであるが（写真12－8）、同じモンパでも両者は言語が異なるため（表12－1）、互いに会話するときはヒンディー語を使用する。

地滑りで道路をふさがれ停滞する

翌日はタワンからチベットやブータン国境に近いジミタンまで行って、その日のうちに戻ってくる予定だった（図12－2）。ジミタンにはパンチェンパ民族の人々が居住している。ここには有名なチベット仏教のゴムサム・チョルテンという仏塔がある（写真12－9）。現地で、安藤さんが農業や農具の聞き取りを行ない、それは夕方4時くらいまで続いた。タワンに戻る途中の村では棚田が見られ、そこの標高は１７５２ｍで、このあたりの最高所の水田と思われた（写真12－10）。また、高度１６１２ｍの場所に陸稲のもち米の田んぼもあった。稲作は概ね標高１７００ｍ以下で行なわれているようだ。穂をつけていない農作物が稲かどうかを調べるためには、イネ科植物の特徴は葉舌《ようぜつ》と葉耳《ようじ》があるので（写真12－11）、それを確認すればよいと教えてもらった。

タワンまで戻る途中で日が沈み、暗闇の中で車のライトに照らされたのは、地滑りで崩落した岩や土砂が覆う道路だった。その先は暗闇の中でどうなっているのかわからず、とりあえず、近くの村まで戻ることにした。比較的大きな村には、地方の役人が宿泊する施設がある。その日はとりあえずそこに泊まることにした。

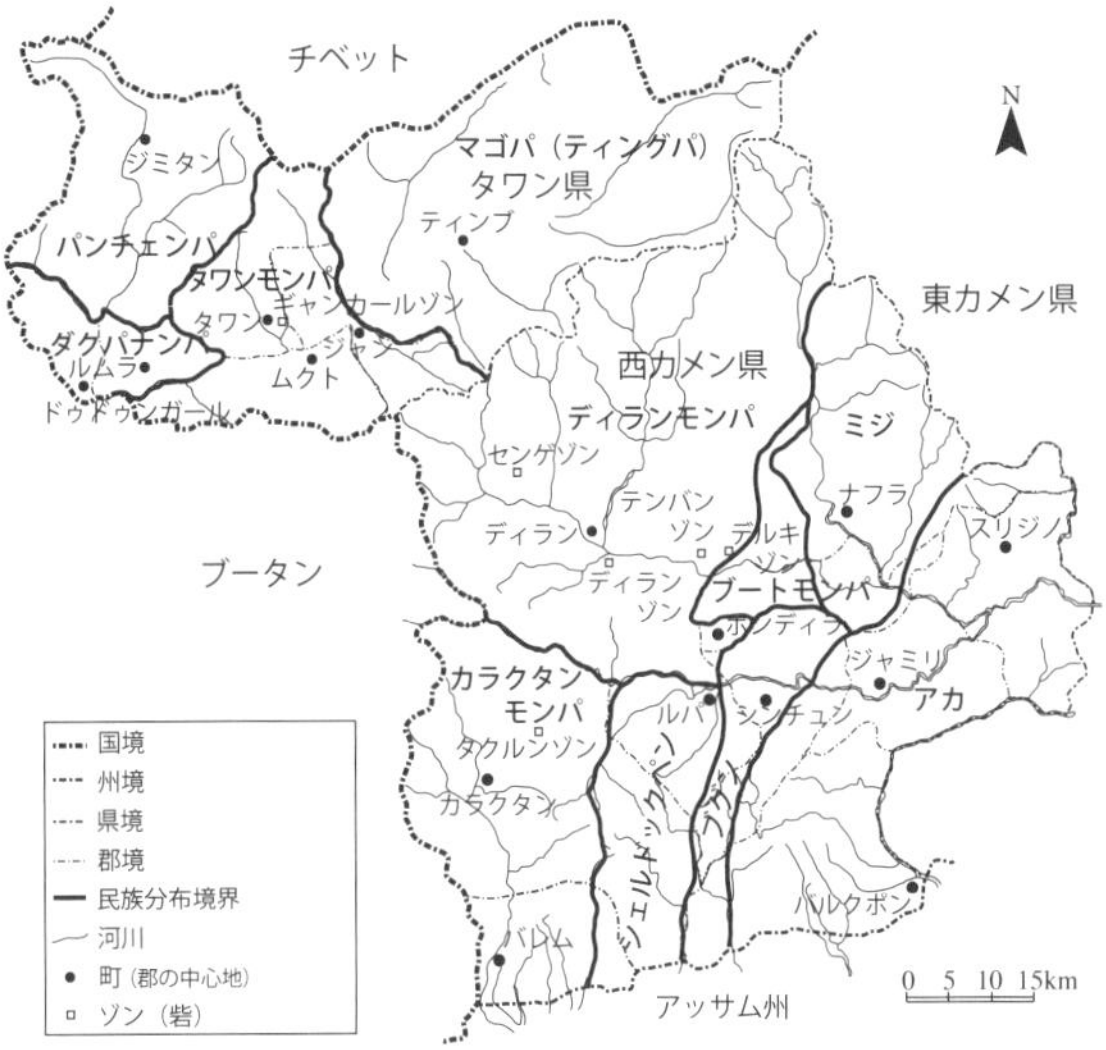

＊　ディランモンパとタワンモンパ（マゴパ（ティングパ））の境界はおおよそ県境に相当する

図 12-2　アルナーチャル・プラデーシュ州のタワン県と西カメン県における民族分布（水野 2012a）

写真 12-10　最高所の水田（標高は1752m）の棚田

写真 12-9　チベット仏教の仏塔、ゴムサム・チョルテン

写真 12-11　イネ科植物の特徴である葉舌と葉耳

写真 12-12　土砂崩れで道路が寸断されている

翌朝出発した我々は、斜面が崩落して、道路が大きな岩や土砂に埋まっている現場を目の当たりにし、車とドライバーを残して、斜面の上の方を見ながら、急いで崩落した岩を徒歩で越え、次の村まで歩いた（写真12－12）。次の村で車を借りて走ったが、またしても土砂崩れで大きな岩に覆われた道路に出くわした。再び、車とドライバーを残して、岩をよじ登り、走って現場を越えた。また次の村まで歩いて、車を借りることにした。

タワンまで無事に戻った我々は、1泊するはずだったホテルから荷物を受け取り、急いでセラ峠を越えてディランに戻ったのである。ディランで泊まったホテルでは、夕食に温かいグルツンボクペが出されて、初めて食べた。穀物の粉を湯で練ったものをディランモンパではボクペと呼び（タワンではツァンあるいはサン）、トウモロコシはピナンボクペ、シコクビエはラムホンボクペあるいはコンプーボクペ、ソバのものをグルツンボクペ（写真12－13）と呼んで、よく食されるのである。

また、お酒も飲んだ。ディラン地方ではお酒には、トウモロコシ酒（フィンタン・ユー）やシコクビエ酒（コンプー・ユ）、

写真12-13　ソバのボクペであるグルツンボクペ。穀物の粉を湯で練ったものを、ディランモンパではボクペ、タワンモンパやチベットではパーと呼んでいる

大麦&シコクビエ酒（ボン・コンプー・ユ）、米酒（クー・ユ）などがある。蒸留酒はアラックと呼ばれている。

夜になるとネズミが部屋中を走り回り、寝ている間にネズミに鼻をかじられるのではないかという恐怖感から、結局一睡もできなかった。翌朝、どこにネズミがいるのか調べたところ、ソファーの長いすの下に、ネズミが持ち込んだと思われる数々の食料の残骸が見つかった。

畑の肥料はコナラの落葉（2008年2月の調査）

2月に再びアルナーチャル・プラデーシュ州を訪れた。低地のアッサム州のゴワハティを出発し、どんどん標高が上がるにつれて気温は下がっていく。最初にチベットとの国境近くに位置するタワンを目指す。タワンに達するためには、タワン地方とディラン地方の境界にあたるセラ峠（標高4200m）を越えなくてはならない。セラ峠まで続く道は雪で覆われ、その上をたくさんの車が行き交うため、雪面が踏み固められてアイスバーンのようになっている。

おまけにどの車もチェーンを付けていないため、立ち往生した車の列が延びている（写真12－14）。山の急斜面を登る道にはガードレールが所々しかなくて、きわめて危険である。車が半分落ちかかっている場面や、斜面下に滑落した車を目にすることもある。インドで金属のチェーンを手に入れることは困難で、基本的に軍用トラック以外はチェーンを付けておらず、どうしようもないときは、タイヤにロープを巻いて走る。

写真12-14　冬のセラ峠への道路。ほとんどの車はタイヤチェーンを付けていないため、凍結した道路でスリップして立ち往生する

やっとの思いでタワン（標高3025m）に着いてホテルに入ったが、室内はとても寒い。電気は1日のうち限られた時間しか通じず、暖房は部屋にある小さな電気ストーブのみである。シャワーのお湯も、電熱器で温められたお湯をためた小さなタンクの容量分しか使えない。電気が来ていないときは、寒いのでベッドの布団にくるまるしかない。ホテルのレストランは寒いので、たいていはルームサービスを使って、自分の部屋内で朝食と夕食をとっていた。レストランにはお酒は置いていないので、レストラ

ンの従業員に頼んでビールを酒屋に買いに行ってもらい、レストランの冷蔵庫の中に置いてもらっていた。

私のアルナーチャルでの最初の本格的な調査は、ディラン周辺の森林の分布とその利用についてであった（水野２０１２a）。ディラン地方ではコナラの落葉を農地に撒き、作物の肥料にしている。ちょうどコナラの落葉を集めている現場を見ることができた。

ディラン地方の村周辺では、「ソエバシン」と呼ばれる「落葉を集める森林」が存在するが（写真12－15）、その森林からコナラの落葉を集め、トウモロコシの裏作として作られる大麦やソバの肥料として、あるいは雑草の生育の抑制のため、さらには雨季の土壌流出を防ぐため、その落葉がトウモロコシ畑に撒かれる（図12－3、写真12－16）。ちなみに、この地方では「木」のことを「シン」と言う。この地域は降雨量が多いため、地表に落葉がないと土壌流出が進み、トウモロコシが倒れてしまうことがあるようだ。

一般にトウモロコシの播種《はしゅ》の約２ヶ月後、トウモロコシの背丈が30㎝くらいになったときに除草して落葉が3～5㎝くらいの厚さに撒かれる。ウシを飼っている人は落葉に牛糞を混ぜたものを畑に撒く場合もある。落葉と牛糞、水を混ぜ、足でこねたものを1週間から20日間くらい置いてから畑に撒く。

「ソエバシン」（「落葉を集める森林」）では、針葉樹のヒマラヤゴヨウ（レンソンシン *Pinus wallichiana*）が成長してくるとそれを除去し、コナラの純林になるようにコントロールして

写真 12-15　村の畑に接して「ソエバシン」と呼ばれる「落葉を集める森林」が存在し、その周囲にヒマラヤゴヨウなどからなる「ボロン」と呼ばれる「薪を集める森林」がある

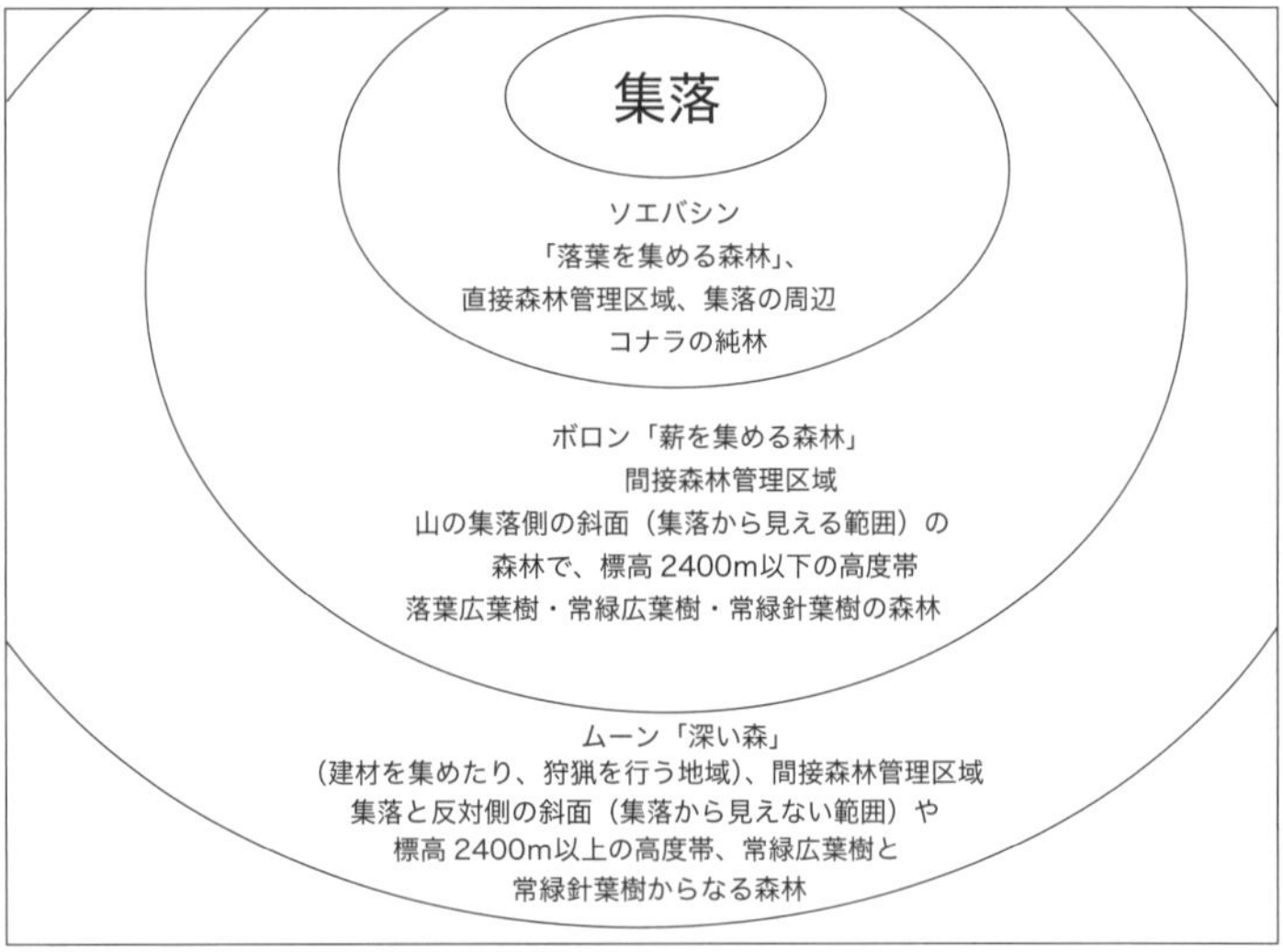

図 12-3　ディラン地方における 3 種類の森林区分（水野 2012a）
（現地での参与観察と聞き取りより作成）

いる。したがって、水田とトウモロコシ畑が隣接している場所では、コナラの落葉が必要ない水田では、その背後の森林はヒマラヤゴヨウが優占し、畑の背後の森林はコナラ林になっている（水野２０１２ａ）。

このコナラの落葉は毎年１～２月に約２週間、朝７時から夕方４時頃まで、家族総出で、時には人を雇って、「ソエバシン」の斜面の上方から、落葉を徐々に下方に落としていって集め

写真 12-16　コナラの落葉を農地に撒いている人々（テンバン村）

写真 12-17　コナラの落葉は毎年１～２月に約２週間、家族総出で「ソエバシン」の斜面の上方から落葉を徐々に下方に落としていって集める

る（写真12－17）。私はちょうどよいタイミングで一家族がコナラの落葉を斜面下に払い落としている作業中に出くわした。マツの木で作った、熊手のようなブラックシンという道具を使って落葉を集めるが、若い男性は長い棒を使って、腕力に任せて一気に大量の落葉を下方に運んでいた。けっこうな重労働に見えた。

このコナラの落葉は自分の土地だけから採集できるため、他人の土地から落葉を得るためには、土地の所有者との関係で、蒸留酒（アラック）を差し出したり、現金を支払ったりすることになる。

次男は僧になるのが慣習のモンパ社会

車で移動中にガイドに「この近くで畑を見せてくれる家はないか？」と尋ねたところ1軒の家に連れて行ってくれた。そこの家の主のリンチンさんとそのとき初めて出会ったのだが、その後、毎回アルナーチャルを訪れるたびに、必ずリンチンさんの家に立ち寄り、食事をごちそうになることもたびたびあった。リンチンさんには3人の息子と2人の娘がいるが、次男と三男はそれぞれネパールと南インドで、チベット仏教のお寺の僧になっている。チベット仏教の地域では長男は家を継ぐが、次男はお寺に入門するのが慣例のようだ。2人とも5歳くらいで家を出た。お寺の僧が村にやってきて、同じ年頃の少年たちを同時にまとめて修行に誘うのだ。子供たちは周りの遊び友達がみなお寺に行くというので、行く気になる。リンチンさん夫妻が一度ネパールのお寺に電話したところ、受話器越しに息子の泣いている声が聞こえたという。幼い子供たちは親元を離れて遠い地に行き、電話で両親の声を聞くと涙が止まらないのであろう。そして一度、夫妻はネパールのお寺まで息子に会いに行ったという。

2人とも15〜17歳くらいになって、初めて実家で休暇を過ごすことが許された。私がリンチンさんの家を訪れたとき、次男が入門以来、初の里帰りをしていたので、私は家族の記念写真を撮り、その写真を拡大して枠に入れ、次回の訪問時にリンチンさんにプレゼントした。喜んだリンチンさんは、その写真を居間の壁に掲げた。その次の訪問時には、三男が10年ぶりくらいに里帰りしていた。そして、幼少のときに別れたまま一度も会ったことのない、青年になった兄の姿を写真から知ったのであった。

アフリカやアジアの発展途上国では、お世話になった人たちには、写真を撮って次回の訪問時にプリントして手渡している。それが、彼らが一番喜ぶプレゼントだ。とくにお世話になっている人には、ヘッドランプをプレゼントすると喜ばれる。最近では、電気が通じていない場所の照明にLEDを使用しているところが少なくない。LED照明はバッテリーが長持ちするし、ソーラーパネルにつないでいる場合もある。山小屋などでは後者の場合が多い。ヘッドランプもLEDなので、夜の作業に便利である。

役人への賄賂で州の森林の3割が消失する（2008年9月の調査）

今回も森林の調査を中心に行なった。だいたいディラン周辺の森林は把握できた（図12－4）。リンチンさんは木の名前をすべて知っていた。そこでディラン地方で呼ばれている木の名前を教えてもらった。また、それぞれの樹木がどのように利用されているかについても教えてもらった。リンチンさんの家の内壁の木材を教えてもらったときは、壁ごとに樹木の名前をマンシン *Tsuga dumosa*、ケシン *Juglans regia* var. *kamaonia*、チャンバシン *Michelia oblonga* のように紙に書いて壁に貼って写真に撮った（写真12－18）。家の外壁には雨水をはじく油脂分を多く含む二次林のマツであるヒマラヤゴヨウ（レンソンシン *Pinus wallichiana*）が使用されていた。木の地方名はわかったものの、それが世界中の誰にでもわかるように学名を示さなくてはならない。そのために重宝したのが『*Flowers of the Himalaya*』（Polunin & Stainton, Oxford University Press, 1984）である。この図鑑はロンドンの本屋で見つけて購入したものだが、その後、ゴワハティの本屋でも見つけた。植物の標本を一つひとつ図鑑のイラストと照らし合わせて同定していった。そのときはリンチンさんやガイドのパッサンとともに道ばたで輪になって議論を交わして同定していったが、その作業はけっこう楽しかった（写真12－19）。

表12－2に示すように、建材として有用な木材はすべて高騰している。中でもチャンバシンは近年、商業目的で大量伐採され、デリーやハリアナ、パンジャブ、ムンバイ、グジラドなどに輸出されて激減したため、価格の高騰が著しい。

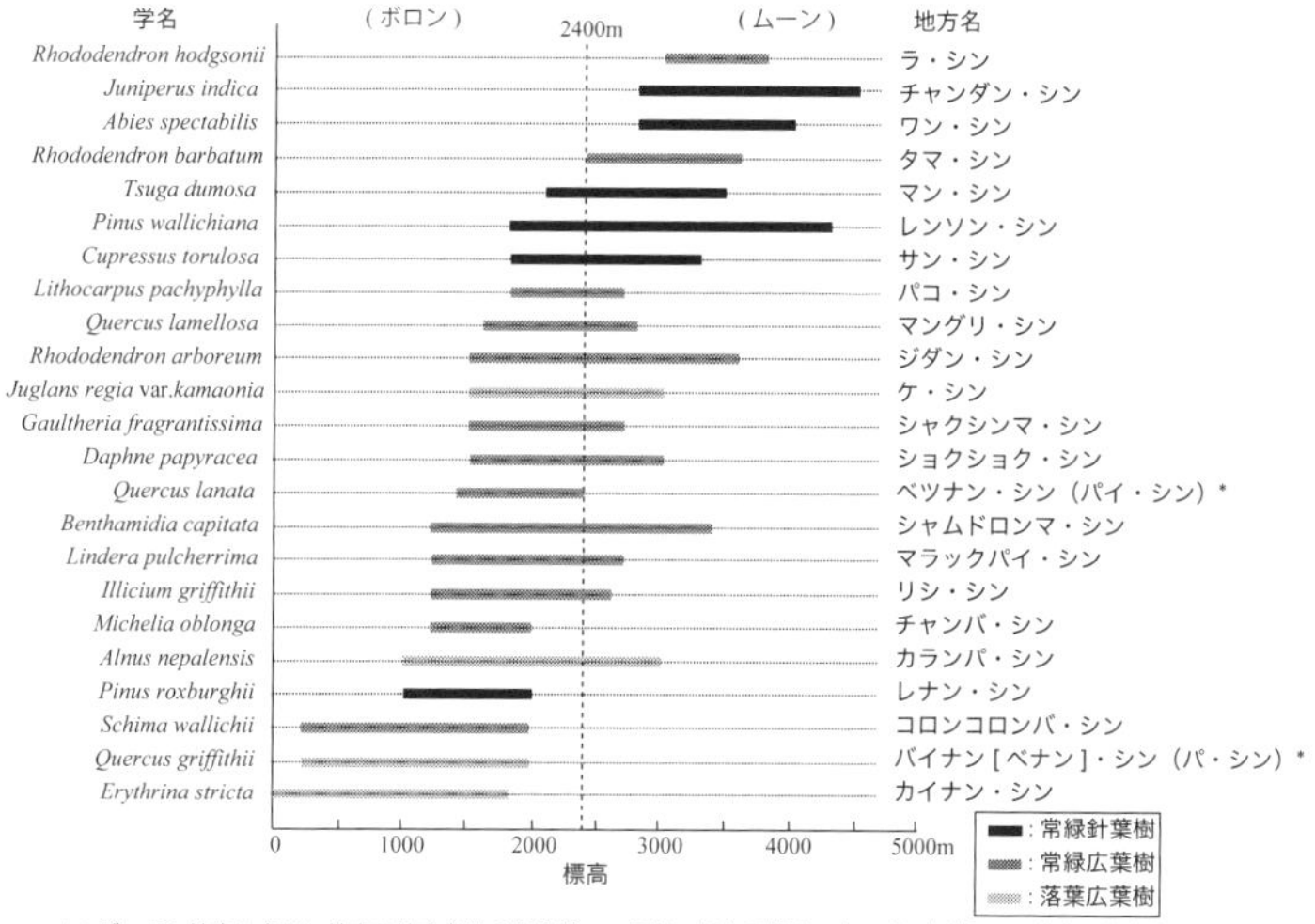

＊：ディラン地方とタワン地方の地方名は２種を除いて同じ。異なる場合、（　　）内がタワン地方の地方名

図 12-4　ディラン地方とタワン地方における樹木の垂直分布（水野 2012a）
現地観察により作成。地方名は現地での聞き取りから、学名は *"Flowers of the Himalaya"*(Oleng Polunin & Adam Stainton 著、Oxford University Press、1997) 他を参照

表 12-2　有用材の値段の推移（現地での聞き取りより作成）（水野 2012a）

年	チャンパシン	レンソンシン	マンシン	ワンシン	ケシン
1987	100	60	60	60	－
2009	200	200	200	200	300
2010	500	250	250	250	300
2011	500	300	300	300	400

※ 1 C・F・T = 12 フィート× 12 インチ× 1 インチ

１９８７年に中央および州政府は、商業的樹木伐採の許可証をチャンバシン、レンソンシン、ワンシン *Abies spectabilis*、マンシンについて発行するようになった。この４種および他の種については自分で利用するためなら許可はいらない。しかし、その許可証の発行が森林の大量伐採につながることになる。実際に許可証で伐採可能な量の10倍もの樹木が、役人への賄賂によって可能になり、そのため９年間で州の約３割の森林が消失したと言われている。役人

写真 12-18　住居内の壁の材質調査のための著者によるメモ

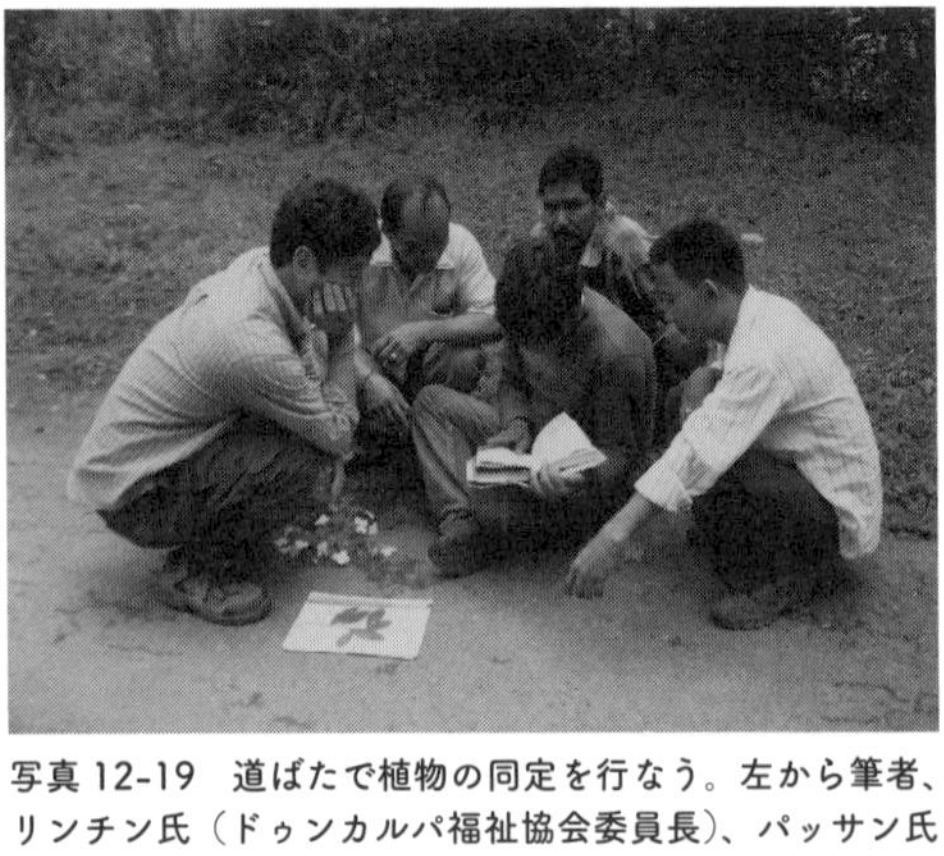
写真 12-19　道ばたで植物の同定を行なう。左から筆者、リンチン氏（ドゥンカルパ福祉協会委員長）、パッサン氏（ガイド）

たちはそれまで国産の安いたばこを吸い、シコクビエなどのローカル酒を飲んでいたのが、外国からの輸入たばこを吸い、ウイスキーを飲むようになったという。中央政府の最高裁判所が1996年12月に、許可証の発行およびすべての森林の商業伐採を禁じる命令を下し、以降、大規模な伐採は止まったものの、実際には不法伐採があっても黙認しているのが現状である。

すなわち、自分のクラン（氏族。祖先が共通であるという意識を持つ、緩やかな社会集団）の森林において、クランは個人の利用においては伐採を認め、商業目的の伐採は認めないが、政府はどちらも公には認めないとしているものの、実際には黙認しているというわけである。したがって、この地域ではチャンバシンはクランでも伐採を禁じているが、他の有用材はクランの許可があれば切っているのが現状で、伐採した木材はトラックに積んでその上にカバーを付けて、見えないようにして運ばれている。

世界どこでも温泉は最高！

ディランの町の郊外には温泉が湧いていた。温泉好きの私は、それを聞いて入りに行った。野外にコンクリートで固めた小さめのプールのような浴槽が作られていて、男女混浴なので水着を着けて入る。ややぬるかったが、地元の人たちはその湯の中で石けんを使って頭を洗っていたので、清潔とは言えない。ただ、世界どこでも温泉があればとりあえず入るというのが私のポリシーなので、アルナーチャルで温泉に入ったという経験は私にとっては重要だった。温泉があっても地元の人は入らない場所もある。

ケニアのマガディ湖の温泉には2度にわたり入りに行ったことがある。2回目は温泉の脇にテントを張って、宿泊もした。マガディ湖の温泉は、アフリカ大地溝帯に位置し、その割れ目に沿って伝わる熱による天然の温泉だ。大地溝帯の乾燥地に、突如温泉が湧き出ている。その平原で、見渡す限りフラミンゴの大群が地平線を覆っている。その地平線の彼方から、どこからともなく、マサイの子供たちが姿を現す。フラミンゴとマサイの人だけが住むマガディ、そこで、天然の温泉に浸かる喜びはひとしおである。

温泉に入りながら地平線に日が沈む頃には、空が赤く染まる。お湯の流れがきらきらと夕陽を反射する。日が暮れて空を仰ぐと、吸い込まれるような暗闇に、満天の星がちかちかと、水晶の先端が光を反射させるかのごとく輝き、遠くには動物の遠吠えが、わおー、わおーと鳴り響く。それは、まるで、大地の割れ目から地球がうなっているかのようだ。こんな素敵な温泉でも、マサイの人たちは決して湯に浸からない。文化の違いを知るのもおもしろい。私がマガディ温泉に行ったのは20年以上前だが、学生たちによれば、「マガディ温泉」とネットで検索すると、今でも私が友人たちと温泉に入っている様子の写真が出てくるという。

ヤクはかけ合わせによっていろんな種類がいる（2009年9月インド調査）

このときはおもに牧畜に関する調査を行なった。モンパ民族では農耕民はウンパ、牧畜民はブロックパと呼び、言語が異なっている（表12－1）。私がお世話になっているリンチンさんは、ディラン地方のクランの一つであるドゥンカルパの福祉協会の委員長で、ディラン地方の山岳地の牧畜民の生活改善に尽力されていた。だから、リンチンさんは樹木の名前をすべて知っているだけでなく、牧畜民の言葉がわかるので、牧畜民の生業や生活に関する調査に協力していただいた（水野２０１２ａ）。

ディラン地方では、標高３０００ｍ以上にモミの木やツガの木が分布し、下層にはシャクナゲが生育している。このようなモミやツガの針葉樹林帯にヤクの放牧地があり、それらの樹木を人為的に枯らして放牧地を作っている（写真12－20）。かつては樹木の皮をリング状に剥いで、トリカブトの根から採取した毒を塗っていたが、植物の知識がある者の減少とともにそのような方法は消滅しつつあり、現在では樹皮を剥がして枯らしている。したがって、森林地帯の中に、樹木が排除された草地の放牧地が所々に出現しているわけである。その放牧地の中に点々と牧畜民の出先小屋がある。

牧畜民は、冬（10～3月）は低標高の村に住み、そこで放牧を行なっている。ネパールなど他地域では牧畜民も冬は低標高の村で農耕を行なっているが、この地方の牧畜民は一部の村を除いて、冬の放牧地・定住村で農耕は行なわず、放牧を行なっている。

放牧している家畜は、ヒマラヤ地方の特徴的な家畜であるヤクであるが、最初はすべてヤクだと思っていた家畜が、実は様々なかけ合わせで多種類の家畜が存在していることがわかった

（写真12－21）。ヤクのメスはブリと呼ばれる。この地域で高地牛はオスがギャラング、メスはギャラングマと呼ばれているが、オスのヤクと高地牛のメスのギャラングマをかけ合わせた交配種、あるいはヤクのメスであるブリとオスの高地牛のギャラングをかけ合わせた交配種を、オスをゾ、メスをゾモ（あるいはゾム）と呼んでいるのである。ゾやゾモは一見ヤク＆ブリと似ているが、ヤク（ブリ）の方がゾ（ゾモ）より下腹の毛が長く伸びているので区別できる。

写真 12-20　森林を人為的に枯死させて作られる放牧地（ナガジジ）

写真 12-21　ヤク（右）とそのメスであるブリ（左）

表 12-3　牧畜民が所有する家畜の種類と交配（現地での聞き取りより作成）

オス	メス
ヤク	ブリ
ゾ	ゾモ（ゾム）
ギャラング*	ギャラングマ
ジャツァ	ジャツァミン

ギャラング × ブリ ＝ゾ & ゾモ（ブリゾ & ブリゾモ）
ヤク × ギャラングマ ＝ ゾ & ゾモ（バムゾ & バムゾモ）
ギャラング × ゾモ ＝コトゥ
ヤク × コトゥ ＝ ゾ & ゾモ（シンゾ & シンゾモ）
ギャラング × コトゥ ＝ 1. シンギャラン、2. ターギャラン、3. ゴーギャラン
ヤク × ゾモ ＝トゥイ
ヤク × トゥイ ＝ガーリャック & ガールブリ
ヤク × ガールブリ ＝ ヤク & ブリ
雌ウシ × ギャラング or 雄牛 × ギャラングマ ＝ ワギャラング & ワギャラングマ
ミィトゥン × ウシ ＝ ジャツァ & ジャツァミン
* ギャラング：高地牛

これらはどれもアルナーチャルの高地の牧畜民にとって重要な家畜となっている。

メスのゾモは繁殖可能であるが、オスのゾは不妊性である。ギャラングとゾモの交配種をコトゥと呼び（表12－3）、コトゥは乳をゾモの半分くらいの量しか出さず、質も良くない。このため、コトゥを生かしておくと母親のゾモの乳を飲むために、オスのコトゥは全部殺され、メスのコトゥもわずかに残されるが、ほとんどは殺される。わずかにメスのコトゥが残される理由は、高地牛ギャラングとメスのコトゥをかけ合わせると、最初の子供シンギャランと2番目の子供ターギャランは質の悪い乳を出すが、3番目の子供ゴーギャランは良い乳を出すと言われているためである。ゴーギャランは良いギャラングを生む、ギャラングの良い親となる。オスのコトゥは生殖性がなく子供を作れないため、全部殺される。殺されたコトゥは毛皮や肉として利用される。

ブリの乳やゾモ、ギャラングマなどの乳は区別されずに

写真12-22　ヤクや交配種ゾのメスの乳からバターやチーズを作る牧畜民

同じ容器に搾乳されて混ぜ合わされる。容器に入っている乳を道具を使って攪拌《かくはん》し、上部のクリームはバターとなり、残りの乳はチーズとなる（写真12－22）。ゾやゾモが生み出されるためには、ギャラングが種牛として重要であるため、高値で取引されている。作られたバターやチーズは、ラシンと現地で呼ばれているシャクナゲの葉で包まれて、保存されたり、運搬されたりする。

高齢者と乳幼児が残る牧畜民の定住村

ディランゾン地区（図12－2）の1つの牧畜民世帯は3～11人くらいで、各世帯が20～300頭を所有している。ディランゾン地区の牧畜民が冬に定住する村には、ドンバ（2534m）、メラックム（2934m）、バングラジャプ（3035m）、マンダラ（3191m）、ミソップサ（3219m）などがある（図12－5）。あるドンバ村の牧畜民は、冬の12～4月をドンバ村（2世帯）で過ごし、4月から5月上旬頃にメラックムまで移動し、そこで数日から数週間過ごし、

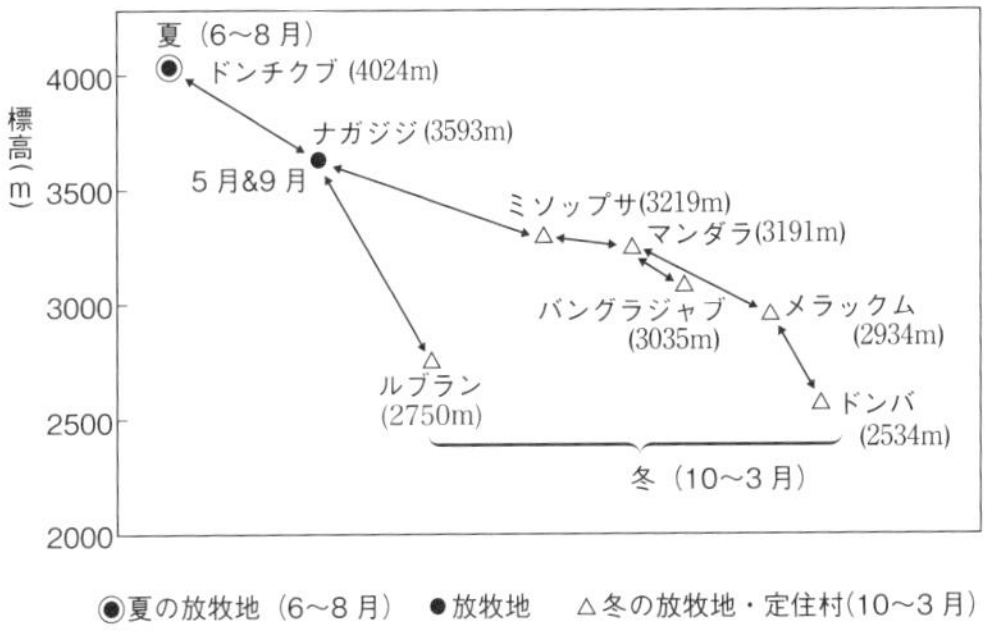

図12-5
ディラン地方、ディランゾン地区における放牧地と牧畜民の移動（聞き取りと現地測量より作成）（水野2012a）

家畜に草を食べさせる。そして次にマンダラとミソップサの間の場所に移動し、またそこでも数日から数週間滞在する。その後、ミソップサとナガジジの間の場所に数日から数週間滞在し、最後にブータンとの国境付近であるドンチクブに移動する（図13－2）。それぞれの場所にどれくらい滞在するかは、その年のその場所の草の量によって決まる。したがって、年によって移動の時期や滞在期間は様々である。夏の放牧地であるドンチクブには6～8月の3ヶ月ほど滞在し、9月初めに下り始め、少しずつ移動して冬の村まで戻ってくる。移動中に牧畜民が住む家は丸太で囲んで屋根を載せただけであり、そこを離れるときは家を解体していく。したがって簡単に組み立てられ、解体できるようになっている。おそらく冬には雪の重みで家が壊れるため、最初から冬に備えて解体していくのであろう。

ナガジジには2度ほど訪れたが、2～3歳の娘と父親と高齢な祖母の3人の世帯のみがナガジジに定住していた（写真12－23）。小さな子供と高齢者を抱えていては、放牧で移動するのが困難なのだろう。夏の間には小さな店もあった。牧畜民の移動するルートには所々に夏場は小さな店が開いている。石けんや歯ブラシ、歯磨き粉などの日用品の他、牧畜民から預かったバターやチーズを売っていることもある（写真12－24）。ガイドのパッサンは、バターやチーズが売られていると必ず買っていた。輸送費の分、おそらく街の店よりかなり安いのであろう。また、マギーのインスタントラーメンが必ずあって、注文すれば作ってくれる。私は調査中、何度かメラックムやナガジジでインスタントラーメンを食べた。ナガジジで食べたと

写真 12-23　ナガジジの牧畜民の住居内。高齢女性と赤ん坊を抱える男性は移動放牧ができず、定住している

写真 12-24　牧畜民の村にある店の中

きは、食後に用を足したくなり、トイレはどこかと訪ねると、1ヶ所の森の茂みを指示してくれた。踏み跡を頼りに茂みの中に入っていくと、そこかしこに用便がしてあったのだが、それらのすべてがチーズやバターのような色で、かなり液体に近い状態だった。牧畜民の主食は乳製品なので、排泄物も乳化したものになっているのだろうと思った。

お酒を力ずくで飲ませる牧畜民の村

私がバングラジャプ村を訪れたときは、村の6世帯中3世帯は、各世帯に小さな子供やその母親、高齢者など2〜3人が村に残り、あとの3世帯は全員が夏の放牧地に移動していた。1軒の家を訪問すると、9人が夏の放牧地に移動しており、息子の嫁と赤ん坊、息子の祖母のみが家に残っていた。お嫁さんが赤ちゃんを背中に負ぶりながらジャンドン（テルブ）と呼ばれる道具を使ってバター茶を作り、出してくれた（写真12－25）。農耕民の家ではミルクティーが出されることが多いが、牧畜民の家ではバター茶が出されるのが一般的だ。

ルブランは伝統的に1妻2夫制で、1人の夫は家を守り、もう1人がヤクの放牧に出かける。一妻多夫制は我々から見れば奇妙に思えるかもしれないが、チベットの伝統的な慣習であり、多くの場合、1人の妻の相手になるのは夫たちの兄弟である（山口1987）。

テンバン地区の牧畜民はディランゾン地区の牧畜民と少し異なっている。ディランゾン地区の牧畜民の村にはツォルゲンと呼ばれる村長（1名〜複数）が存在しないが、テンバン地区の

写真12-25　バングラジャプ（標高3035m）村に残っている夫人と赤ん坊。ジャンドン（テルブ）と呼ばれる道具を使ってバター茶を作っている

牧畜民の村には存在する。テンバン地区のチャンダール（２９１５ｍ）の牧畜民の場合、冬場はチャンダールに16世帯、60人以上が居住しているが、夏には高齢者や子供を中心に20人くらいが残り、40人くらいが夏の放牧地に移動する。彼らは6～7月に出発し、9月下旬に戻ってくる。ディランゾン地区の牧畜民の村と異なり、住居が大きく、電気も引かれている。

私が9月にチャンダールを訪れたときは、女性だけが先に戻ってきて、1週間後に戻ってくる男性たちを迎え入れる準備をしている最中であった。ミルクティーの中にたくさんのウイスキーを入れたカップを勧められ、1～2杯飲んで酔っ払ってきたため、おかわりを遠慮すると、私の両側に女性が立って、両側から私の口を指で広げて、ウイスキー入りミルクティーが口の中に流し込まれた。かなり強引なお酒の勧め方であるが、これが当地でのお客に対するもてなしであった。村を去るときは私もガイドのパッサンも相当酔ってしまい、ホテルに戻ると吐き気をもよおした。調査で訪れた村や家でお酒を勧められることは少なくなく、それをうまくかわす方法も調査技術として重要だ。

13

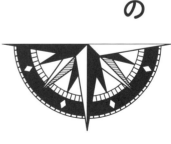

点在するゾン（城塞）の設立の謎に迫る

ヒマラヤの神秘の大地
アルナーチャルでの調査（２０１０年）

点在するゾン（城塞）に惹かれる（２０１０年２月調査）

私は１９９６年に京大に就職し、１９９７年から全学共通科目と呼ばれる一般教養の授業で自然地理学の講義を担当していた。地理学は自然地理学と人文地理学からなっていて、ほとんどの大学の地理学科に両方の教員がいて、どちらも学ぶ機会があったのだが、その当時、京大では地理学として文学部に４人、総合人間学部に３人の教員が在籍していて、全員が人文地理学が専門であった。なぜ自然地理学の教員がいなかったかと言えば、日本で最初に地理学教室が作られたのは京大の文学部であったが、以降１００年以上、京大では、京大文学部地理学教室出身者しか教員になっていなかったからだ。一般教養の授業をやっているうちに受講生たちから、自然地理学を学べる場所を作ってほしいという要望が多数寄せられるようになり、そこで2001年4月に自然地理勉強会（のちに自然地理研究会と改称）を作った。おもに月1回の野外実習を中心に、研究会も機会あるごとに行なった。

インドでの調査データから図を作成するのに、その自然地理研究会の世話人の一人である、工学部の学生であった田中くんに手伝ってもらっていた。その縁で、2010年2月の調査には田中くんも同行した。その頃、私はおもな調査地域をディランゾン地域からテンバン地域に移動させていた。理由は、農業班のメンバーは主としてジロー地域で調査を行なっていたが、リーダーの安藤さんの判断でディランゾン地域に変更になったため、他の人たちが集中的に調査を行なうなら、調査内容がかぶらないように、他の地域に調査地を変えたいと思ったからだ。

そこでガイドのパッサンに相談したところ、彼の出身地のテンバンで調査をしたらどうかと提案された。そこは他のメンバーが誰も手を付けていない。そこで初めてテンバンゾンを訪れたとき、そのゾンの意味である「城塞」に非常に魅力を感じた。また、ディランゾンとは、同じゾン（城塞）でも、城塞としての役目が違うこともわかった。

王族の居城としてのゾン（城塞）

ディランゾン（写真13－1）が、チベット法王政府による徴税のための役所としての城塞であるのに対し、テンバンゾンは王族の居城としての城塞であった。徴税の役所としての城塞は、他にカラクタン地方のタクルンゾンとタワン地方のギャンカールゾンがある。また、センゲゾンは徴税役人ゾンペン一行の宿泊所であった。この頃から、私の関心はゾンに集まり、ラサのチベット法王政府がモンパ民族地域から徴税するしくみと、それがどのようにラサまで運ばれるかという税（クレイ）の内容と運搬ルート、一方、王族がチベットからモンパ民族地域にやってきて居城を作り、その後の社会がどのように作られていったかという調査にシフトしていった。この調査はきわめておもしろく、調査するたびに興味は深くなっていき、調査にのめり込んでいったのである（水野２０１２a）。

テンバンゾンの城塞内には67世帯、城塞外に35世帯が居住して、テンバン村を構成していた。このテンバンゾンは周りが石垣の城壁で囲まれ、西側と東側に門がある（写真13－2）。その城壁内に住居がある（写真13－3）。このテンバンゾンの建設は18世紀とされていたが（砦の門の前に州政府が立てた案内板も、テンバンゾンは18世紀の建設と明記されている）、テンバンゾンの中で最も古い住居と伝えられ、現在は廃墟となっている建造物の残骸から得た木片5点を放射性炭素年代測定によって測定した結果、古いものは16世紀あるいは17世紀であった（水野２０１２a）。

テンバンゾンを調査しているうちに、もっと古い城塞があって、そこからテンバンゾンに移住してきたということがわかった。その古い城塞であるディルキゾンを次回に調査することにした。

写真13-1　ディランゾン。ディランゾンは1831年の建設と言われている。写真は4階建てのゾンペンの館（壁には銃を差し込む穴が設けてある）で、左手は囚人を収容する牢屋

写真13-2　テンバンゾンと呼ばれる城塞。周りが石垣の城壁で囲まれ、西側と東側に門がある。これは東側の門

写真13-3　テンバンゾン。17～18世紀の建設と推定される。砦内に住居があり、現在も人々が住んでいる

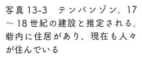

吐蕃王朝から追放された王族

チベットのカム地方を支配したヤルルン王家の初代国王ニャティ・ツェンポから始まって、33代目のソンツェン・ガンポのとき、チベットを広く支配した吐蕃《とばん》王朝が始まった。このヤルルン王家から始まった吐蕃王国の歴代王のうち、初代から26代までは実在が確認されておらず、チベット人の歴史家が世代数を水増ししている可能性が高い。

チベットの第41代王（在位期間815〜841）ティ・レルパチェン（ティツク・デツェン）が在位していたとき、王の背徳の兄弟ラン・ダルマ（ダルマ・ウィドゥムテン）と、仏教に反対していた一部の大臣たちは、王の暗殺を企てた（Norbu 2008、図13－1）。しかし、王の別の兄弟ラセ・ツァンマがそこにいる限り、王の死後、王位に就くのは不利であることを悟った。そのため、王の暗殺計画を引っ込め、そのかわり、ラセ・ツァンマを追放する計画を立てたのであった（Norbu 2008）。

ラセ・ツァンマの追放を達成するために、ラン・ダルマらは王家の占い師と預言者に、王に嘘を告げるように多額の賄賂を渡した。占い師と預言者は、ラセ・ツァンマが放蕩を繰り返し、災難が王家一族や国に降りかかるので、切迫した災難を避けるために、ラセ・ツァンマはしばらくの間、国外に送り出される必要があると予言した。王はその予言を信じ、国の繁栄のためにラセ・ツァンマにしばらくの間、国を出て当時モンユル（モニュゥル、モンパの国）と呼ばれていたモンパ地域にいるように命じた（Norbu 2008）。また、王はラセ・ツァンマに、モン

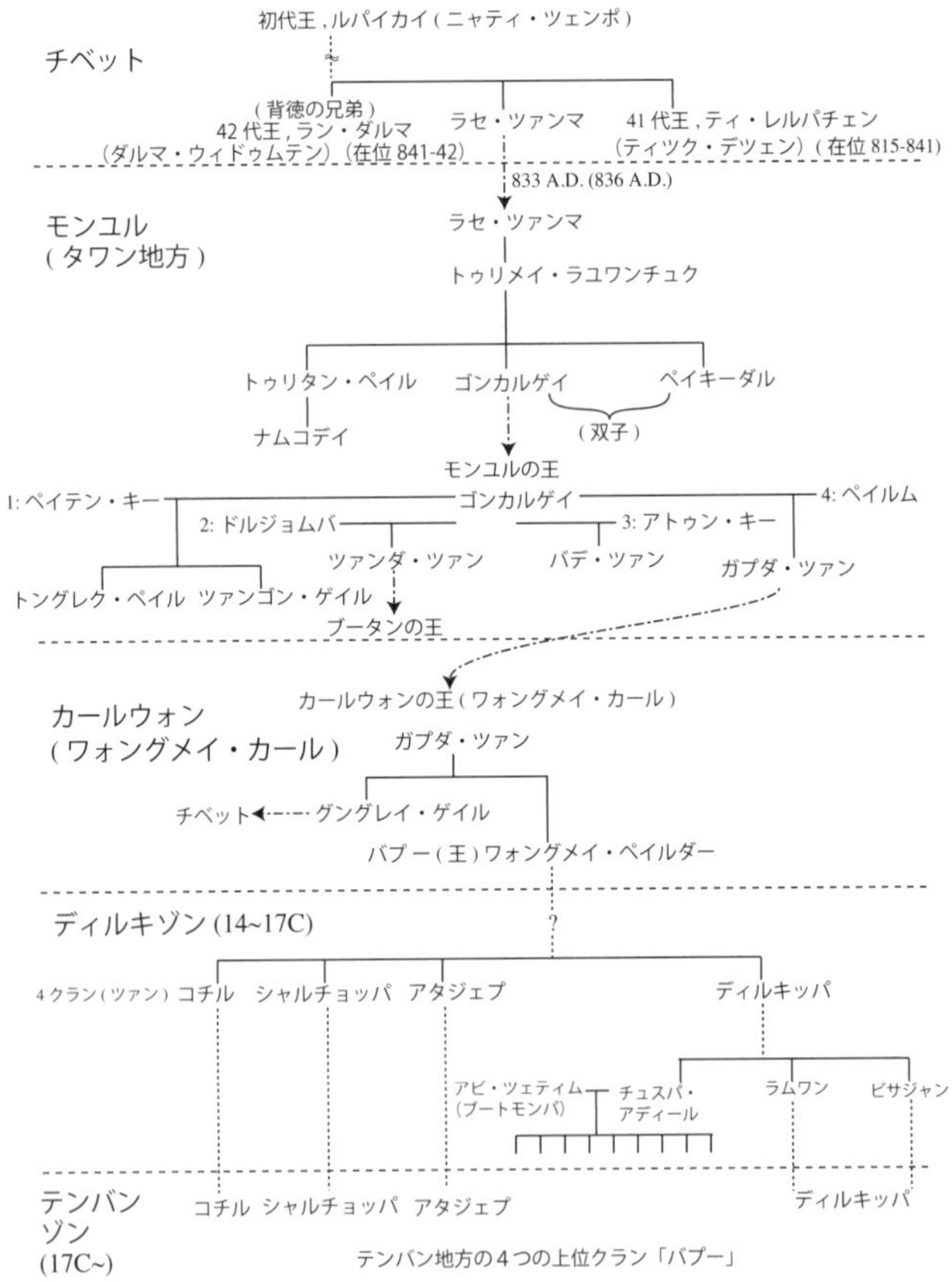

図 13-1　ディラン地方、テンバン地区のクランの成立までの系譜（水野 2012a）（チベット内は、Norbu（2008）より引用。モンユル～カールウォン内は、ヴァーギンドラ（ガワン）Wag Indra（Ngawang）著の『ギェルリク・ジュンクン・セルウェー・ドンメ』*"Rgyal rigs'byung khungs gsal ba'i sgron me"*（王族の起源を明らかならしめる灯明）というブータンで撰述された歴史書（成立は 17 世紀後半～ 18 世紀前半）の写本から引用。ディルキゾン～テンバンゾンは現地での聞き取りから作成）

ユルに滞在中に住民の生活状況を調査するように指示した。

このようにして、ラセ・ツァンマと彼のお供が避難場所として、836年にモンユルすなわちモンパ地域にやってきたのである。その後、ティ・レルパチェンはラン・ダルマに暗殺され、ラン・ダルマは次の王になる（Norbu 2008）。ラン・ダルマ（ダルマ・ウイドゥムテン）王は即位したものの、翌年、宰相バー・ギェルトレ・タクニャに殺されることになる（山口2004）。ラン・ダルマは仏教を迫害したと言われているが、事実かどうかはよくわかっていない。ラン・ダルマの死後、国はバー氏と外戚系のブロ氏（ド氏）を中心とする2つの勢力に分かれ、それぞれコムテンとウースが王位を主張し、領土を南北に二分し対立した。これにより吐蕃王国は小さな国に分裂していったのである。

ここまでの歴史は、いくつかの文献から比較的簡単に明らかにすることができた。しかし、それ以降は、村人へのインタビューや文献調査などいろいろ手を尽くしたが、まったくわからなかった。わかっているのはワォングメイ・ペイルダーという王がいて、その何代か後の王に4人の息子がいて、その4人、すなわち長男コチル、次男シャルチョッパ、三男アタジェプ、四男ディルキッパが、現在のテンバン地域の4つのクラン（ディランモンパ語ではツァン）のルーツになっていることだ。ワォングメイ・ペイルダーはアッサムのダラン地方の王より力があり、彼から税を徴収していた。

ダラン地方の王はワォングメイ・ペイルダーに対して、「あなたこそほんとうのバプー（ヒ

表13-1　ディラン地方のテンバン地区とディラン地区のクラン（水野2012a）（現地での聞き取りより作成）

テンバン地区

昔	現在	クラン（氏族）			
王族	上位クラン「バプー」[1]	コチル	シャルチョッパ	アタジェプ	ディルキッパ
使用人	下位クラン「ギラ」	ロフソンガ メラックパ[2]	シャルム	—	×チュムソンガ ニムソンガ[3]
従者（兵士）	ブートモンパ				

ディランゾン地区

昔	現在	クラン（氏族）					
王族 および支配層	上位クラン「カンタンプ」[4]	バギパ	ドゥンカルパ[5]	セルティッパ	ジャムツェンパ	ペチュルパ	ゴンパパ
使用人	下位クラン「ギラ」	グランパ	コムパ	メラックパ[2]	バルクラッパ	ツムクラッパ	—

1)：ヒンディー語で「父」という意味
2)：メラックパはブータンから移住してきた人たちで、現在のブータンにも住んでいる
3)：チュムソンガが消滅したため、アタ・デボ・ドルジが代わりに連れてきた
4)：「太い骨」という意味
5)：起源はテンバン地区のシャルチョッパの一部がディラン地区に移住した人たち

ンディー語で「父」という意味）だ」と言い、それ以降、ワォングメイ・ペイルダーの子孫が「バプー」と呼ばれるようになった。したがって、この4つの王族クランは上位クランに相当する。この王族には使用人と従者（兵士）がいた。従者はブートモンパである。使用人の子孫が現在、「ギラ」と呼ばれる下位クランを形成している（表13－1）。この地方では土地の所有など、多くのものがクランに属している。そのためクランの歴史的成り立ちについて、吐蕃王国からやってきた王族が先祖で、その後長い歴史を経て、4兄弟が上位クランの祖になっていることがわかったのは非常に興味深かったが、その抜けている部分をなんとかして知りたいと思った。それがわかったのは1年後の2011年2月の調査であった。

チャクサム村での若く美しい女性との出会い

今回の調査では、前回と同様、私はチャクサム村を訪れた。チャクサム村はタワンから山を下ったところにあり、タントン・ギャルポが造ったとされる鉄橋チャクサム（チャク＝鉄＋サム＝橋）が川にかかっていて、鉄橋のチャクサムが村の名前になっている（写真13－4）。タントン・ギャルポはブータン、チベット、モンパ地域に108の鉄橋を建設したと伝えられている。訪れた鉄橋は架け替えが行なわれているものの、現存する唯一のチャクサムであった。

写真13-4 タントン・ギャルポが造ったタワン地方の鉄橋チャクサム（Chak［Chag］（鉄）Sam（橋））

河口《かわぐち》慧海《えかい》が1904年に著した『チベット旅行記』にも「ブラフマ川にチャクサムという渡し場があり、昔はこの川には鉄の橋がかかっていて、現在はその鉄橋の跡にその鎖縄が残っているだけだが、今でもこの渡し場を称してチャクサムと言っている」、あるいは別の箇所に「以前には鉄橋があったと推測されるチャクサム・ツァンポ（鉄橋川）という川に出くわす」というような場面が出てくる。このことから、かつてチベットのあちらこちらに鉄橋があったことがうかがい知れる。

河口慧海は日本や中国の漢語仏典に疑問を覚え、仏陀本来の教えの意味がわかる書物を求めて、梵語《ぼんご》（サンスクリット語）原典やチベット語訳仏典の入手を決意し、1900年頃に日本人として初めてチベットへの入国を果たした人である。『チベット旅行記』は1909年に英訳本が出版され、ヘディンなど海外の探検家に大きな影響を与えただけでなく、100年以上経った現在でも、チベット研究には必ずと言っていいほど引用されている。この『チベット旅行記』は現在、講談社学術文庫や白水社などから出版されているが、めちゃくちゃおもしろい（河口1904）。当時鎖国していたチベットに、中国人と偽ってネパールからヒマラヤ越えをして密入国し、幾多の苦難を乗り越えてラサにたどり着く。その冒険の様子と当時のチベット社会や風習などがとても興味深く描かれ、読み始めるとやめられないのだ。帰国後、彼の体験は新聞に連載されて大評判になったのも頷ける。

今回チャクサム村を訪れるにあたって、私は一人の女性を探していた。私は調査の際には、インタビューをした人などお世話になった人に、彼らの写真を撮ってそれをプリントしたものを、再度その地を訪れたときにプレゼントしていた。前回、チャクサム村で一人の若く可愛い女性が家の前でたたずんでいるところに出くわし、「写真を撮ってもいいですか？」と彼女に聞いたところ、よいという返事だったので、彼女の写真を4枚撮った。そのときは彼女目当てで写真を撮ったのだが、横に中高年の女性もいたので、結果的に4枚の写真は2人とも写っていた。5ヶ月後にこの村を訪れた際、その20歳過ぎと思われる女性はすぐに見つかった。そこで彼女に写真を手渡すと、彼女は4枚の写真をじっと見つめていた。私は彼女に、「隣に写っている女性にも写真を渡したいのですが、誰か知っていますか？」と聞いたところ、「私の母です」と言うので、「今どこにいますか？」と聞くと、「2ヶ月前に亡くなりました」と……。

彼女は何度もそれらの写真を見直して、「うちでお茶でも飲んでいきませんか？」と私たちを家に招いた。彼女はお茶だけでなく、昼食も作って出してくれた。そして、彼女はガイドのパッサンに何か伝えた。するとパッサンが、「ミズノさん。彼女は、日本に奥さんがいてもいいので、私もあなたの妻にしてくれませんか？」と通訳してくれた。私はそのとき、日本に奥さんはいなかったので、こんな若くて可愛い女性を奥さんにできればうれしいと思いつつも、同行の田中くんが、私が何と返答するのか、じっと私の顔を凝視するので、冷静になって「ちょっと若すぎます」と答えた。そのかわりに、彼女が首からぶら下げていたプルパのペンダントをもらった。モンパ地域では悪霊が信じられていて、悪霊を退治するための先が尖った道具プルパがあるが、その小さなプルパのペンダントを身につけている人もいるのだ（写真13－5）。同様に、住居を悪霊や凶眼から守るために、住居の屋根の下に木製の、男根を模したものを吊り下げる風習がある（写真13－6）。世界のどこでも、新居を建てると周囲から妬みの眼差し、すなわち凶眼で見られるため、「新居どころか、うちはこんな汚らわしいものをぶら下げているんですよ」とアピールするのである。

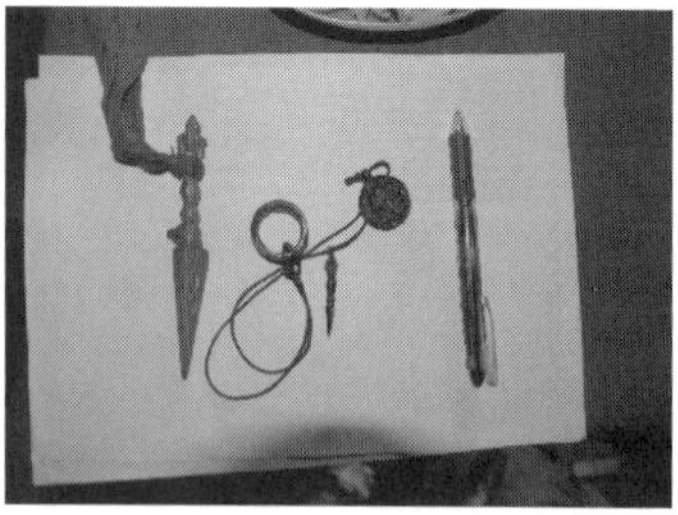

写真 13-5　悪霊から身を守るプルパ。プルパを首からぶら下げて身につけるペンダント（写真中央）もある

写真 13-6　モンパ地方では悪霊や凶眼から守るために住居の屋根の下に木製の男根を模したものを吊り下げる風習がある

現地の住民の写真を撮って、次回訪れた際に写真のプリントを手渡そうとして、その人が亡くなっていた経験は他にも2回あった。もう1回は、その写真の人を訪ねたところ、その人の四十九日の儀式の最中であった。

先祖の魂が宿るディルキゾンを探索する（2010年5月調査）

今回の調査では、テンバンゾンの前の王族の居城であるディルキゾンを調査することを主目的にしていた。ディルキゾンは長らくテンバン地方の人々から忘れ去られていたが、2004年に州政府が初めてゾンの調査をすることになったという。州政府の調査団は、テンバン村の人々に案内させようとしたが、みなディルキゾンには先祖の魂が宿ると信じ、その地を荒らすと祟られると恐れをなして行く者がいなかった。そのため政府は、強制的に各世帯から1人を出させ、すべての世帯を平等の状態にして案内させたのである。当時の参加者に聞くと、そのときの調査は結局、

写真13-7　カールウォン（ワォングメイ・カール）と呼ばれている場所でモンユル（タワン地方）からガプダ・ツァンが新たに王としてやってきて居住していた場所。橋を渡っているのはブートモンパの人々。彼らは狩猟を行なう民族である

写真を撮っただけに終わったようだ。それ以降、調査はまったく行なわれていない。私はそのときの参加者に案内を頼み、ディルキゾンまで外国人として初めて到達した。テンバンゾンからディルキゾンを目指して山谷を乗り越えて行くと、途中に小川が流れる少し開けた場所に出る。そこが、カールウォン（ワォングメイ・カール）と呼ばれている場所で、モンユル（タワン地方）からガプダ・ツァンが新たに王としてやってきて居住していた場所である（写真13－7）。そこから急な斜面を登って、イバラのブッシュをかきわけて小さな尾根上に出たところにディルキゾンはある（写真13－8）。城塞の廃墟はイバラに遮られて、調査もままならない。

炭の発見からディルキゾンの建設年代を明らかにする

ディルキゾンの城塞は、最後には24世帯の住居からなっていたと言われている。伝承で伝えられてきたこのディルキゾンの年代はまったくわかっていない。伝承で問題なの

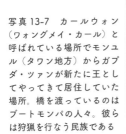

写真13-8　ディルキゾン。「ゾン」は砦、城塞という意味。AD1400年頃の建設と推定される

は、年代がいっさいわからないことだ。すべてが「昔」として語られる。城塞は石が積み上げて作られているが、他のゾンに残っているような木の枠組みがいっさい残っていない。最初からないのか、消失してしまったのか不明だが、同行した田中くんが、石垣の隙間にわずか1g程度の炭を見つけた。炭が見つかったときはとてもうれしかった。帰国後に、その炭の年代を放射性炭素年代測定（炭の量が少ないため、AMS法により測定）で調べた結果、550±40年BPという年代を示し、この城塞はAD1400年頃のものであることが判明した。このディルキゾンの建設年代を、世界で初めて明らかにしたという快感は、研究を続けるうえで大きな原動力になる（水野2012a）。

おそらく、ワォングメイ・ペイルダーの何代か後の王が、カールウォン（ワォングメイ・カール）より標高の高い尾根上にディルキゾンを建設した（図13－2）。

現地での長老たちからの聞き取りによれば、ディルキッパ一族である3人

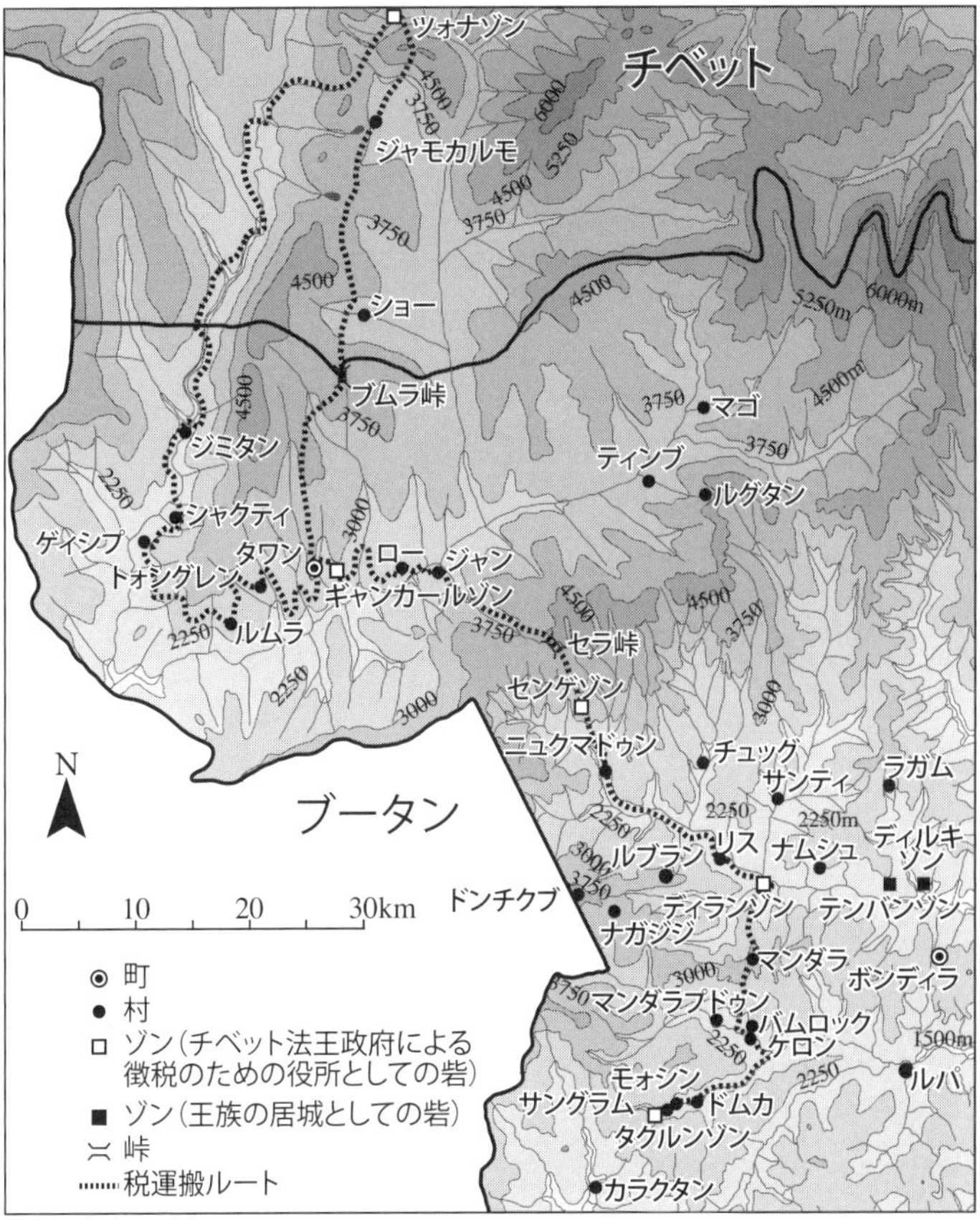

図 13-2　ゾンの位置と税の運搬ルート（水野 2012a）
（地形図を原図として用い、現地での聞き取りより作成）

の兄弟が住んでいたという。チュスパ・アディール、ラムワン、ビサジャンである（図13－1）。チュスパ・アディールは家来の一族ラフンパ（ブートモンパの一グループ）の女性、アビ・ツェティムを妻としていた。チュスパ・アディールには9人の息子がいたが、彼らがディルキッパやその従者たちから無理やり物を奪ったり嫌がらせをしたりするため、ラムワンとビサジャンの兄弟が、チュスパ・アディールの妻の兄弟のコイナパ（ブートモンパの一グループ）の人々に賄賂を渡して、9人の息子全員を城塞から下方の川の近く、カールウォンで殺させた。さらに、チュスパ・アディールを砦の近くで石を投げつけて殺した。これは、2人の兄弟がディルキッパの血を守るため、ブートモンパの血を取り除きたいがために行なったとも言われている。これによって、ディルキッパの一族は2人の兄弟の一族のみになる。チュスパ・アディールは殺された場所に埋められたが、人々がそこを通るたびに小石をぶつけるため、小石の小山になっていったという。ディルキゾンを訪れて、その言い伝え通り、小石の小山があったので、「あっ！ある」と思わず声が出てしまった（写真13－9）。

大きな村にはゴンパ（チベット仏教寺）があり、そこでは通常年1回、釈迦如来の言葉をチベット語に翻訳した約100巻からなる教典カンギュル（写真13－10）を詠唱する儀式が行なわれる。そのときは、通常は村に住んで農業などに従事している在家の兼業の僧のミナックパラマ（ナッパラマ）がやってきて、ゴンパによっては近くのチベット仏僧院から専業の僧侶ラマもやってくる。僧の食事は村の当番の人が作る。

写真 13-9　チュスパ・アディールが殺されて埋められた場所。人々がそこを通るたびに小石をぶつけるため、小石の小山になったと伝えられている

写真 13-10　釈迦如来の言葉をチベット語に翻訳した約 100 巻からなる経典カンギュル

写真 13-11　シェル村でのカンギュル読経。21 人の兼業僧と 15 人の専業僧がそれぞれ別の部屋で 100 巻の経典を読んでいた。写真はジャグドックパリィ仏僧院から派遣されてきた専業僧による読経。修行中の少年僧が多い

私は今回、タワン地方のシェル村でカンギュルを観察することができた。公民館に36人の僧がやってきて、15〜16日間のカンギュル読経が行なわれていた。21人の兼業僧と15人の専業僧がそれぞれ別の部屋で100巻の仏典を詠唱していたが、15人の専業僧はジャン村にあるジャンドックパリィ仏僧院から来ていた。兼業僧は年配の人も含まれるが多くは少年であり、専業僧もほとんどが仏僧院から派遣された修行中の少年僧である（写真13－11）。

苦労してギャンカールゾンの遺跡を見つける（2010年8月調査）

徴税の役所としてタワン地方にはギャンカールゾンがあったことはわかっていた。しかし、それまで調査したディランゾンやタクルンゾンが簡単に見つかったのと異なり、ギャンカールゾンの場所はなかなかわからなかった。誰も知らないのである。やっとのことでギャンカール村のツォルゲン（村長）ソナム氏に会うことができ、その場所を教えてもらった。ただし、土台の石しか残っていないという。それで、誰も場所を知らないわけである。教えてもらった場所に行ってみると、たしかに土台の石しか残っていない（写真13－12）。タワンにネルー首相一族を祀るネルーゴンパ（寺）が建

写真13-12　ギャンカールゾン。ネールゴンパ建設のためにここの石材が使用されたため、土台しか残っていない

設されたときに、ギャンカールゾンの石材が使われ、運ばれていったという。

余談ながら、それまで私は、インド最初の女性首相のインディラ・ガンジーは、マハトマ・ガンジーの娘だと思い込んでいた。しかし、パッサンに、インディラ・ガンジーはインド初代首相のネルーの娘だということを教えられた。彼の説明によれば、インディラはゾロアスター教徒のフェロジ・カーンとの結婚を熱望したが、異教徒という理由で両親から強い反対を受ける。そこで、インディラをかわいそうだと思ったマハトマ・ガンジーはフェロジ・カーンを養子にし、フェロジ・カーンはフェロジ・ガンジーに改名し、ヒンドゥー教に改宗した。さすがのネルーも、娘がガンジーの養子と結婚することには反対できなくなり、インディラはフェロジ・ガンジーとの結婚を許され、インディラ・ガンジーとなったそうだ。

タワン地方の村人は、ギャンカールゾン

写真 13-13　タワンの町を見下ろす丘の上にあるタワン仏僧院（Tawang Galden Namgye Lhatse)。建造物は城塞の形態をとり、古くはモンパ地方全域から、現在でもタワンモンパの住民から税（クレイ）を徴収している

とタワン仏僧院（写真13－13）の両方に税を支払っていた。タワン地方では、タワン仏僧院へはおもに穀物で支払われ、ツォナゾンへはギャンカールゾンを経由して、おもに特産品で支払われた。たとえばムクト（モクト）村からはショクショク・シンの繊維で作られた紙ボイシュグ、ダクパナンの人々からは植物から得られたインク、ジミタンやチャンプロンからは乾燥野菜、その他、木の器などが税として取り立てられた。タワンモンパ地域では税はギャンカールゾンに集められ、それらはゾンペン（徴税役人、ゾンの長官）が率いる一行が5～6月にブムラ峠を通って、ツォナゾンまで4日かけて運ぶ。ツォナゾンからはチベット人を使って、10日間かけてラサまで運ばれたと考えられる。ブムラ峠が雪で通れない年は、ダクパナン、パンチェンパのジミタン経由で運んだようだ（図13－2、13－3）。

主護尊が女性を抱く姿の壁画に驚く

チベット仏教は大きく四大宗派に分かれる。ニンマ派、カギュ派、サキャ派、ゲルク派である。ニンマ派（紅帽派《こうぼうは》）は吐蕃王国時代以来の伝統を受け継ぎ、元来、古代吐蕃時代に翻訳された古タントラ（旧訳密教聖典）に依拠したタントラ仏教を信奉した人々の系譜であった。ニンマ派は禅宗の教義をタントラ仏教に優先させながら説く一方で、民衆の呪術的嗜好とも深く結びつくという二重の構えで民衆と密着している（山口１９８７）。ゲルク派（「浄行《じょうぎょう》（厳律《げんりつ》）派」という意味、黄帽派《こうぼうは》）は、他派のそれまでの過度のタントラ主義を否定して無上ヨーガ（性

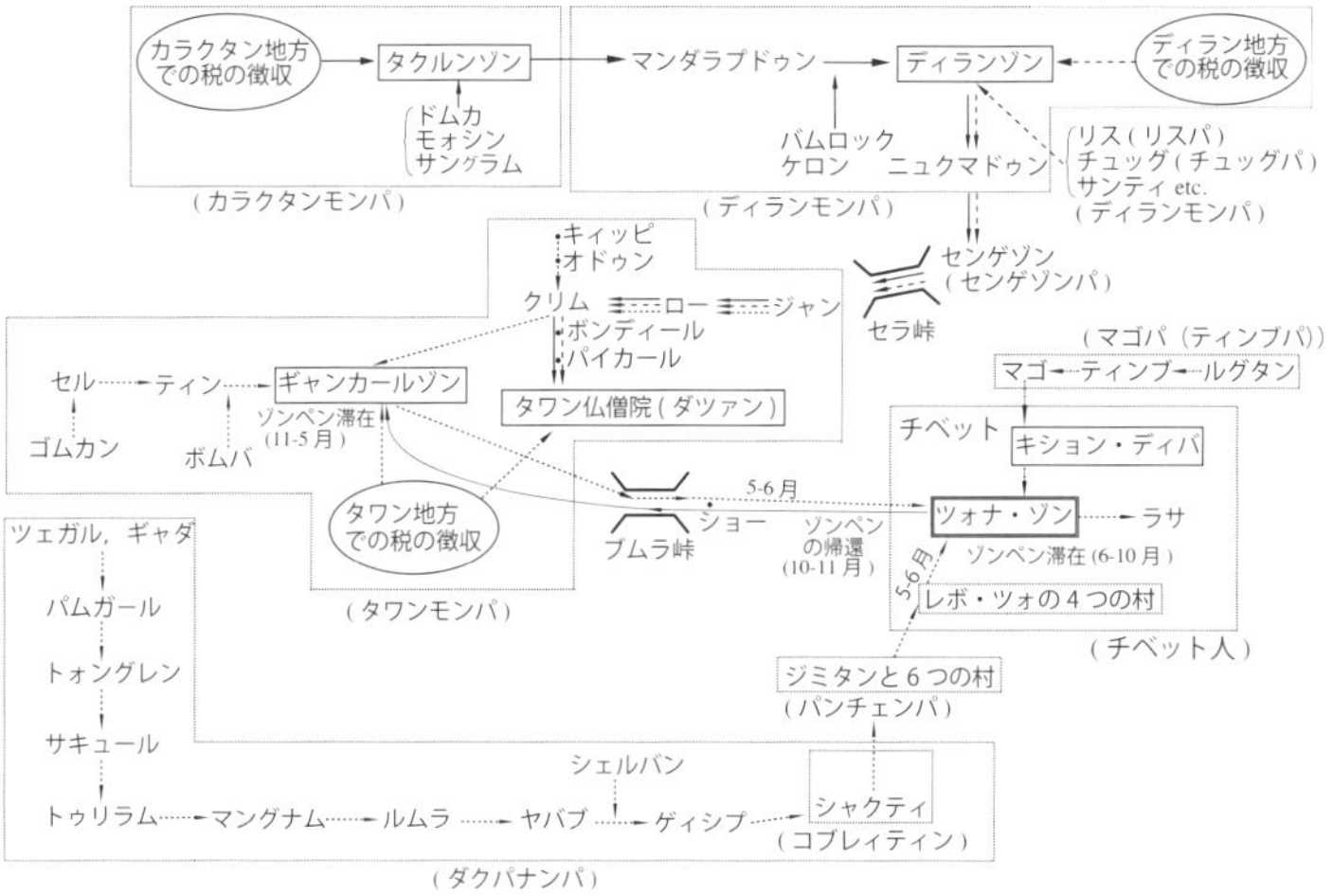

図 13-3　1947 年以前のモンパ民族地方からチベット法王政府のあるラサへの税の運搬ルート（現地での聞き取りより作成）（水野 2012a）

カラクタン地方の税はタクルンゾンのゾンペンによって、ディラン地方の税はディランゾンのゾンペンによって集められ、それぞれタワン仏僧院まで運ばれる。

タワン地方ではタワン仏僧院とギャンカールゾンの両方から徴収され、ギャンカールゾンに集まった税はギャンカールゾンのゾンペン（ツォナゾンのゾンペンを兼務）が 5 ～ 6 月にブムラ峠を越えてツォナゾンまで運ぶ。

ゾンペンの補佐官はダクパナン地域とパンチェンパ地域から税を徴収して 5 ～ 6 月にツォナゾンに運ぶ。ゾンペンらは 10 ～ 11 月にギャンカールゾンに帰還する。

1947 年にディラン地方とカラクタン地方からの税の徴収は停止。

1951 年にタワン地方からのギャンカールゾンへの税の徴収は停止。

現在はタワン地方からタワン仏僧院への税の徴収のみが存続。

的ヨガ）の頽廃を禁じ、厳格な戒律に基づく出家修行を重視した改革派である。

モンパ地域は、もともとブータンに近いこともあって、チベット仏教のうちニンマ派が主流であった。しかし、チベットからゲルク派の兵が派遣されてニンマ派が一掃され、その後にタワン仏僧院ガデン・ナムギャル・ラツェが建設された。現在はゲルク派が主流であるものの、とくにディラン地方にはニンマ派の影響力も大きく、融合している。

ディラン地方のゴンパ（チベット仏教寺）の多くはゲルク派であるが、中にまつられている仏像は、黄帽のゲルク派の像と紅帽のニンマ派の仏像の両者が存在している場合が多い（写真13－14）。カンギュル等の儀式の際も、ゲルク派の僧とニンマ派の僧が混在し、右側（向かって左）にゲルク派、左側（向かって右）にニンマ派の僧が座る。ただし、ニンマ派の寺院では逆になる。鎮座している仏像の位置も同様である。戒律の厳しいゲルク派は結婚できないが、ニンマ派やカギュ派は結婚が許され、結婚している、あるいは結婚しようと考える一部の僧は、独身を貫く多くの僧と区別して、白いシャツを着ていたり髪を伸ばしていたりするので見分けがつく。

タワンにはニンマ派の仏僧院であるツァン・ンガック・チュゴリン（キンメイ仏僧院）が存在する。このキンメイ仏僧院には、現在（２０１０年）95人の僧が修行している。私はこの仏僧院に入ったとき、ゲルク派の仏僧院では見られなかった異様な壁画に目を奪われた。この仏僧院の大講堂の中の壁一面には、いろいろな主護尊《しゅごそん》が女性を抱いている姿が描かれてあったのだ（写真13－15）。

写真13-14　ゲルク派のゴンパ（チベット仏教寺）で右側（向かって左側）に鎮座している黄帽のゲルク派の仏像（写真左）と左側（向かって右側）に鎮座している紅帽のニンマ派の仏像（写真右）。モンパ地方ではゲルク派の仏像とニンマ派の仏像の両方が鎮座している場合が多い

最古派のニンマ派は実際にタントラ的な行法を実践するが、ゲルク派、カギュ派、サキャ派はイニシエーション（灌頂《かんじょう》）における視覚化の瞑想《めいそう》を通して象徴的に行なわれるに過ぎないという。タントラ仏教は９世紀以降の後期密教のことを指し、密教はきわめて神秘主義的・象徴主義的な教義を教団内部の師資相承《ししそうしょう》によって伝承していく。ヒンドゥー教および仏教の双方のタントラ（密教）思想では、男性原理と女性原理の融合・合体によって最高の真理の示現《じげん》があるとされ、至福の境地「マハースクワ（大楽《だいらく》）」であるとされる（川崎１９９３）。

仏教タントラにおいては、活動的で慈悲を与える男性原理ウパーヤ（方便《ほうべん》）が、不変で無特質の空性である女性原理プラジュニャー（般若《はんにゃ》）と融合することにおいて究極的実在があり、これが至福の境地であると説かれる（川崎１９９３）。チベット・ネパールの仏教美術においては、男性の主尊が女性の配偶者である明妃《みょうひ》（ダーキニー）を抱擁し、その他の各尊もそれぞれに明妃を抱いた姿で曼荼羅《まんだら》上に描かれたヤブユム（男女両尊、父母仏、歓喜仏）が多出する（写真13－16）。この場合、男女の両尊がユガナッダ（合体）の境にあることを示すために、身体の各部分をセクシャルに具体的に融合させている。実際、写真13－16のチャクラ・サンヴァラ（最勝楽《さいしょうらく》）とその明妃ヴァジュラ・ヴァーラーヒー（金剛亥母《こんごうがいも》）のヤブユムの像では、明妃の腰の飾り物を除けると、男性器が女性器に挿入されている部分が正確に作られている。

注意すべきは、『チベットの死者の書』にも繰り返し警告が発せられているように、これらのヤブユム（男女合体）の姿に俗的な情欲や愛着を生じてはならないことである。情欲を超えて全存在の根底にある空性を覚知するに至ることにより、真の至福と歓喜がもたらされ、解脱《げだつ》が達成されるとしている（川崎１９９３）。

『チベットの死者の書』は、現在でもチベットで家に死者が出たときに、その枕元で古派密教（ニンマ派）の僧侶が唱えるお経である。無上瑜伽《むじょうゆが》タントラの曼荼羅では、守護尊と明妃であるダーキニーとが交わる父母仏が描かれているが、代表的なものに、チャクラ・サンヴァラ（最勝楽）とその明妃ヴァジュラ・ヴァーラーヒー（金剛亥母、写真13－16）、ヘーヴァジュラ（呼金剛《ここんごう》）とその明妃ナイラートマー（無我女）、カーラ・チャクラ（時輪金剛《じりんこんごう》）とその明妃ヴィシュヴァ・マーター（一切母）などがある。

写真 13-15　ニンマ派のキムネ Khimnah 仏僧院の壁に描かれているマンダラの壁画。壁一面にいろんな守護尊（男性尊格）が、それぞれの明妃（ダーキニー）を抱いている姿が描かれている

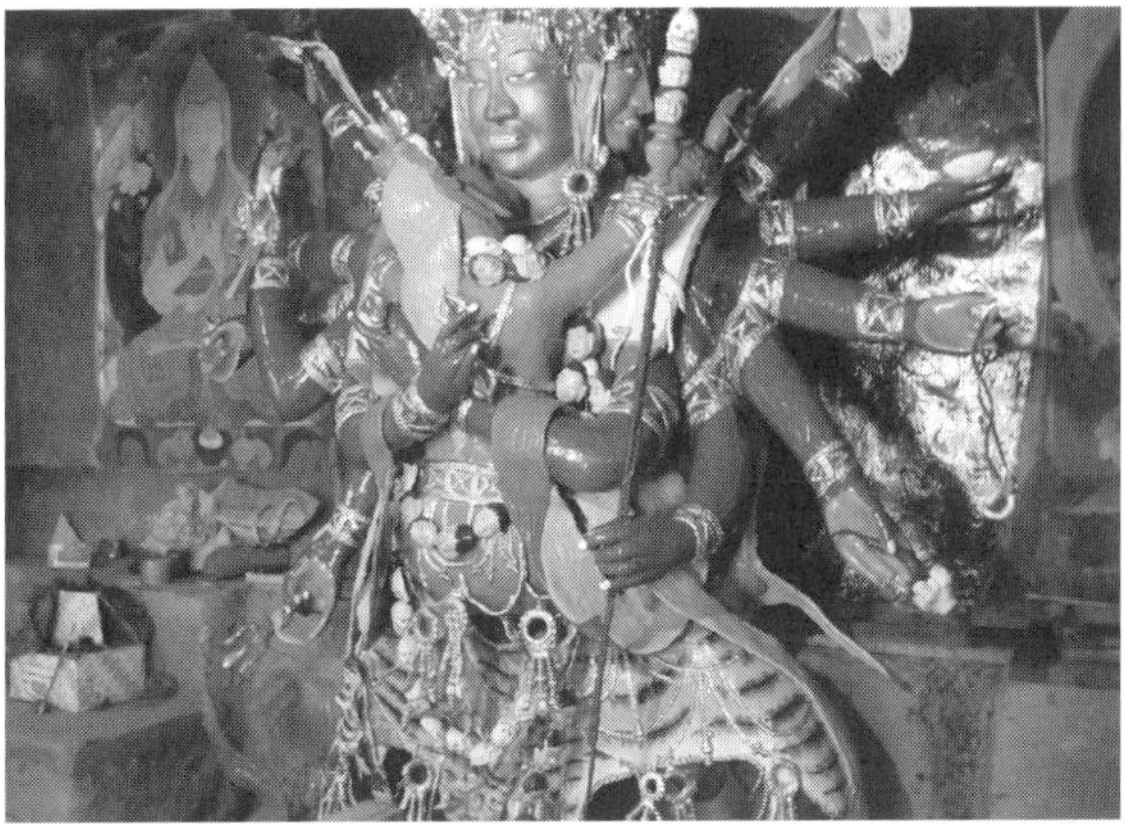

写真 13-16　タワン地方のカールドゥン・ゴンパ（Khardung Tashi Cholling Gompa）に安置されていたヤブユム（男女両尊、父母仏、歓喜仏）。これはチャクラ・サンヴァラ（最勝楽）とその明妃ヴァジュラ・ヴァーラーヒー（金剛亥母）と思われる

14

少年を生け贄にして悪霊に捧げる儀式とは⁉

ヒマラヤの神秘の大地アルナーチャルでの調査——精霊崇拝とポン教、チベット仏教（2011年）

見つけた古い写本から王族の歴史をたどる（2011年2月インド調査）

モンユル（モンパ民族地域）にチベット吐蕃王国の王族が追放されてやってきたことはいくつかの歴史書でわかっていたが、その後がはっきりしていなかった。しかし、いろんな人をたどってやっとのこと、その後の歴史がチベット語で書かれた古い写本を見つけることができた。それまで何度も訪れていたグントゥン村の在家の僧アウザ氏に、「何か古い資料はないか？」と尋ねて出してくれたのが、この写本である。そのときのうれしさは言葉に言い表せない。

この写本は、ヴァーギンドラ（ガワン）著の書物で、書名は『ギェルリク・ジュンクン・セルウェー・ドンメ』（王族の起源を明らかならしめる灯明）というブータン撰述の歴史書（成立は17世紀後半〜18世紀前半）である（写真14－1）。その書物の別の写本は、マイケル・アリスによって内容が論文で示されている。今回見つけた写本はチベット語で書かれてあったので、アウザ氏が口頭でディラン語に翻訳してくれて、それをガイドのパッサンが聞き取りながら英語に翻訳してくれたのであった。そのとき、私が書名をアウザ氏に尋ねたところ、誤って別の書名を言った。私はそれをそのまま信じて、『神秘の大地、アルナチャル－アッサム・ヒマラヤの自然とチベット人の社会』（水野一晴２０１２、昭和堂）にその誤った書名を示したのだが、本には写本の見開き２ページ分の写真を載せていた。その拙著をチベット研究者に謹呈したところ、その研究者がマイケル・アリスの論文を読んでいたため、書名の間違いに気がついてくれた。そのため、*Himalayan Nature and Tibetan Buddhist Culture in Arunachal Pradesh, India: A Study of Monpa* (Mizuno, K. and Tenpa, L. 2015, Springer）では、書名を訂

写真 14-1 『ギェルリク・ジュンクン・セルウェー・ドンメ』（王族の起源を明らかならしめる灯明）というブータン撰述の歴史書（成立は17世紀後半〜18世紀前半、ヴァーギンドラ（ガワン）著）の写本

正している。ちなみにマイケル・アリスはアウンサンスーチーの夫である。

その歴史書によって、その後がある程度理解できた。詳細は先述の拙著（水野 2012, Mizuno and Tenpa 2015）に譲るとして、ラセ・ツァンマの3代後のガプダ・ツァンは王となるために、今のテンバンの下方の地域カールウォン（ワォングメイ・カール）に連れてこられた。しかし、この地域の人々は貧しかった。ガプダ・ツァンにはグングレイ・ゲイルとワォングメイ・ペイルダーの2人の息子があった（図13－1）。この2人の息子は、その地に何もなかったのでチベットに戻った。弟の方のワォングメイ・ペイルダーはチベットに戻ったものの、また2人の護衛を連れてカールウォン（ワォングメイ・カール）に戻ってきた。戻ってきたとき、村のツォルゲン（村長）のアハゲイルが「あなたは王の子孫である。あなたはこの地域を治めるべきだ」と彼に告げた。

この『ギェルリク・ジュンクン・セルウェー・ドンメ』に書かれてある歴史に関連して、テンバン村で私は次のような伝説を複数の村人から聞き取った。

王は低いクランの女性と結婚したためブートモンパの従者によって追放されてしまい、ブートモンパの従者たちは新しい王を欲した。そこで彼らは、ヤクとゾ（ヤクと高地牛の交配種）とヤギとヒツジの足を持って村々を回り、ヤクの足を正しく選べる人物を探した。しかし、正しく選ぶことのできる人物はなかなか見つからず、チベットで正しく選べる人をやっと見つけ

写真 14-2 ムギー・チャン湖

ることができた。ブートモンパの従者らはその人に王になってほしかったが、あえてそのことを告げずに狩りに連れ出し、ムギー・チャン湖（セラ峠の近くにある湖の伝説上の名前であり、実在の湖はペイラデセ湖またはセラ湖と呼ばれている、写真14－2）まで来たところで、王になってほしいことをその人に告げる。するとその人は左右の目から2つの涙をこぼし、その涙が2つの湖となり、2つの湖はくっついて1つの大きな湖となった。彼らはそこから旅を続け、タワンのあたりから従者らは王に「ここはあなたの土地です」「ここもあなたの土地です」と告げていき、そこでの出来事から地名を付けていった。

（例・王が寒がった場所→チャングラ、王の衣服を入れるために利用した鉄の器を持った人がいた場所→トゥングリ）

こうして彼はこの地までやってきて、新しい王となった。

この伝説上の王が『ギェリク・ジュンクン・セルウェー・ドンメ』に出てくるガプダ・ツァンと言われている。そして、その息子のワォングメイ・ペイルダーの名前は、テンバン村での聞き取りで、長老たちからたびたび聞いた名前であった。つまり、村の歴史のキーパーソンであるようだ。そしてその子孫の4兄弟が、現在のテンバンの上位クランを形成していったことは前述した通りである。

シャーマンが山の神を呼び寄せる儀式に参加する

今回は運が良いことに、テンバンゾンで6年に1回開催されるラスシ（ラーソイシェー）と呼ばれる、山の神への捧げ物を行なう自然崇拝（あるいはボン（ポン）教）の儀式・お祭りに参加できた。実際には毎年簡素なものが取り行なわれているが、村をあげてのお祭りは6年に1回である。そのお祭りが6年ぶりに2011年の2月20〜23日の5日間行なわれた。2日目はテンバンゾンの西側の城塞の門から、モンパ民族の伝統的衣装をまとった人々が行進し（写真14－3）、下方の広場で儀式と宴会が行なわれる（写真14－4）。4つの上位クラン（バプー）ごとに座る席が決まっている。私もシャルチョッパのクランの席で参加させてもらった。赤米のチーズかけごはんが提供された。下位クラン（ギラ）の人々は、それぞれの属するバプーの席の後方に座る。

3日目は東側の城塞の門から、上位クラン「バプー」の人々が白旗(バプーのシンボル)を掲げて行進し、下の広場でクランごとにまとまって座り、儀式と宴会を行なう。宴会の準備や料理を運ぶのはギラの人たちで、また宴会中に料理を配って回るのもギラの人々の仕事であり、バプーの人はしない。私の所にも何度となくギラの女性たちが料理を持ってきてくれた。

この5日間はバプーのためのラスシであり、ギラのためのラスシは別の日に行なわれる。2011年のラスシには、アタジェプのクランの人は参加しなかった。アタジェプだけがギラを持たないため(表13-1)、彼ら自身が宴会の準備をしたり料理を運んだりしなくてはならないのが屈辱的だというのが理由とされていた。

ラスシの儀式では、5つの山の神に捧げ物を行なう。ラスシのときにはラマ(僧)がチベット仏教の経典を読みながら、すべての山の神に祈る。シャーマンはタン(サラシリー)の山の神にのみ祈る。それぞれの山の神に捧げられる家畜は異なっている。ジョウォーディの山の神にはヒツジ、プラチョンにはミトゥン、タン(サラシリー)には赤い雌牛と子供の雄牛が、アマジョムにはヤギが生きたまま捧げられ、儀式が行なわれた後は、家畜は殺されることなくそのまま放たれる。

私が広場で行なわれていた儀式を観察していたとき、ブートモンパのシャーマンが山の神を呼び寄せ、山の神に家畜を捧げる儀式が行なわれていた(写真14-5)。シャーマンは何種類

写真 14-3　テンバン地区の自然崇拝（あるいはボン（ポン）教）の祭式ラスシの２日目。テンバンゾンの西側の城塞の門から、モンパ民族の伝統的衣装をまとった人々が行進をする

写真 14-4　４つの上位クラン「バプー」の人々がそれぞれの神への捧げ物を置いた祭壇の前に座る。その後方に下位クラン「ギラ」の人々が座る。写真はディルキッパ・クラン（バプー）とニムソンガ・クラン（ギラ）（一部アッサムの人が混じっている）

写真 14-5　ブートモンパのプラミと呼ばれるシャーマン（角が出ているような帽子をかぶっている人）が山の神を呼び寄せ、山の神に家畜を捧げる儀式が行なわれている。脇にはその助手、ツァンミーがいる

写真 14-6 ラスシ（ラーソイシェー）の祭式の際に、シャーマンが山の神を呼び寄せ、ブロパ（男性）とブロム（女性）と呼ばれる踊り子が舞う

にも分かれているが（たとえばユーミン）、このときのシャーマンはプラミと呼ばれ、その脇にはその助手、ツァンミーがいて、その周りをブロパ（男性）とブロム（女性）と呼ばれるダンサーが踊る（写真14－6）。シャーマンは髪の毛を切れないため、2つの角が出ているような帽子の中にその長髪を入れている。シャーマンは特別な言葉で村の歴史を語り、それを助手のツァンミーが住民に訳して伝える。その後、シャーマンが各家庭を回る。シャーマンは炉から火のついた炭を1つ取り出し、持参したかごの中に入れ、その後に炉の火に水をかける。そして、そこの家族がシャーマンにバターやチーズなどのお礼をし、シャーマンは次の家へと向かうのである。この儀式はシャーマンが、火事などの災害を支配する山の神タンに祈っていることに関連して行なわれる。

生け贄の少年を悪霊に捧げる儀式に参加する（2011年4～5月調査）

このときは、テンバンゾンでは古くから毎年4～5月頃に行なわれている精霊信仰（あるいはポン教）のお祭りで、悪霊への捧げ物をするホシナ Hoshina と呼ばれる祭りに参加することができた（2011年は5月1～3日、写真14－7）。テンバン村の人々は、かつてこの地方を治めていた王の末裔である人々からなる、いわゆるバプーと呼ばれる人たちである。そのため1960年頃まで、各世帯1人の男性（父親あるいは長男）がチベット暦の正月ダワ・ダンポ・ロサルの前に、アッサムまで税を集めに行っていた。アッサムに税を集めに行った人は、ダワ・ダンポ・ロサルの後に村に戻ってくるわけだが、アッサムの人はテンバン村の人とともに悪霊もいっしょに送った。その悪霊を取り除く儀式・お祭りがホシナである（水野2012a）。

ホシナの際に悪霊への貢ぎ物として、人間の内臓を取り除いた皮の部分からなる人体が必要であった。グントゥン村の在家の僧のアウザ氏の家で、またしても貴重なものを見せてもらった。宗教的儀式の際に必要なものが描かれている1枚書きの説明書、サンチェン・グュディェイ・レモである。これには、いろいろなものが描かれている（写真14－8）。人間の頭蓋骨で作られた装飾品や、それぞれ腕の骨、首の骨、胸の骨、尻の骨などで作られた装飾品まであり、ゾウの皮やトラの皮も描かれている。その中に人間の内臓を取り除いた人体がある（説明書の一番右下）。生きている人間が刀で殺され、その身体が利用されていた。そのためにテンバン村では、かつてリス村の少年が生け贄《にえ》にされたと伝えられているが、事実であったかどうかは確認できなかった（水野2012b、2020）。

言い伝えおよび儀式の観察によれば、3人がミジ民族のアニミストの格好をして走り、その後を2人の大きな刀を持った兵士の格好をした者が追う。公民館マンブランの前の小さな広場までやってきて、ミジのアニミストは逃げ、その後2人の兵士の格好をした者が加わる。そして4人が地面に縛り付けられたリスの少年の周りを踊りながら回り、最後に刀を振り上げて少年を殺すという儀式である（写真14－7）。かつては、リス村から税として少年が生け贄に差

写真14-7　テンバンゾンで行なわれる精霊信仰あるいはボン（ポン）教の祭式ホシナ。アッサムの人たちによって送られた悪霊を取り除く儀式で、かつてはリス民族の少年が生け贄にされたと伝えられている

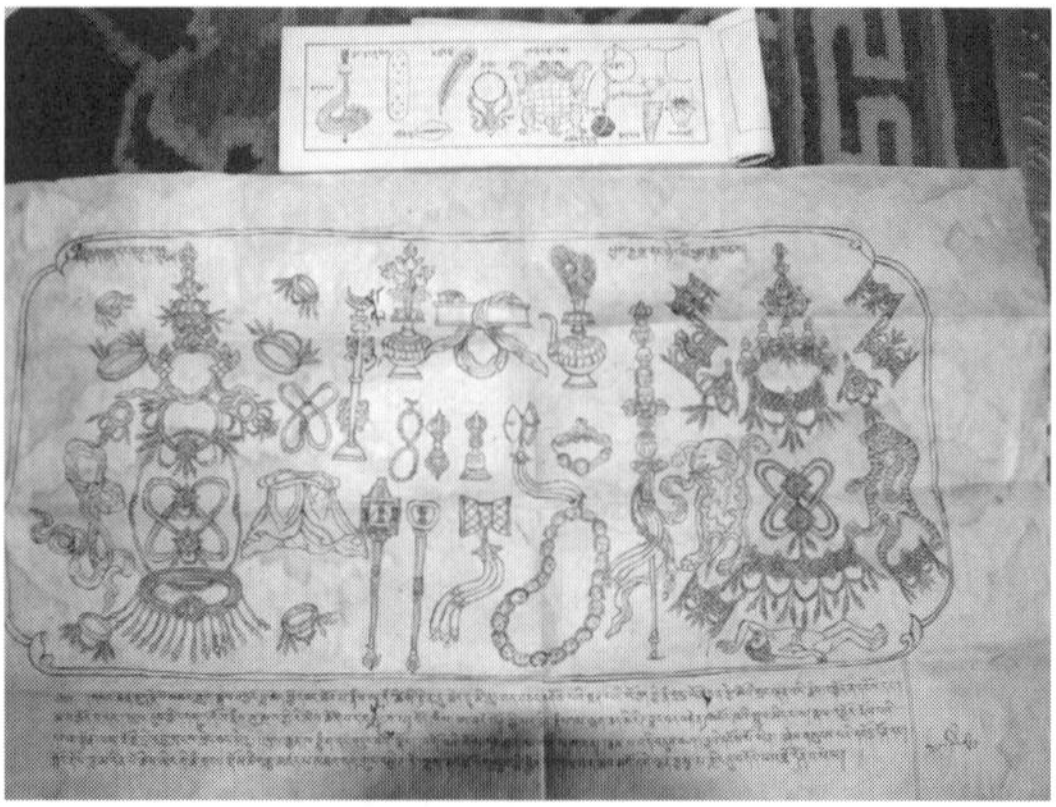

写真14-8　宗教儀式の際に必要なものが描かれている1枚書きの説明書「サンチェン・グュデェイ・レモ」。ホシナの際に悪霊への貢ぎ物として必要であった、人間の内臓を取り除いた皮の部分から成る人体も説明書の一番右下に描かれている

し出されていたが、現在は、ヒツジの肉やボクペ（穀物の粉を湯で練ったもの）で作った人形を切っている。

ホシナの日には、兼業僧がテンバン村のすべての家を回り、トウモロコシやソバの豆を部屋の中に撒いて悪霊を追い出す。これは、日本の「福は内、鬼は外」の豆まきとよく似ていた。最後に空になったブレ（器）を屋外に投げ、上向きだと運が良く、下向きだと運が良くないと信じられている。これも日本で古くから行なわれている下駄占いと似ている。足に履いている下駄の片方を、「明日天気になぁれ」などと言いながら蹴り上げ、地面に落ちた下駄が表向きなら晴れ、裏向きなら雨になるという占いで、私も子供の頃にやった記憶がある。

チベット・インド会談（1951年）に立ち会った唯一の生存者に話を聞く

前回、徴税のことを調べていて、モンパ地域でゾンペンによる徴税が停止したときのチベットと、独立したばかりのインドとの会談に立ち会った、唯一まだ生存している人が、タワン地方のロー（ホー）村のツォルゲン（村長）のペマ・ゴムブ氏であることを突き止めた。しかし、自宅を訪ねたところ、夫人が出てこられて、夫は病床の身で面会できないと断られた。そこで、今回は病気が改善していることを祈りつつ、再度訪問したのであった。しかし、やはり病気でベッドに伏せているということだった。私は、ベッドの横でほんの短時間でいいので話を聞かせてもらえないかと頼んだところ、許しが出たのだった。

部屋の中に入ると、ゴムブ氏はベッドに横になっていて、私はそのベッドの横に座って、質問をガイドのパッサンを通じて行なった。このとき、タワンモンパ語がわからないパッサンはヒンディー語で会話した。あっという間に30分ほどが過ぎたが、ゴムブ氏は、この話は息子に話してあり、息子は文書に書き留めているという話だった。そこで私は息子のウルゲン・ツェリング氏を探し、彼に会って、書き留めてあった文書を参考にしながら話を聞かせてもらった。ツェリング氏は「明日、父親の家に再度来てください」とおっしゃった。そこで翌日ペマ・ゴムブ氏を訪問したのだった。びっくりしたのは、ベッドから起き上がって、正装した姿で椅子に座っているゴムブ氏の姿だった。私が写真も撮らせてほしいとお願いしてあったので、無理をして正装してくれたのかもしれない。

写真 14-9　ロー村のツォルゲン（村長）、ペマ・ゴムブ氏

ペマ・ゴムブ氏は1927年生まれで、そのとき84歳、すでにロー村のツォルゲンを52年間やっていた（写真14－9）。彼が語った話は以下のとおりである。

ディラン地方とカラクタン地方は、1947年のインド独立時に、ゾンペンによる税の徴収も終わり、ゾンペンは引き上げた。しかし、その後もタワン地方ではまだゾンペンによる税の徴収や支配は続いていた。そもそも1914年のマクマホンライン設定以前、イギリスはチベットに銃を提供し、その見返りにチベットはモンパ地域をイギリスに譲渡したという。インド陸軍士官のカティング（カシング）少佐は、1951年にディランからタワン地方のジャン村にやってきた。カティング少佐はタワン地方から広くツォルゲンを集めた。当時のシャルニマ・ツォスム（タワンモンパ地域）には3つの村（シャー・ツォ、ロー・ツォ、セル・ツォ）があったが、どれも広範囲の村であったため、現在の各村にあたる集落からもツォルゲンの補佐人であるゴミやトゥミが多数参加した。

カティング少佐はロー・ツォのツォルゲン、ペマ・ゴムブらに、ギャンカールゾンに行ってゾンペンと会うように言い、インドの代表団の訪問を承知させるように指示した。ペマ・ゴムブらはギャンカールゾンのゾンペンの補佐官、ニャルパ・コンチョック・ラおよび他のチベット役人と話し合いの場を持ち、インドの使節団の訪問の意図を伝えた。ペマ・ゴムブらはジャンに戻りカティング少佐に報告し、2日後の1951年2月6日に彼らの代表団はタワンのレブラン・ツァンブに移動した。そして、2月9日にチベットの役人とカティング少佐はレブラン・ツァンブで会い、領土問題に関する議論を始めた。チベットの役人とタワン仏僧院当局は、事態をチベット政府に知らせるために、特使をラサに派遣したことを告げた。

2月14日にゾンペンらはタワンで再びカティング少佐を訪問し、滞納している税の徴収や毎日20人の労働者の無償奉仕を要求したが、それらの要求は拒絶され、その一方で、ペマ・ゴムブらは「インドが我々の国であり、タワンはインドの一部である。我々はインド政府の法律にしたがう」と主張した。その後、インドの行政補佐官がタワンの統治を実行し、ゾンペンらは最終的にその統治を認めて、徐々にこの地を去っていった。これ以降、徴税はタワン地域の住民からタワン仏僧院への税のみになる。

『チベット旅行記』に描かれた、高僧や高官になるための賄賂

それでは、このゾンペンによって徴収された税は、どの程度チベット法王政府に届いていたのだろうか？　前述の『チベット旅行記』にも記されてあるように、ゾンペンは徴収した税から自分の月俸を取るという。ペマ・ゴムブからの聞き取りによれば、ゾンペンによって法王政府に送られたのは、徴収した税のうちの4分の1程度だという。その根拠は次の通りである。

ペマ・ゴムブはかつてゾンペンに対し大きな怒りを持っていた。それは彼の父親がギャンカールゾンのゾンペン（ツォナゾンのゾンペンと同一人物）に殺されたためである。当時のツォルゲンは非常に力を持っていて、とくに彼の父親はその力が強く、かつ住民に人気があった。ツォナ・ゾンペンは彼が力を持っていることに恐れをなしていて、彼がブータンへの旅から帰ってきたとき、酒でもてなして寝こんだところを殺したという。ペマ・ゴムブはラサまで徒歩で16日間かけて行き、ラサの最高裁判所に訴えた。判決が出るまで2年と6ヶ月がかかり、その間、何回もラサに出向いた。その結果、ペマ・ゴムブは勝訴し、補償金600銀貨を得、さらにこれ以降、ツォナ・ゾンペンがツォルゲン一家に関していっさい何も言わないことを誓約させた。

その後、ツォナ・ゾンペンは交代することになる。

ペマ・ゴムブは、タワンモンパ地域とラサを行ったり来たりして、ある大きな矛盾に気がついた。モンパ地域から集められた税はラサの法王政府に届くのだが、それがどう見積もっても、タワンモンパ地域で集められた税の4分の1ほどでしかなかったという。当時、このラサまで届いた税はおもに3つの寺院、セラ仏僧院、デボン仏僧院、ガンデン仏僧院と法王政府で使用されていた。しかし、それはタワンモンパ地方で集められた税の4分の1であったというのだ。残りの4分の3はゾンペンの取り分と、法王政府の高官・大臣が懐に入れていた可能性がある。税の穀物、紙、インク、染料は売って銀貨に換えていたと考えられる。河口慧海の『チベット旅行記』を読んでいると、いたるところに賄賂のことが記されている。その当時、チベットの高僧や高官になるには賄賂が必要で、そのためそのような高い位に就くものはほとんどが金持ちの家の出に限られるという。また、ゾンペンなどの勅任官《ちょくにんかん》の出る家筋もたいてい決まっていて、決して平民から出ることはなく、まず多くは華族からだとされている。

教師と生徒の寄宿舎での共同生活とはどんなものか？（2011年8月調査）

私はこれまで何回もタワン仏僧院を訪問している。聞き取りはおもに、タワン仏僧院博物館管理官のラマ・ゴムブ氏から行なっていた。彼はとても親切で、いつでもいやな顔一つせずに対応してくれた。ドゥカン（大講堂）で行なわれている勤行《ごんぎょう》（読経）にも何度となく参加した

写真 14-10　タワン仏僧院のドゥカン（大講堂）に入りきれない人々が広場で高僧の特別説教に聞き入っている

写真 14-11　タワン仏僧院のドゥカンで毎朝行なわれる勤行の礼拝。楽器を打ち鳴らしながら行なう

（写真14－10、14－11）。勤行中は自由にドゥカンの中に入ることができ、僧の人がバター茶を振る舞ってくれるときもある。

今回は僧たちの生活を中心に調査を行なった。そのため、寄宿舎の部屋の中にも入れてもらった。

チベット仏僧院には、専業の僧（ラマ）と学校で教育を受けている学徒僧（学堂生）たちがいっしょに住み込み、また大きな仏僧院には学校（学堂）が併設されている。仏僧院には寄宿舎があり、各世帯の居住室（通常3～6の部屋からなる）をシャーと呼んでいる。

タワン仏僧院（ゲルク派）には、僧および併設の学校で教育を受けている学徒僧が計530人いて、75あるシャーの各シャーに教師の僧（27～86歳）1人と学堂生（6～22歳）1～26人（通常6～8人）が共同生活を送っている（2011年現在、写真14－12、図14－1）。23～26歳がいないのは、教育課程を終えた20代の僧は、他の仏僧院に勉学や経験のために派遣されているためである。

学堂生や僧は4時に起床し、ドゥカン（大講堂）で勤行を行なう。この勤行は50日間、朝と夕方に礼拝を行なうと、その後の50日間は朝のみ勤行（読経）を行なうというローテーションになっている。併設の学校（学堂）は朝8時から始まり、10学年のうち、年少の1、2学年を除いた3学年から10学年の生徒が、学校前の広場で学年ごとに問答《もんどう》を行なう（写真14－13）。問いかける人と答える人に分かれ、立っている生徒たちがチベット語で問いかけをした後、手

写真 14-12　タワン仏僧院の寄宿舎。各世帯の居住室（通常 3 ～ 6 部屋からなる）をシャーと呼んでいる

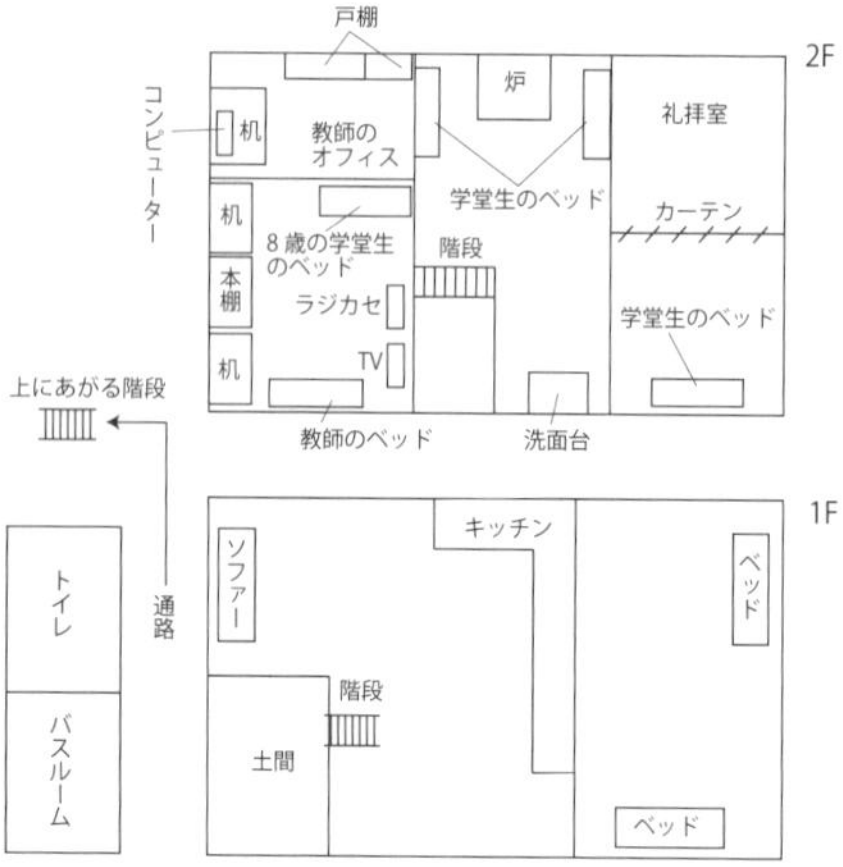

図 14-1　タワン仏僧院（ゲルク派）のあるシャー（寄宿舎）の見取り図（現地観察から作成）

写真 14-13　付属学校（学堂）の前で毎朝行なわれる問答

写真 14-14　付属学校（学堂）での授業風景

写真 14-15　学徒僧ゲネンは時折、お布施から 10 ルピー札を 1 枚ずつ配られる。それで境内のお店でお菓子などを買うのを楽しみにしている

写真14-16　共同炊事場で夕食を受け取る学徒僧たち

を叩き、それに続いて、座っている生徒たちがそれに答える。手を叩くのは、それによって頭がより鮮明になるためだという。河口慧海『チベット旅行記』によれば、問い手は答え手の前に立ち、チー、チー、タワ、チョエ、チャン（文殊菩薩《もんじゅぼさつ》の心）と言って、ポンと一つ手を打つ。これは「文殊の本体である知恵の開けんことを祈る」という意味で、初めにこのような言葉を発し、それからチー、タワ、チョエ、チャンと言って、「このような法において」という意味で、すなわち宇宙間如実の真法において論ずるというので、それから問答を始めるという。

8時45分から朝礼があり、9時から授業が始まる。僧の教師は7人、僧でない教師は4人いる。僧の教師はチベット仏教、英語、ヒンディー語を教え、僧でない教師は数学、科学、地理、社会を教えている（写真14－14）。ときどき子供たちは仏僧院のゲートのカックリンのところに並び、お布施から10ルピー札1枚ずつ配られ、それでゲートのところにある2軒の店でお菓子などを買うのを楽しみにしている(写真14－15)。昼食を挟んで午後1時から授業が再開し、2時半に終了する。午後に礼拝があるときは2時半から3時半まで行なう。3時半にはみな各シャーに戻って経典を読み、暗唱する。そして学校の宿題などを行なう。夕方には共同炊事場で料理を受け取り(写真14－16)、各シャーで夕食を済ませ、10時頃には就寝する。

頭蓋骨を損傷した少女が読む29ページのブムチェン

私は前回訪れたタワン郊外の山間にあるシンソール(シンスール)尼僧院(ゲルク派)を再度訪れた。男性の大きな仏僧院とは異なり規模はずっと小さく質素である。ここでは、基本的には檀家を回ってお経を上げてお布施《ふせ》をもらったり、寄付を得たりして運営が成り立っている。しかし、男性の大きな仏僧院に比べ、得られる資金がわずかなため、ずっと質素な印象を受ける。以前は1年に1回村々を回って穀物を寄贈してもらって集めていたが、今は小さな野菜園を所有し、唐辛子やダイコン、ジャガイモは自給している。この尼僧院は、すべての修行を終えた70歳以上の僧15人、教師僧10人、教育課程を終えた15歳以上の僧8人、学徒僧(生徒)14人の計47人からなり、彼女らは35のシャーに寄宿している(2011年現在、写真14－17)。この尼僧院には、近くのタワン仏僧院やジャンドックパリィ仏僧院のような男性の仏僧院とは異なり、併設の学校(学堂)がないため、14人の学徒僧のうち8人が近くの中学校、6人が小学校に通っている。学徒僧は教育課程を終えると他のシャーに移動し、新しい学徒僧といっしょに住んで彼女らを教育する。

図14－2は、1人の教師僧と2人の学徒僧が住むシャーの見取り図である。タワン仏僧院やジャンドックパリィ仏僧院と比べるとかなり質素であり、テレビ、ラジカセ、パソコンなどの電化製品はいっさいない。1つの部屋に暖炉とキッチンがあり、暖炉を挟んで2つのベッドがある。一つに教師が寝て、もう一つのベッドに2人の生徒がいっしょに寝ている。隣の部屋は礼拝室であるが、ベッドが1つ置かれ、いろんなものが雑然と置かれている。もう一つの部屋はベッドが1つあり、物置のような状態になっている。タワン仏僧院の教師が英語を話せるのに対し、シンソール尼僧院の教師は英語が話せず、ヒンディー語もあまり流ちょうではない。

彼女らの日課は、まず毎朝3時に起床し、教典を読む。4時に洗顔後、お茶を飲み、朝食をとる。僧は生徒に宿題を与えた後、村の檀家を回り、読経の仕事を行なう。仕事がないときは家事をしたり、学徒僧を教えたりする。生徒たちは近くの小学校や中学校に通い、学校から戻ったら宿題を行ない、教師の帰宅後にチェックを受ける。7～8時頃に夕食、その後、教典を読みながら9時頃就

写真 14-17　シンソール尼僧院（シンスール尼僧院）のシャー（寄宿舎）と尼僧たち

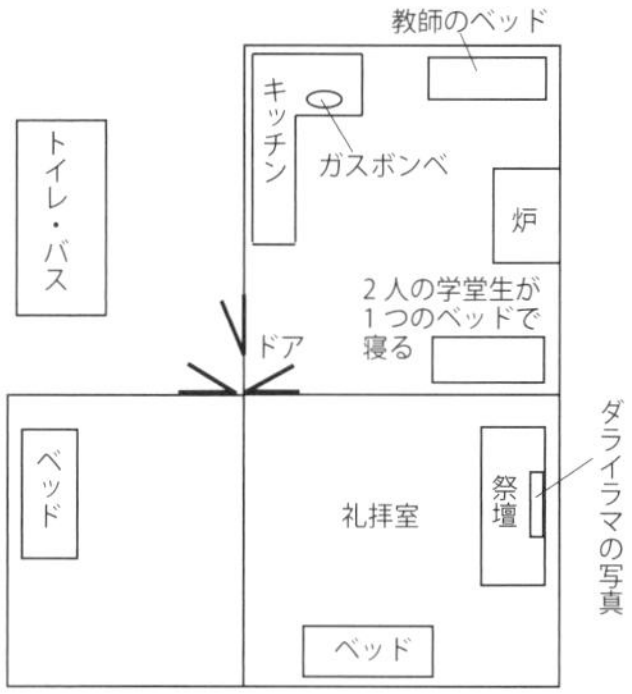

図14-2　シンソール（シンスール）尼僧院（ゲルク派）のあるシャー（寄宿舎）の見取り図（現地観察から作成）

寝する。

今回訪れて、1人の教師僧と2人の学徒僧が住むシャーに招かれた。中に入ると、教師僧の傍らに9歳の女の子がいて、ブムチェンを読んでいた。カンギュルは100巻ほどあり（116巻、108巻、100巻など）、それを簡略化したのが12巻か16巻あるブムであり、さらに3巻のニートリー、1巻で630ページのゲトゥンやその他ドォマン、ツゥンディなどがある。さらにブムの小さい版である29ページのものがブムチェン、5ページのものがシェラップニンプである。

訪問時は子供たちが学校に行っている時間帯だったが、部屋にはその少女がいたのだった。教師の話によれば、前回私が訪れたときは元気に遊んでいた彼女だったが、その後、上級生の女の子にいたずらされて、かぶっていた毛糸の帽子をマニ壁の上に載せられている岩の上に置かれた。そして、「自分で取ってみろ」と言われ、背の小さな彼女が帽子を取ったときに頭の上に岩が落ちてきて、頭蓋骨を損傷したようだ。それ以降、知的障害の症状が出て、学校に通えないため、部屋で教師といっしょに過ごしているという。教師は少女の将来をとても心配していて、町医者で処方してもらった薬草を見せてくれた。近代的な医療ではなく、薬草を使う伝統医療である。教師は、大きな病院のある都会のテズプールまで入って手術を受けさせたいという。私はその話を聞いて、手元に5万ルピー（約9万円）ほどを持っていたので、それを教師に手渡した。最初はそんな大金は受け取れないと固辞されていたが、パッサンの助言もあって受け取ってもらえた。手術代の全額とはいかなくとも、それをもとに寄付とかを募ればなんとかなるのではないかと思った。

家族が死亡者をどのように再生させるかについて占う僧

今回もテンバンゾンに近いグントゥン村に在家の僧アウザ氏を訪ねたが、ディランの町に行っているという。彼はディランにも家を持っていて、そこには長男が住んでいる。ディランの町で彼を探し回ったところ、昨日亡くなった高齢女性の家にいることがわかった。そこに出かけていくと、彼はまさに家族や近所の人から聞き取りをしている最中だった。

アウザ氏はツェスパ・ラマ（チェスパ・ラマ）だった。村には兼業僧のうちツェスパ・ラマと呼ばれる僧がいる。人が死ぬと家族がツェスパ・ラマを呼び、ツェスパ・ラマは家族から死亡の原因やどのように臨終したか、誕生日や十二支、死亡の日にちと時間などを聞く（写真14－18）。それを聞いたツェスパ・ラマは、ツェタン（チェタン）と呼ばれるチャート（占星図）

写真 14-18 ツェスパ・ラマ（チェスパ・ラマ）

やカルツェと呼ばれる書物を使って調べ（写真14－19）、死亡者が誕生の前にはどこに住み、死亡後はどこに生まれ変わるかなど、霊魂の輪廻《りんね》、再生について占う。そして、家族が死亡者をどのように再生させるかについて説明する。また葬式の方法、すなわち、川に流す水葬か火葬あるいは土葬や風葬などのうち、やってはいけない葬式を1つだけ述べる。家族は残ったものから選んで行なう。また、家から死者を出す時間や方角を述べ、十二支のうち死者に触ってはいけない動物を一つか二つ述べ、その十二支に該当する人は、死者を運んだり触れたりすることが禁じられる。ツェスパ・ラマのツェス（チェス）は「計算をする、見積もる」という意味である（水野2012a）。

アウザ氏は私に十二支を聞くと、それをもとに2011年版のロートゥ（毎年出版される年次表）で調べて、まず私の生まれた年を述べたが、「それは私もわかっている」と答えると、「なぜ、日本人は十二支から生まれた年がわかるのだ」と言う。日本人には当たり前のことだが、この

写真14-19　ツェスパ・ラマはチャート表（占星図）「ツェタン」や占星術に関する書物「カルツェ（カルツィ）」を用いて様々な予言を行なう

地の人は自分の十二支を知っているが、自分の生まれた年や年齢を知らない人が多い。なぜなら、モンパ社会ではチベット暦が使われているため、太陽暦を使っている我々の感覚とはズレている。とにかく調査を行なっていて最も大変なのは、「それは何月ですか?」という質問をするときである。たとえば、「トウモロコシの播種《はしゅ》と収穫はそれぞれ何月ですか?」という質問をすると、決まって住民は指を折りながら計算を始め、たいていの場合は混乱していっこうに答えが返ってこないし、住民間であãだこうだと議論が始まる。『チベット暦上』(山口瑞鳳1987、東洋叢書)によれば、チベット暦は太陽暦ではない太陰太陽合併暦であり、しかも、年の名を十二支と五行の兄弟《えと》ならぬ男女の組み合わせで呼ぶという。

ツェスパ・ラマは4万4000の要素を使って計算すると言われ、それを身につけるための修行は厳しい。修行をして身につけられる人は10分の1に満たないと言われている。ツェスパ・ラマは世襲制ではないので、興味を持つ子供に教えて育てていく。ツェスパ・ラマへの謝礼はお金で支払うが、大麦やトウモロコシの収穫期には、すべての家庭がブレィ(升)2杯分の穀物で支払う。

2人の全裸の若者が死体を108個に切り刻んで川に流す

さて実際には、モンパ民族ではほとんどが死体を川に流す水葬で、火葬は少ない。川に流す場合、死体を108個に切って流す。住民に聞くと、火葬は空気や天国を汚し、土葬は虫がわくが、川に流せば魚のエサになり、自然や生態系に貢献するので良いというような答えが返ってくる。これは誰に聞いても同じ返答なので、モンパ社会では広く共有された考え方のようだ。

また、実際のところ火葬はお金がかかるため、お金持ちでないと実施できないのが現状のようだ。火葬の場合、8~9人くらいの僧に来てもらってお経を上げてもらうので、その支払いや食事などに多額の費用がかかるが、川に流す場合は僧が1人で済む。モンパ社会で死体を処理する方法は4つあるという。山の洞窟に置かれる埋葬、川に流される水葬、地面に埋められる土葬、そして火葬である。山の洞窟への埋葬は、木の箱に入れられて高い山に運ばれ、洞窟に置かれるもので、幼児と年寄りの死者に限られる。土葬は伝染病で死んだ人と重犯罪者(常習犯)に限られる(Norbu 2008)。

大きな川の近くではたいてい水葬が行なわれて、途中で中州や崖で引っかからないように、また魚が食べやすいように、死体の首、手、足を切り離して流すようだ。なぜこの4通りの葬

写真14-20　水葬の際に死体を108個に切り刻んで川に流す場所ドゥーテェ Dutai。地域ごとに場所が決まっている

り方があるのかと言えば、インドの哲学では、人体は地、水、火、風の４つからできているので、この４つに帰る道があるために、地、水、火、そして鳥に食わすのが、すなわち風に帰るという説明である。

モンパ地方では死体を川に流す場所は地域ごとに決まっていて、その場所（通常は川岸）は一般にドゥーテェと呼ばれている（地域によっては、ドルサとかリキリとも呼ばれている、写真14－20）。川に流す場合、最初に僧がお経を上げ、川に許可をもらい、悪霊を取り除く。その後、２人の主として若者がお酒を飲んで全裸になり、まず死体の首を切り、頭を他の場所に置く。次に身体を半分に切り、２人がそれぞれ上半身と下半身を担当して細かく切り、その都度数を数えながら川に流していく。最後に頭を縦に切って、さらに細かく切っていき、全部で１０８個に切って川に流す。終了すると、２人は川に入って全身に浴びた血を洗い流し、自宅に入るときも、きれいな水で全身を洗い流してからでないと家には入れない。死者の家族は２人に対し現金で謝礼をする。最初にお酒を飲むのは、酔っ払わないと死者を切り刻むことができないからである。

15 ブリザードで立ち往生、インド軍に救出される

ヒマラヤの神秘の大地アルナーチャルでの調査 ——トイレのしくみ（2013年・2017年）

納豆と味噌の違いは何か？（2013年5月調査）

今回は名古屋大の横山さんといっしょにモンパ地域を訪れた。これまでは年に2〜3回は訪れていたモンパ地域であるが、今回は2年ぶりである。私はこれまでの調査をまとめて2012年3月に『神秘の大地、アルナチャル―アッサム・ヒマラヤの自然とチベット人の社会』という本を昭和堂から出版した。その本の書評を横山さんに『地理学評論』に書いていただき、そのお礼に横山さんが調査を欲していたモンパ地域にお連れしたのであった。ラオスの研究者である横山さんは、一方でアジア各地で納豆の研究をされていて、私が出した本に掲載されている納豆の写真を見て、モンパ地域でも調査したいという希望を持たれていたのだ。

ディランモンパやタワンモンパ地域のあちこちの農家で納豆を出してもらい、時には、「これは納豆でなく味噌ですね」とおっしゃることがあった（写真15－1）。納豆と味噌の違いは、塩が入っていないか、入っているかの違いだそうだ。それで、外見は納豆に見えても、塩が入っていれば味噌になる。

パッサンから、「シンソール尼僧院の教師の人から何度も携帯に電話があった。もし、あの日本人がこちらに来るときは、尼僧院に連れてきてくださいと連絡があった」と知らされた。パッサン曰く、頭に怪我をした少女は病院で手術を受けることができ、元のように回復して、今では元気に学校に行っているとのこと。なんともうれしい知らせだった。

そこで我々は再び尼僧院を訪れた。教師の人はうれしそうに昼食を作って出してくれた。尼僧院で作っている納豆も見せてくれた。「少女は今、薪を運びに行っているので、もう少ししたら帰ってきます」という言葉に、少女の元気な姿が見たくて帰りを待っていた。しばらくすると子供たちの話し声や笑い声が聞こえてきて、あのとき静かにブムチェンを読んでいた少女が薪を担いだ元気な姿を見ること

写真 15-1　農家で作っている納豆あるいは味噌

ができた（写真15－2）。彼女は私の姿を見て、はにかむように微笑んでいた。良くなってほんとうによかった。

若い僧はほとんど「一生結婚できない」ラブジュン派を選択する

横山さんは所用で先に帰国されたので、以降は、前回やり残した調査を行なった。ニンマ派はゲルク派と違って結婚できると言われているが、調査しているうちに、それは一部に限られ、結婚できる派と結婚できない派があることがわかり、それをもう少し調べようと考えた。

調査した結果、ニンマ派は、ラブジュン派とナクパ派に分かれていることがわかった。キンメイ仏僧院では、リンポチェ（ゲルク派の高僧の役称）だけがナクパ派に属し、他の僧侶はすべてラブジュン派に属している。ナクパ派の僧侶はパートナーを持つことが許され、結婚もできるが、ラブジュン派の僧侶は独身を貫かなければならず、結婚することはできない。ただしナクパ派の僧侶は3～4年間、山の洞窟で修行しなければならないので、最近はほとんどの僧侶がラブジュン派を選んでいる。自分の様々な欲望、とくに性欲をコントロールできるようになったら、ナクパ派の

写真 15-2　シンソール尼僧院の尼僧たちと

僧侶になることができるのだ。

ディランのパリュル・チャンチュブ・ダーゲリング・ニンマ僧院、すなわちリュー・ゴンパでは、すべての僧侶がラブジュン派に属している。ルパのチリパム・ゴンパにあるサンガク僧院では、先代のリンポチェはナクパ派、その息子の現リンポチェはラブジュン派に属している。この仏僧院を訪れたとき、20歳前後の何人かの若い僧にどちらの派なのか聞くと、全員ラブジュン派であった（写真15－3）。「一生結婚できなくてもいいの？」と俗っぽい質問を彼らに投げつけてみたが、「別にいい」という返事だった。

写真 15-3　サンガク僧院の若い僧たち

しかし、私が調査で関わった人の中には、リンチンさんの三男やセンゲゾン村の第一ツォルゲンの長男のように、私がこの地で調査をしている間に僧をやめた人もいた。僧になったものの、やめる若者も多いのではないだろうか。とくに若者が性欲を自制するのはなかなか難しいのではないかと想像する。近年、カソリック教会での神父（プロテスタントの牧師と異なり一生結婚できない）の少年に対する性暴力が多発し、大きな社会問題になっているが、密教社会においてはどうなんだろうか。この僧院の150人の僧のうち、5人がナクパ派で、145人はラブジュン派である。ナクパ派の5人の僧は結婚すると、僧院を出なければならない。ラブジュン派の僧になるには、結婚を拒否することを約束し、僧の誓いを立てる必要がある。ラブジュン派の僧は赤いショールのツァンを着用するが、ナクパ派の僧は白いショールを着用するのが特徴である。

ドナウ川が結んだ縁で英文書籍を出版する（2017年3月調査）

昭和堂から出版した『神秘の大地、アルナチャル―アッサム・ヒマラヤの自然とチベット人の社会』は、2014年度の日本地理学会賞（優秀著作部門）を受賞した。1人黙々とアルナーチャルに通い、調査した成果が評価されるのはとてもうれしい。しかし、1人で森林から農耕、牧畜、歴史、自然崇拝、チベット仏教、ポン教まで調べて、多くは聞き取り調査をもとにしているため、間違いも少なからずあるのではないかと思っていた。また、海外研究を日本語だけで書いても読者は少ないし、批判も浴びにくい。やはり英語で出版する必要があるのではと思っていた。

そんなとき、運命的に出会ったのがロブサン・テンパ氏であった。一通のメールが彼と私を結びつけた。それは「教務掛に、水野先生に連絡を取りたいという人のメールが届いたので、転送します」という、当時勤めていた京大アジア・アフリカ地域研究研究科（ASAFAS）の教務掛からのメールだった。2012年9月から12月まで私はサバティカルで研究休暇を取ってレーゲンスブルク大学の植物学教室に在籍していた。私は、その人にメールで連絡を取

写真 15-4　ウイーンにてロブサン・テンパ氏と会う

ると、彼はウイーン大学で助手をしているロブサン・テンパという人で、モンパ民族地域出身のタワンモンパの人だった。文化人類学をウイーン大学で学び、博士号の学位論文執筆のために、彼自身の出身地を調査しているとのこと。しかし、彼がどこに聞き取り調査に行っても、「そのことなら日本人研究者がすでに調査に来た」ということを聞かされたため、私と情報交換がしたいという。

　運命的というのは、そのとき私が、ウイーンから特急でわずか3時間のレーゲンスブルクにいたことである。ウイーンもレーゲンスブルクもドナウ川沿いにある。私は数日後には列車に乗り、車窓からドナウ川を見ながらウイーンに向かった。宿泊したホテルのロビーで彼と会い、お互いの調査の話をした（写真15－4）。彼はおもに、かつてのゾンペンによる徴税の研究をしていたが、私は彼にいっしょに本を出すことを提案して、彼も快諾してくれた。私は前述の本を英訳し、その原稿を彼に送った。その原稿の間違いを直してもらい、さらに彼の新たな知見を加えてもらうことにした。さらに彼を日本に呼び寄せて、1週間、額を突き合わせて議論を重ね、出版までこぎ着けた。1週間の間には、ちょうど祇園祭の山鉾巡行があったので、四条河原町の交差点の人混みの中で2人で観覧した。そして、2015年にはシュプリンガーから日本地理学会の英文叢書シリーズの1冊として Mizuno, K. & Tenpa, L. (2015): *Himalayan Nature and Tibetan Buddhist Culture in Arunachal Pradesh, India: A Study of Monpa*, Springer, Tokyo, 196pp. を出版することができた。この本が世に出た頃にはテンパ氏はドイツのライプチヒ大学に移り、博士号を取得したのだった。

トイレットペーパーはトウモロコシの皮とコナラの落葉

4年ぶりに再びモンパ地域を訪問することになった。4年の間に私は同じ京大内でも所属が変わった。ASAFASのアフリカ専攻から、文学研究科の地理学専修に異動したのである。私の異動にともなって、ASAFASから文学研究科に移った院生の芝田くん（現奈良大講師）と大谷くん（現摂南大講師）を連れて調査に来た。2015〜2017年度に私は科研費の挑戦的萌芽研究で「途上国におけるトイレ環境の現状と自然・社会・文化的要因の関係及びその問題点」という課題の研究を進めていた。ナイロビやラパスでも調査をしていた私は、アルナーチャルでも調査しようと考えた。

ディランモンパ地域とタワンモンパ地域で調査したのだが、両者ではトイレに大きな違いがあった。ディランモンパ地域では、トイレは伝統的に住居から離れて設置されている（写真15－5）。高床式になっていて、トウモロコシの皮をトイレットペーパー代わりに使用し、それは床下に投げ捨てられる（写真15－6）。床下ではブタが飼われている。住居が密集している町なかでは、1990年頃までは高床式になっている戸口の前のテラスで用を足し、その下でブタが飼われていた（写真15－7）。近年は人前で用を足すのを恥ずかしがる若者を中心に、住居周辺のブッシュの中がトイレ代わりに使用されるようになった。2015年頃からインド政府が全国で、トイレ環境の改善のために補助金を出して、各住居に隣接してトイレが作られるようになった（写真15－7）。新しいトイレはトイレットペーパー代わりに水を使用し、用を足したあとに水で流している（水野2018）。

タワンモンパ地域では、伝統的にトイレは住居の中にある。トイレは高床式になっていて、トイレ下にはコナラやマツの枯れ葉が敷かれ、そこでブタが飼われている。タワンモンパでは、コナラの落葉がトイレットペーパー代わりに使用され、使用したコナラの落葉は床下に投げ捨てられる（写真15－8）。床下には糞尿やコナラの落葉が堆積し、そこで飼われているブタによって撹拌され、高温発酵によって寄生虫や病原菌が死滅して堆肥《たいひ》ができるしくみになっている。その堆肥は1年に1回、3月にトイレの床下から取り出されて（写真15－9）、農地に運ばれ

写真 15-5　ディランモンパ地域の農村のトイレ。トイレは屋外にあり、床下でブタを飼っている

写真 15-6　ディランモンパ地域のトイレではトイレットペーパーとしてトウモロコシの皮を使用する

写真 15-7　ディランモンパ地域ではかつては戸口前のバルコニーで用を足し、下ではブタが飼われていた。最近は付近のブッシュで用を足すようになり、2015 年頃からインド政府が環境改善のため、トイレ（写真の白い建物）建設に補助金を出している

写真15-8　タワンモンパ地域ではトイレは屋内にあり、トイレットペーパーとしてコナラの落葉を使用する。床下ではブタが飼われている

て撒かれる（写真15－10、水野2018）。

ちょうど我々は、トイレの床下から堆肥を取り出す作業を行なっている家に出くわして、取り出した堆肥は農地に運ばれていた。その場で、家の人に許可をもらって、大谷くんがトイレの床下にたまっているコナラの落葉に手を突っ込んで体感温度を確かめたところ、約20℃だという。20℃では発酵がそれほど進んでいないと考えられた。家の人はいきなり大谷くんが糞尿混じりのコナラの落葉に手を突っ込んだのでびっくりしていた。家の周辺では外でウシがコナラの落葉の上で飼われていて、そこに糞をしていた。糞尿を混ぜたコナラの落葉が山積みにされていたので、大谷くんが再び手を突っ込んで体感温度を確かめると、35～40℃で体温に近いという。つまり牛糞堆肥は発酵が進んでいると考えられる。棒状の温度計を持って行けばよかったのだが、なければ体感温度で概ねの温度を測るのも一つの手だと思った。

写真 15-9　トイレの床下から、発酵しつつあるコナラの落葉を１年に１回採集する

写真 15-10　コナラの落葉を堆肥として農地に投入する

季節外れのブリザードに遭遇し、インド軍に救出される

タワンからディランまで戻るとき、標高４２００ｍのセラ峠付近で3月中旬というのに、季節外れのブリザードに出会って車が立ち往生してしまった（写真15－11）。動けなくなったまま日が暮れ、インドの軍隊が救助に来てくれることになった。近くの山小屋風のレストランに避難し、そこでインド軍の救援を待った。そこから軍の人といっしょに暗闇と寒さの中、懐中

電灯の明かりを頼りに1時間ほど歩き、そこで待機していた軍のトラックの荷台に乗って、軍の基地までたどり着いた。我々は発車間際のトラックに乗り込んだのであるが、このトラックに乗り込めなかったら、さらに1時間以上歩く羽目になったようである（写真15－12）。基地ではパイプの2段ベッドに寝袋が用意されていて、温かいミルクティーとビスケットも提供された（写真15－13）。

パッサンがディランのホテルに事前に電話して、タクシーを基地まで手配しておいてくれたので、我々はタクシーでディランに向かった。途中、別の軍の基地で呼び止められ、氏名や国籍、住所等をノートに書くように言われ、健康状態がチェックされた。その後の新聞等の報道で、このとき127人がインド軍に救出され、そのうち40人が基地の病院に収容されたことがわかった。報道では、その中に外国人が5名いて、国籍は日本、ニュージーランド、ブルガリアとなっていた。つまり我々3人の他に、ニュージーランド人1人とブルガリア人1人ということだ。このニュージーランド人男性とブルガリア人女性のカップルは、我々が行きにセラ峠まで車で登っているとき、自転車で急斜面を走っていたのでよく覚えていた。彼らはブリザードの日は動かずにタワンにいたのであるが、翌日晴天になってセラ峠まで行ったものの、不運なことに峠で強風にあおられて滑落し、男性は重傷、女性は亡くなってしまった。

写真 15-11　季節外れのブリザードに出くわし、立ち往生する

写真 15-13　インド軍の基地に運ばれる人々。多くの人はここで 1 泊した

写真 15-12
インド軍のトラックに救助される

16

湖沿いの細長い国マラウイは道路を横断すれば隣国だ

マラウイの亜熱帯疎林ミオンボ林での調査（2007年）

ナマクアランドの「お花畑」は圧巻！

この年に、ＡＳＡＦＡの大学院に入ってきた藤田くんは、森林の調査をしたいという。ナミビアは乾燥地で森林が少ないので、彼と相談して、マラウイで調査をすることにした。マラウイにはその当時、日本大使館はなく（当時はナミビアにも日本大使館はなかった）、南アフリカ共和国の日本大使館が、南部アフリカ地域の業務を統括していた。当時はＪＩＣＡ事務所が大使館の代わりのような存在になっていた。

マラウイに行く前に科研費の研究プロジェクトのため、メンバーの人たちとナミビアを訪れた。今回は、ナミビアでの調査後に、陸路でケープタウンの喜望峰まで行き、またナミビアに

写真 16-1　ナマクアランドの「お花畑」

戻ってくるという旅を計画した。その主目的は、ナマクアランドとケープフロラの植生を見ることだった。また、南下、北上することによって、気候と地形を肌で感じることができる。

ナミビアの首都ウインドフックを8月7日に出発し、南下してケートマンスフープに宿泊する。翌8日には国境を越えて南アフリカ共和国のスプリングボックまで行った。途中、車のスピードメーターの調子が悪かったが、運良く、町にトヨタの修理工場があったので、修理してもらうことができた。ちなみに、アフリカで走っているトヨタの新車の多くは南アフリカの工場で生産されている。

9日はいよいよナマクアランドに入る。ナマクアランドでは冬の7月になると、南アフリカ上の亜熱帯高気圧の中心は北へと移動し、影響が弱まるため、寒冷前線が入り込みやすくなり、降水が生じやすくなる。そして、その降雨を受けてナマクアランドの「お花畑」が7~9月に一斉に開花し、多様な色を織りなすその「お花畑」が地平線まで広がるのだ（写真16－1）。乾燥地なので、自らの母体に水分を保持する多肉植物が多い（写真16－2、沖津2016）。また、葉があると水分が蒸発するため、葉を持たず、花が直接地面から出ている *Hyobanche glabrata* のような植物も見られる。この種が属するハマウツボ科の多くの植物は、葉が退化して鱗状の痕跡になっているものがかなりあり、葉で光合成が行われないため、他の植物の根に食い込んで養分を吸収して生活する寄生植物として生きている。*Hyobanche glabrata* はデイジーの低木の根に寄生している。

ナマクアランドを満喫しながら車を走らせ、大西洋岸の漁村ランバーチ・ベイで宿泊する。10日はいよいよケープタウンに入る。これまでは町を車で回ってホテルを探し、空いている部屋に宿泊したが、ケープタウンは大都市なので、今までのように簡単にホテルを探すことができなかった。どうにか宿泊料の高いホテルに、暗くなってからチェックインできた。

翌11日はケープタウンから喜望峰を往復して、ケープペンギン（アフリカペンギン）やケープ植物区系界の植生を観察した。喜望峰は断崖絶壁であり（写真16－3）、眼下には青い海に白い荒波が崖で打ち砕けている様子が見て取れた。この喜望峰を1497年11月22日にヴァスコ・ダ・ガマの帆船が通過し、ヨーロッパからアフリカ南岸を経てインドへの航路を切り開いたと思うと感慨深かった。12日はケープタウンを出てビューフォートウェストまで行く。ビューフォートウェストは乾燥したグレートカルー高原の中心地で、同地方最古の町なので19世紀末に建設されたネオゴシック建築の教会などが残っている。途中、テーブルマウンテンを背景に

写真 16-2
多肉植物の
Malephora crocea

写真 16-3　喜望峰

写真 16-4
テーブルマウンテン付近の
ブドウ園

ブドウ園が広がっていた（写真16－4）。ケープタウン周辺は地中海性気候のため、ブドウ栽培に適していて、南ア産のワインは日本でも評判だ。

翌13日はコールズバーグ、14日はかつてゴールドラッシュ時代にダイヤモンド鉱山として栄えたキンバリー、15日にオレンジ川沿いのアピントン、16日は国境を越えてケートマンスフープ、17日にウインドフックまで戻ってきた。11日間のナマクアランドと喜望峰への旅だったが、日にちをかけて陸路を車で駆け巡り、途中途中で車を駐めて自然観察をする行程はとてもおもしろかった。

写真16-5　亜熱帯疎林であるミオンボ林。細長い樹冠なので森の中でも空が見えて明るい

道路の右側で立ち小便をすればモザンビーク、左側はマラウイ

藤田くんと私は、ヨハネスブルク経由でマラウイに入った。マラウイには、マメ科ジャケツイバラ亜科の樹木が優占するミオンボ林（亜熱帯疎林）が分布している（図9－1、写真16－5）。彼の調査地を探すため、マラウイの国を広く回り、結局、北部のンチュカ村で調査することにした（写真16－6）。マラウイは日本の青年海外協力隊員の人数が最も多い国である。2013年時点での累計では、

写真16-6　マラウイ北部のンチュカ村の風景。このあたりはトゥンブカ人の地域である

写真16-7　院生を受け入れてくれた村長宅の家族

写真 16-8　道路沿いで売られるマンゴ

アフリカはマラウイ1599人、ケニア1510人、タンザニア1453人、ザンビア1290人の他、計26カ国1万2404人、アジアはフィリピン1526人、マレーシア1275人、バングラデシュ1168人、ネパール1093人の他、計19カ国1万1156人である。マラウイの派遣人数が多い要因の一つに、国の政情が安定していることが挙げられる。

　マラウイにはチェワ人、トゥンブカ人、ンゴニ人、ヤオ人などの民族がいるが、ンチュカ村はトゥンブカ人の地域である。まず、村長に会い、「私の指導院生があなた方の地域の自然や言語、文化や社会を勉強したいので、どこか半年間住まわせてくれる家を紹介してもらえませんか」と頼むと、村長自らが自分の家に受け入れてくれることになった。大家族であり、奥さんが藤田くんの食事の面倒を見てくれた（写真16－7）。

　マラウイの首都リロングウェは、縦に細長い国土の真ん中よりやや南に位置し、かつての首都のゾンバと、同国最大の都市で経済の中心地であるブランタイヤは、かなり南に位置する。リロングウェからゾンバに至る道路は、部分的にモザンビークとの国境を通る。国境と言っても塀や柵があるわけではなく、車で南下して走っていて小用を足したくなったとき、車から降りて右側でおしっこをすればモザンビークで、左側ですればマラウイでしたことになる。当然、地元住民たちも物を売ったり買ったりする際に両国を行き来し、医療費の安いマラウイの病院に、モザンビークから通う人もいるようだ。そもそも国境があることがおかしく、国境付近にはどちらにも同じ言葉を話すチェワ人が住んでいる。だがポルトガルが植民地化したモザンビークでは、ポルトガル語が公用語で、イギリスの植民地だったマラウイでは、英語が公用語になっている。道路沿いでは、付近で収穫されたマンゴがバケツに山盛りにして売られている（写真16－8）。日本ではとても高価なマンゴも、ここでは驚くほど安い。

写真 16-9　トウモロコシの脱穀

羽化したばかりのハネアリは子供たちの貴重なごちそうだ

藤田くんの話によれば、現地農村部の普段の食事は、お湯にトウモロコシの粉（写真16－9）を混ぜて作るシマと呼ばれるものと、畑で採れる様々な野菜だそうだ。野菜はマメやトマト、ジャガイモ、野草など数十種類にわたるという。雨季の初めには羽化したばかりのハネアリがごちそうになるという。めずらしいものがおかずとして出てきたときは、必ず日本にもあるかと聞かれ、「ハネアリは日本にもいるけど食べない」と答えると、家族みな目を丸くして驚いていたという。子供たちは、つまみ食いをしながら鍋やペットボトルで器用にハネアリを集め、雨季の初めの数日間しか食べられないごちそうとなる（藤田２００８）。

藤田くんの調査村でも近年は貨幣経済が拡大し、それまで自給用に作っていたキャッサバ畑が、現金獲得のためのたばこ栽培にどんどん転換されていった（写真16－10）。現金収入が増える一方、干ばつ時でも収穫できるキャッサバが減少すると、食料の安定確保ができなくなった。村は大きなリスクを負うことになったのだ。温暖化の影響が示唆されているが、近年アフリカでは大雨と干ばつの差が大きくなってきた。今後の村の将来にも温暖化は大きく影響していると言わざるを得ない。

写真 16-10　キャッサバ

マラウイ湖が見える農村で、一人の老人にキャッサバ畑について聞き取り調査をしたとき、我々が日本人だとわかると、「私が若い頃には、イギリス兵としてビルマで日本兵と戦った」

と語った。先の戦争では、アフリカからたくさんの若者がイギリス兵やフランス兵として徴用され、戦争に駆り出されていたことをあらためて知らされた。

藤田くんは北部の調査村で火入れの影響を調べた。森林でウシなどの家畜を林内で飼養させるために、草本の成長を促す目的で、毎年乾季の終わりに火入れが行なわれる。伐採量の多い森林では、伐採に加え、火入れというインパクトが加わるが、ウアパカ・キルキアナという樹木が火入れに対して高い萌芽《ほうが》再生能力を持っているため、森林は草地化することなく、その景観を保持しているという。しかし、伐採量の少ない森林においては、火入れは優占種《ゆうせんしゅ》の更新を阻害する要因になっているようだ（藤田２００８）。

マラウイではミオンボ林が大きく広がる（写真16－5）。そのミオンボ林の中に熱帯雨林がパッチ状に見られるが、藤田くんの研究によれば、ミオンボ林の中にイチジクの木があると、熱帯雨林からシャロアエボシドリがイチジクの実を食べるためにやってきて、そのとき糞をすると熱帯雨林の樹木の種子が散布され、イチジクの木を核として、熱帯雨林のパッチが拡大するという。樹木の分布には、このように動物による種子散布が大きく関わっている（Ｆｕｊｉｔａ２０１６）。

藤田くん（現国立環境研究所主任研究員）は、博士後期課程にも進学し、私が主たる指導教員を務めた、４番目の博士号取得者となった。

17

炎天下のイスラーム世界の神秘とネームタグが生んだ奇跡

イスラーム信仰と地域社会をチュニジアで探る（２００８年）

スーツケースが列車から消える！

２００８年の８月にチュニジアのチュニスで国際地理学会が開催された。私は当時指導していた大学院生３名と、私が科学研究費で代表を務めていたナミビア研究プロジェクトのメンバーの研究者の先生３名との計７名で国際地理学会に参加し、その足でナミビアに向かい調査しようと考えた。日本からエミレーツ航空でドバイに行って、ドバイからチュニスに飛んで、またドバイに戻り、そこからヨハネスブルク経由でナミビアに行くことにした。

８月のチュニジアはものすごく暑かった。チュニスの最高気温は６〜９月は40℃を超え、とくに８月は46・８℃と最も高い。長袖シャツしか持ってこなかった私は、学会にＴシャツ姿

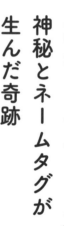

写真 17-1　チュニジアのスースの旧市街地

写真 17-2　スースの街並み

で参加するのがはばかられ、現地の紳士服店で３枚の半袖シャツを購入することとなった。それらのシャツは現在でも使用している。チュニジアはイスラーム社会なので、酒屋が非常に限られていて、現地に到着してすぐに酒屋の場所を探して、チュニスにいる間はそこで買い求めた。

学会は、大きな展示場あるいは体育館のような建物をパネルで仕切っただけの会場で開催された。通常は30～40の部屋に分かれて学会発表が行なわれるのであるが、このときは、パネルで仕切られただけで、かつ建物の天井がドーム状になっていたため、すべての発表者の声が天井に反響して、発表者の声がきわめて聞き取りにくく、また質問者の声も聞き取りにくいので、発表者が質問者の席まで出向く始末であった。

学会参加のために遠くチュニジアまで来たので、開催日より何日か早くチュニスに到着し、地方を訪れてチュニジアの自然や社会、文化を垣間見ようと考えた。そこで旧市街地が世界遺産になっているスース（スーサ）付近を訪問することにした（写真17－1）。スースはチュニスから南へ約１４０kmのところに位置し、チュニジア第三の都市で、街は美しく、「サヘルの真珠」と呼ばれている（写真17－2）。スースへは鉄道で、チュニスから約2時間半で行ける。我々は一等車に乗り込み、連結部に近い一角にスーツケースを置いた。列車は進むごとに乗客が増え、二等車は超満員で、そこから乗客が一等車まで溢れ、車掌が来るたびに、二等車に押し戻されていた。途中の大きな駅でかなりの人が降り、しばらくして目的の駅に到着した。そこで1人の学生が、自分のスーツケースがなくなっていると言い出した。一所懸命探したが、見つからなかった。しばらくして列車が発車するので諦めざるを得なかった。学生に聞くと、なんと学会発表のためのスライドデータを入れたUSBメモリーをスーツケースに入れているという。私自身は用心深いので、学会発表のデータは、肌身離さず身につけているデーパックとスーツケースに分散して保管し、さらに自分宛にデータを添付した電子メールを送っている。こうして3ヶ所に分散しておけば、どれかが失われてもだいじょうぶだ。しかし、まさか学生がスーツケースだけに保管していることに驚いてしまい、きつく注意したが、もう後の祭りである。学会発表のためのスライドがなければ、発表はできず、何のために遠くチュニジアまで来たのかわからない。結局、学生は東京の実家に連絡して、母親が東京から京都までやってきて、下宿の大家に頼んで部屋を開けてもらい、そこに置いてあるパソコンからスライドのデータを入手して、電子メールに添付して学生に送ってもらうことにした。

ネームタグの「Japan」の文字がもたらした、日本大使館への連絡

到着して早々ハプニングがあったが、スース旧市街地での見学は非常に印象的なものであった（写真17－3）。美しい地中海に面したスースの旧市街地は、紀元前9世紀にフェニキア人によって開かれ、古代ローマと同盟を結んでいたため、700年の間比較的平和で、大きな戦争に巻き込まれることもなかった。ローマ時代の後は、ヴァンダル族や東ローマ帝国によって町が占拠され、7世紀にはアラブ人のイスラーム軍によって現在のチュニジアが征服され、町の名は「スーサ（Sūsa）」と改名された。その後、12世紀にはノルマン人に征服され、18世紀にはヴェネツィア共和国とフランスに征服され、町の名がフランス風に「スース（Sousse）」と改名された。現在ではアラブ人による城砦都市として成り立っている。

スースからチュニジアに戻る頃、私宛にチュニジアの日本大使館からメールが届いた。チュニスとスース間の途中の駅で、他の乗客一行がホテルまで自分たちのスーツケースを運んだときに、日本人のスーツケースが誤って混入していたという。ホテルのロビーで持ち主不明のスーツケースが1つ残り、そのスーツケースに所有者の名前と住所が

写真 17-3　スースの旧市街地のマーケット

書かれたネームタグが付いていて、そこに「Ｊａｐａｎ」と書かれていたため、日本大使館に連絡が行ったようだ。日本大使館は間近にチュニスで国際地理学会が開催されることを知っていたため、国際地理学会に問い合わせて、ネームタグに書かれている名前が発表プログラムにないか確かめてくれて、その名前の所属先が京都大学であることが判明したのだった。同じプログラムの中に京都大学の発表者の名前を他にも見つけて、その名前を検索したところ、私が同行している教員であることがわかって（教員は大学のホームページに氏名とメールアドレスが掲載されているため）、私にメールが送られたようだ。

スーツケースはそこからチュニスの中央駅まで運ばれ、そこに保管されているという。運良く、学会開始までにスーツケースを取り戻すことができた。発展途上国の場合、失われた荷物が戻ってくることは少ない。この奇跡的な返戻劇に私はイスラームの一端を見たような気がした。

学会の合間には世界遺産になっているチュニスの旧市街地や、同じく世界遺産になっているカルタゴ遺跡も訪れた（写真17－4）。カルタゴは地中海貿易で栄えたフェニキア人による国家である。ローマとの間に、地中海の覇権を競って敵対し、地中海中央部の島々の支配を巡ってローマ軍と衝突し、ポエニ戦争（紀元前２６４～紀元前１４６年）が勃発した。最初は優勢であったカルタゴも次第に劣勢になり、紀元前１４６年に滅亡する。しかし、その後カエサルによって再建され、ローマ帝国の大都市として繁栄した。

チュニスの街を歩いていたら、アルジェリアから観光に来たという、おそらく祖母と孫娘と思われる2人連れに話しかけられ、いっしょに写真を撮ってくれと言われた。生まれて初めてアジア人に出会ったという。そう言えば、世界のどこに行っても中国人が多数住み、中国人経営の中華レストランがあちこちに見られるのに、チュニジアに来てから中国人を見かけたことはなかった。中東や北アフリカのイスラーム国家は、他国に比べて華僑の入国を制限しているのだろうかと思った。

チュニスではバルドー国立博物館も訪問した。博物館は、古代ローマのモザイクが美しく、古代ギリシア、チュニジア、イスラーム時代の遺物が収蔵されていて、見学する価値が大いにあった。しかし、ここが2015年3月に武装集団によって襲撃され、日本人5人を含む19人が死亡したニュースが大きく流れたとき、あの神秘的で静寂な時が流れていた博物館で観光客が発砲されたことに大きな衝撃を受けた。

写真 17-4　カルタゴの遺跡

18

冷たいビールを飲むために毎日隣国まで買いに行く

ギニアの熱帯林でチンパンジー、植生、土壌の調査（2009年）

本屋がほとんどないアフリカ社会

フランスのパリを経由して、ギニア調査に出かけた。東南アジア専攻の小林教授が獲得した研究助成金での研究プロジェクトとして、メンバーである同僚の山越《やまこし》さんと、彼の調査地であるギニアのボッソウに行くことになったのだ。行きの飛行機はエコノミーが満席でオーバーブッキングであったため、私と山越さんは運良くビジネスクラスにアップグレードしてもらうことができた。これはカメルーンからの帰路に次いで2度目のラッキーな出来事だった。大学から科研費で海外調査に出る場合、基本的にはエコノミークラスしか搭乗を認められていない。仮に認められているとしても、科研費を無駄に使うだけなので、乗ることはない。しかし、エコノミーとビジネスクラスでは、快適さに雲泥の差がある。

ビジネスクラスの座席はゆったりとして、窓側に座ってもトイレに行くとき、いちいち通路側の人に立ってもらわなくて済む。これはとても気が楽だ。また、機内食もエコノミークラスとはずいぶん異なる。リラックスして長時間のフライトを過ごせて快適だ。もっとも料金も雲泥の差なので、当たり前と言えば当たり前なのだが。大学教員もＪＩＣＡの仕事で海外に出かけるときはビジネスクラスなので、みなさん喜んで出かけていく。

私は窓側の座席で、隣は初老の男性で、座席の上の荷物入れにはバイオリンを入れていた。ビジネスクラスに乗る人だし、バイオリンを海外に持って行くなんて優雅だなと思っていると、彼の方から話しかけられたので、少しお話をした。私が研究調査でギニアに行くことを話すと、「大学のお金でビジネスクラスに乗れるのですか？」と聞かれた。アップグレードの人間であることがバレてしまった。

山越さんは私から少し離れた通路側に座っていたが、飛行機を降りるときには若い女性と楽しそうに話していた。彼は前日徹夜をしてそのまま飛行機に乗ったので、隣の女性に「私は寝ますから、トイレに行かれるときはいつでも遠慮なく起こしてください」と伝えたそうで、この会話がきっかけで、2人はいろいろ話をして仲良くなり、結局、その女性を含め3人でタクシーで空港からパリの市街地に移動し、先に彼女のホテルに寄った。山越さんは長年ギニアで調査をしていたのでフランス語が話せる。タクシーのドライバーにもフランス語で指示を出し、やはり現地語が話せるとかっこいいなと思った。

ギニアの首都コナクリの空港で長い行列を作って入国手続きを行なっていたが、私の前に並んでいた、白く長いあごひげの白装束の老人から、彼のパスポートと入国カードを手渡され、カードに書いてくれという仕草をされた。どうも読み書きができないようである。それで、並びながら彼の分も記入することにした。

コナクリに着いて初日に、山越さんに本屋に連れて行ってくれるように頼むと、本屋というものはなくて、路上の露天商が地面に敷いたシートの上に雑貨や新聞などとともに、少し本を並べているくらいということだった。アフリカはどこの国でも本屋がほんとうに少ない。あったとしても、教科書を売っているテキストブックセンターのみの場合も少なくない。これがインドとの大きな違いだと思う。インドはあちこちに本屋が並び、英語の書籍とヒンディー語の書籍の両方が売られている。湿気が多いせいか、どの本もかび臭いにおいがするのがインドの本屋だ。インドでは本を入手するのは容易だ。しかし、アフリカの国々は本屋が少ないばかりか、どの本にもビニールのカバーが掛けられていて、中身が読めない。読みたいときは店員を呼んで、ビニールのカバーをいちいち外してもらわなくてはならないのだ。アフリカの本は、渡航の行き帰りに、かつての宗主国だったイギリスのロンドンやフランスのパリに寄って、その本屋で入手することが多い。

また、コナクリにはレバノン人経営のホテルやレストランが目立った。これは西アフリカ諸国に共通して見られる現象である。一説には、西アフリカには約25万人のレバノン商人が暮らしているという。レバノンでは1860年代にキリスト教マロン派とイスラーム・ドゥルーズ派が対立し、ドゥルーズ派によるマロン派の大虐殺を経て、多くのレバノン人がギニアなどの西アフリカに渡り、商売を始めたのであった。1975年に始まったレバノン内戦と1982年のイスラエル侵攻により、さらに国民の国外流出が進んだ。レバノン国外で暮らすレバノン人は1500~2000万人、国内のレバノン人は約400万人と言われている。

コナクリからボッソウまでは車で丸2日かかった。当初は途中ファラナで1泊して行く予定であったが、理由はよく覚えていないが、もう少し先にあるキシドゥグで1泊した。そこでやはりボッソウで調査をしているポルトガル人の大学院生スザンナと合流した。車にはもう1人、日本に留学経験のあるギニア人研究者が同乗していたので、夕食のときになると会話はすべてフランス語になった。ボッソウでの研究について彼らは話し合っていたが、私はフランス語がわからず、またボッソウでの研究にも携わっていなかったので、会話ではまったく蚊帳の外だった。

チンパンジーが激減した観察地ボッソウの森

ボッソウ村はギニア共和国の東南部に位置し、リベリアやコートジボアールとの国境まですぐだ。この3カ国の国境にはニンバ山が位置している。このボッソウには京都大学霊長類研

写真 18-1　ボッソウの森

究所（現京都大学ヒト行動進化研究センター）が拠点を置き、長年チンパンジーの調査を行なってきた。しかし、このとき、ボッソウのチンパンジーは13頭で、30年以上外部から嫁が来ない状態が続いていた。ボッソウの森は、周りをサバンナや農地で囲まれている小さな森で、まるで鎮守の森のようだ（写真18－1）。おまけに長年、研究者たちがたくさんやってきて観察を行なうため、ますますボッソウに住んでいるチンパンジーと他の森に住んでいるチンパンジーの行き来が少なくなってしまった。かつては20頭近くいたようだが、２００３年12月に4頭が同時に死に、２頭がいなくなって、13頭になった。人からの病気の感染のリスクも高い。野生のチンパンジーの寿命は40～50年くらいと言われている。チンパンジーのメスは9～11歳になると群れを出て、別の群れに移籍するのが一般的だ。このとき、11歳のメスとその1歳半の子供がいたが、そのメスが子供といっしょに外に行ってしまうと、群れはオスと年をとったメスだけになってしまう（写真18－２）。11年後の２０２０年には、オス3頭、メス4頭の計7頭の群れになってしまった。メスは1頭（２００９年調査のとき11歳であったメス）を除いて、すべて50歳以上である。そして２０２３年現在、生き残っているのは4頭の

写真 18-2　ボッソウの森に棲むチンパンジーの親子

みである。

ボッソウのチンパンジーは、イラクサ科のミリアントゥス *Myrianthus* の木やセリ科の蔓性の低木で樹木に這うように伸びる、ランドルフィア・ダルシス *Landolphia dulcis* やランドルフィア・ヒルスタ *Landolphia hirsuta* の果実を食べていた。11月頃になるとカポック *Ceiba pentandra* の若い実を食べる。農地ではバナナ、コーヒー、カカオなどが混栽されているが、チンパンジーはバナナ、カカオ、マンダリン、マンゴ、オレンジの果実を食べる。

ボッソウでは冷たいビールを手に入れることができない。しかし、村の人に頼むとバイクで国境を越えて30分ほどでリベリア側の店で冷たいビールを買ってきてくれる。地元の人は比較的自由に国境を行き来できるようだ。しかし、ギニアからリベリアに入ると大きく異なることがある。それはギニアの公用語がフランス語で、リベリアは英語であることだ。ギニアはフランスの植民地だったが、リベリアはアメリカ合衆国で解放された黒人奴隷によって建国され、１８４７年に独立した、エチオピアに次いで古い国だ。それで、首都の名前もアメリカ合衆国第５代大統領のジェームズ・モンローから取ってモンロビアになった。

ボッソウからコナクリに戻るときは、ちょうど近くの町ヌゼレコーレからコナクリまでを結ぶ週1便のフライトに乗ることができたが、それがリベリアのモンロビア経由だった。モンロビアまでの機内放送はフランス語だったが、モンロビアからは英語になった。モンロビアの空港で一度下りて、再度乗ったのだが、今までのフランス語の世界から英語の世界に急に変わったのは奇妙な感じがした。

ニンバ山の地面の鉄皮殻・ラテライト

ボッソウでは土壌の調査も行なったが、近くにニンバ山があるので、ニンバ山の植生と土壌の調査を行なうことにした。ニンバ山はギニアとコートジボワールの国境にある標高1752mの山である（写真18－3）。標高750mくらいまでは板根《ばんこん》の発達した樹高の高い木が密集した熱帯雨林になっている。樹高が高くて、土壌層が浅いため、その巨大な樹木を支持するために、地表付近の根を横方向に生長させて板状の板根を形成している（写真18－4）。樹種としては、フトモモ科の *Syzygium guineense*、オトギリソウ科ペンタデスマ属の *Pentadesma butyracea*、アフリカンオイルビーン *Pentaclethra macrophylla*、チドロウィア・サンギネア *Chidlowia sanguinea*、マメ科で種子を炒って食べるブッセオ・オクシデンタリス *Bussea occidentalis*、木材がカヌーや橋の建造に利用されるマメ科の *Piptadeniastrum africanum* などが生育している。

写真 18-3　ニンバ山の斜面は鉄皮殻（鉄盤層。ラテライト、キュイラスあるいはフェリクリートと呼ばれる）が露出し、土壌が流出して樹木が成育できない。土壌が堆積した谷沿いに熱帯雨林が分布している

写真 18-4　熱帯雨林でよく見られる板根。標高の高い熱帯雨林は板根で幹が支えられている

マメ科の*Pentadesma butyracea*の種子は、ゴールデンシアバター、クパンナンシアバターなど呼ばれ化粧品の原料などで注目され、熟した黄色の果肉は甘く食用になる。アフリカン・バター・ツリーと呼ばれることもあり、材木は家具や建築に使われる。*Pentaclethra macrophylla*も果実は黒褐色のさやで、長さ50㎝、幅10㎝、厚さ2㎝、6～10個の種子があり、種子から抽出した油が利用される。

標高が800mくらいになると、野生イネやアフリカワイルドライスと呼ばれるイネ科の一年草の*Oryza barthii*が優占する草本地になっている。草本地の中に、白色あるいはクリーム色をしたアーモンドの香りがする花を持つ*Harungana madagascariensis*のような低木が生育している。谷地形のところには森林が分布し、アフリカン・クラブウッドと呼ばれるカラパ・プロセラ*Carapa procera*や、西アフリカでは聖なる木あるいは精霊の宿る木と信じられている、クワ科ミリキア属の樹木の一種であるミリキア・エクスケルサ*Milicia excelsa*あるいは*Chlorophora excelsa*、人々に食料、薬、木材、その他様々な物資を供給しているシュガープラム*Uapaca guineensis*、アスパラガス科に属するヤシのような植物ドラセナ・アルボレア*Dracaena Arborea*などが生育している。

このように、ニンバ山の山麓にはうっそうとした熱帯雨林が広がっているのに、山頂近くになると木が生えていない。なぜだろうか？

ニンバ山の斜面がはげて見える場所は、比較的背の高いイネ科の草本に背の低い灌木が点在していて、この草原でも谷筋には森林が成立している。この草原の草をむしってみると、すぐに岩盤が露出する（写真18－5）。この岩盤はスコップでは掘れず、ツルハシで硬い岩盤を砕くしかない。この硬い塊（写真18－6）は、ラテライト（キュイラスあるいはフェリクリート）と呼ばれる赤茶色をした鉄皮殻《てつひかく》（鉄盤層《てつばんそう》）である。地下水に溶け込んでいた物質が、地表付近の土壌や堆積物中に集積して形成された硬い風化殻をデュリクラストと言うが、これはその一種で、湿潤地から乾燥地に向かって順に、鉄に富んだフェリクリート（鉄皮殻）、珪酸《けいさん》に富んだシルクリート、石灰に富んだカルクリートが形成される（水野2015、2021a、b）。

この鉄皮殻（鉄盤層）が非常に硬いため、耕作の障害になる。ニンバ山の場合、斜面が鉄皮殻に覆われているため硬くて草地になっているが、谷沿いには地表の細かい物質が流れ込んでたまるため、土壌が発達し、樹木が生育できるのである。私はこのときまでラトソル（ラテライト性土壌）はよく見てきたが、鉄皮殻のラテライト（キュイラス）を見たのは初めてだったので、これがラテライトなのかと感激した。しかし、ツルハシも歯が立たないようなこの鉄皮殻がアフリカの農民を苦しめていると思うと、やっかいな産物なんだなとため息が出た。

ボッソウではあちこちでチンパンジーと出くわし、彼らの興味深い行動に驚かされ（写真18－7）、楽しかったが、そのチンパンジーたちが近い将来いなくなるというのはなんとも悲しいことである。

写真 18-6　地表付近にできるラテライト（キュイラス、フェリクリート）と呼ばれる赤茶色をした鉄皮殻（鉄盤層）。硬くて耕作の障害となる

写真 18-5　草原の草をむしりとるとすぐに現れる鉄皮殻（鉄盤層。ラテライト、キュイラスあるいはフェリクリート）

写真 18-7 チンパンジーが枝を使ってシロアリ塚の中のシロアリを食べていた

19

温暖化で山を登る可憐な永久花を見つける

ケニア山・キリマンジャロでの調査（2009年）

ホテルの浴槽から湯が漏れて、豪華な部屋に移動

この年は、筑波大学准教授の廣田さんとケニア山とキリマンジャロの調査に出かけた。最初、指導院生と行こうかと考えていたのだが、院生らが同時期にナミビアからザンビア、マラウイへと車での横断調査を計画していたため、かつて私が予備校で講師のアルバイトをしていたときの教え子でもあった廣田さんがケニア山やキリマンジャロでの調査に興味を持っていたため、誘ったのである。

ナイロビの初日、ホテルのツインの部屋に入ると、東京のビジネスホテルのような狭さでがっかりした。おまけに、浴槽に湯を入れると、浴槽のひびから湯が漏れ出て、横にあるトイレの

床が水浸しになる始末だった。そこで、ホテルのフロントで苦情を言うと、責任者が出てきて、翌日に新館の方の部屋に移動する手配をしてくれた。

翌朝、ホテルのボーイに新館に荷物を運ぶように伝えると、20歳くらいのボーイは我々の顔を見て「うう〜ん」と頷くようにニヤッと笑った。新館の部屋に入ると、旧館の部屋より遥かに広く、きれいで、豪華だった。しかし、部屋にはアラブの王様のベッドかと思わせるような、四方を木の彫刻に彩られた柱が立っているような豪華なキングサイズのベッドが1つだけ、デーンと構えていた。部屋にはテーブルやソファーまである。ボーイがにやりとした理由がわかった。1つのベッドに男2人が寝るのかと思い、「わかってるよ」というような仕草をしたのだった。ボーイにエクストラベッドを部屋に入れるように指示すると、ああ、そうなのかという顔をして、急いでベッドを運び入れた。しかし、ベッドのサイズに差がありすぎた。浴室を見ると浴槽の他に、脇にはジャグジーまである。最初の部屋の湯船が水漏れしてよかった。

温暖化で山を登っていった永久花

ケニア山の調査では、かつては氷河の末端から植物までの距離など、巻き尺を使って測っていたのだが、この頃になると、20万円ほどする精度の高いレーザー距離測定器（トゥルーパルス200）を用いて測ることができたので、ずいぶん楽になった。廣田さんは地温を測るため、地温測定用の小さなロガーをあちこちに埋めていた。

写真19-1 ムギワラギクの仲間ヘリクリスム・シトリスピヌム。温暖化で分布を急速に斜面上方へと広げている

各植物種の分布の先頭位置を調査しているうち、これまでは氷河周辺には分布していなかった植物種が開花していた。それはエバーラスティングフラワー（永久花）と呼ばれる植物で、ムギワラギクの仲間のヘリクリスム・シトリスピヌム *Helichrysum citrispinum*（写真19－1）である。２００９年にはティンダル・ターン北端より上方の、ラテラルモレーン（サイドモレーン）上に32株が分布していた。モレーンとは、氷河が流れるとき、削り取られた岩屑や土砂などが土手のように堆積した地形のことを言い、氷河の末端部に形成されたモレーンをターミナルモレーン（エンドモレーン）、氷河に沿って形成されるモレーンをラテラルモレーン（サイドモレーン）と呼ぶ（水野２０１６ｅ）。

ヘリクリスム・シトリスピヌムの新たな出現は、近年の氷河後退にともなう植物分布の前進ではなく、気温上昇による植物分布の高標高への拡大と推定される。この植物が永久花と呼ばれる所以であるが、白い花びらのように見えるのは実は苞葉《ほうよう》（花序の基部にある特殊化した葉で、総苞片《そうほうへん》とも言う）であり、花弁《かべん》の花序《かじょ》（花の集まり）は中央の丸い黄色い部分である。苞葉は乾いてかさかさしているため、ドライフラワーにされることが多く、永久花と呼ばれている。

ヘリクリスム・シトリスピヌムは通常、暖かくなる12〜2月に開花する植物であるが、2009年には8月に開花していた。これは2009年の3〜9月の気温が平年より1℃以上高かったため、一気に生育範囲が斜面上方に広がり、2009年の4〜8月の気温が、平年の12月並みの暖かい気温に達したため、8月に開花したものと推定される。気温が平年値であった2011年8月には、ヘリクリスム・シトリスピヌムは49株（プラス17株）に増えていたものの、つぼみを持つものが1株あったのみで、他は開花していなかった。ちなみにケニア山は赤道直下にあるものの、南半球の気候で、1年のうち12〜3月に気温が高く、6〜8月に気温が低い。

満席のバスで国境を越えてキリマンジャロに向かう

ケニア山の調査を終え、ナイロビに戻ると、今度は陸路でタンザニアに向かう。キリマンジャロに登るためだ。ホテルの前から朝7時半に、タンザニアのモシまで約10時間かけて行く長距離バスに乗り込む。バスは満席だった。しばらくすると、ものすごく小用を足したくなってきた。朝食でジュースやコーヒーを飲んで、バスに乗ってからしばらくしてもよおしてきたのだ。しかし、当分トイレ休憩はない。市街地を抜けて郊外に出ると、途中のホテルに寄って、そこでもお客を乗せていた。急いで降りて、ホテルのトイレに駆け込み、事なきを得た。バスの中では、大きな声で携帯電話で話している女性の声がずっと耳障りだった。タンザニアとの国境まで来ると、乗客はバスから降りて、ケニア側の税関で出国手続きをし、歩いて国境を渡り、タンザニア側の税関で入国手続きを行なう。黄熱病のワクチンを打った証拠のイエローカードの提示を求められ、それを持たない人は、国境でワクチンを打つことになる。

タンザニアに入るとかなりの悪路だった。夕方になってアルーシャに着き、そこで我々ともう1人の3人以外全員が下車した。モシに近づくにつれ、車窓からキリマンジャロが間近に迫ってくる。モシには夕方の5時過ぎに到着した。ホテルでチェックインを済ませ、タクシーの運転手にキリマンジャロ登山の手配会社まで連れて行ってくれるように頼んだ。もう、夜6時くらいだったが、小汚い小さな部屋1つのオフィスで降ろしてもらい、そこで登山について聞くと、明日にでも登山はできると言う。前金だというので、その場で高額なツアー料金を支払ったが、オフィスは机が1つあるだけの部屋で、ほんとうに翌朝ホテルに迎えに来るのかいささか不安だった。

写真 19-2　キリマンジャロの山頂のウフルピークで記念撮影

翌朝、ガイドたちがホテルに迎えに来て、ほっとした。前日は時間が遅すぎたので、この日の朝にガイドが買い出しをするために、我々を乗せた車は町を走り回った。車にはポーターやウエーターを乗せ、登山口まで向かった。登山口にはガイドに雇ってもらうためにたくさんのポーターたちが待ち受けていた。ガイドはその群集の中からコックを探し、1人のコックを雇った。結局、我がチームのガイド2名、ポーター3名、ウエーター1名は仲間同士だが、コックだけは彼らの仲間でない人となった。

登山コースは山小屋を利用する、全5日間の行程のマラングルートを使った。日本人の間では最もポピュラーなコースであるが、西欧人はキャンピングを好むので、全6日間の行程のマチャメルートを使う人が多い。朝起きるとウエーターが洗面用の温かいお湯を運んできてくれる。

無事、私と廣田さんはキリマンジャロの最高峰、ウフルピークに登頂することができた（写真19－2）。カルデラ内の氷河は以前よりずいぶん減少していた（写真19－3）。

写真 19-3　キリマンジャロキボ峰のカルデラ内の氷河

20

人と文化がカヌーで長距離伝播していった太平洋の島々

太平洋諸島（タヒチ、ラパヌイ、パラオ）での調査（２０１１年・２０１２年）

エメラルドグリーンの珊瑚礁の島タヒチと森林破壊ではげ山の島ラパヌイ

２０１１年の11月から12月にかけて、私はその当時在籍していたＡＳＡＦＡＳで推進されていた頭脳循環プログラムの担当教員であったため、プログラムに採択された院生の調査地を訪れ、現地の受け入れ機関への挨拶や現地指導を行なう業務を担った。せっかく新しい土地を訪れるので、自分の研究調査も可能な限り実施することにした。

成田空港からタヒチのパペーテまでは、エア・タヒチ・ヌイ航空で約12時間かけて行く（図20－1）。飛行機の中は新婚カップルばかりでキャピキャピした感じの華やかさがあり、男性単独で乗っていたのは私とタヒチの黒珊瑚の輸入商の中国人男性だけで、ものすごく目立った。

タヒチは高級リゾートホテルばかりで、私はバックパッカー宿に数部屋だけある個室に泊まった。個室でも、シャワーやトイレはドミトリー客と共同だ。新婚カップルにとって、珊瑚礁に囲まれたエメラルドグリーンのラグーン（礁湖《しょうこ》）に浮かぶコテージで2人だけで過ごすひとときは、ホテルの高額な宿泊費より価値あるものなのだろう（写真20－1）。タヒチからラパヌイ（イースター島）までは飛行機が週1便だけなので、タヒチには3泊し、植物園や博物館を訪れ、まずはタヒチの自然や社会・文化の予習をした（写真20－2、写真20－3）。

タヒチからラパヌイまでは、チリのラン航空で約5時間のフライトだ。珊瑚礁に囲まれ亜熱帯林に覆われた諸島のタヒチとは異なり、ラパヌイは風が強く、断崖絶壁に荒波が打ちつけ、周囲2000km以内に人が住む島を持たない小さな火山島の孤島である（写真20－4）。

ラパヌイは、現在ほとんどはげ山状態で、森林は集落の周辺や谷沿いに少し見られるだけである（写真20－5）。かつてのモアイ像の運搬や人口増加などで森林は破壊しつくされ、島全体がはげ山となっている。ラパヌイの文明が滅びた説として、自然破壊や部族抗争が原因であるという説が有力だ。島民の入植から17世紀までモアイ像が造られ続けたが、モアイの運搬・設置には大量の木材が必要で、森林伐採が続いた。さらに人口爆発により、森林破壊が進行し、土壌侵食によって肥沃な土壌が海に流出し、土は痩せていった。やがて食糧不足が生じ、部族間抗争が起きたという。他には、ネズミの食害やヨーロッパ人の奴隷狩りとする説もある。

ラパヌイの面積は約166km²しかなく、これは小豆島とほぼ同面積である。この小さな島に

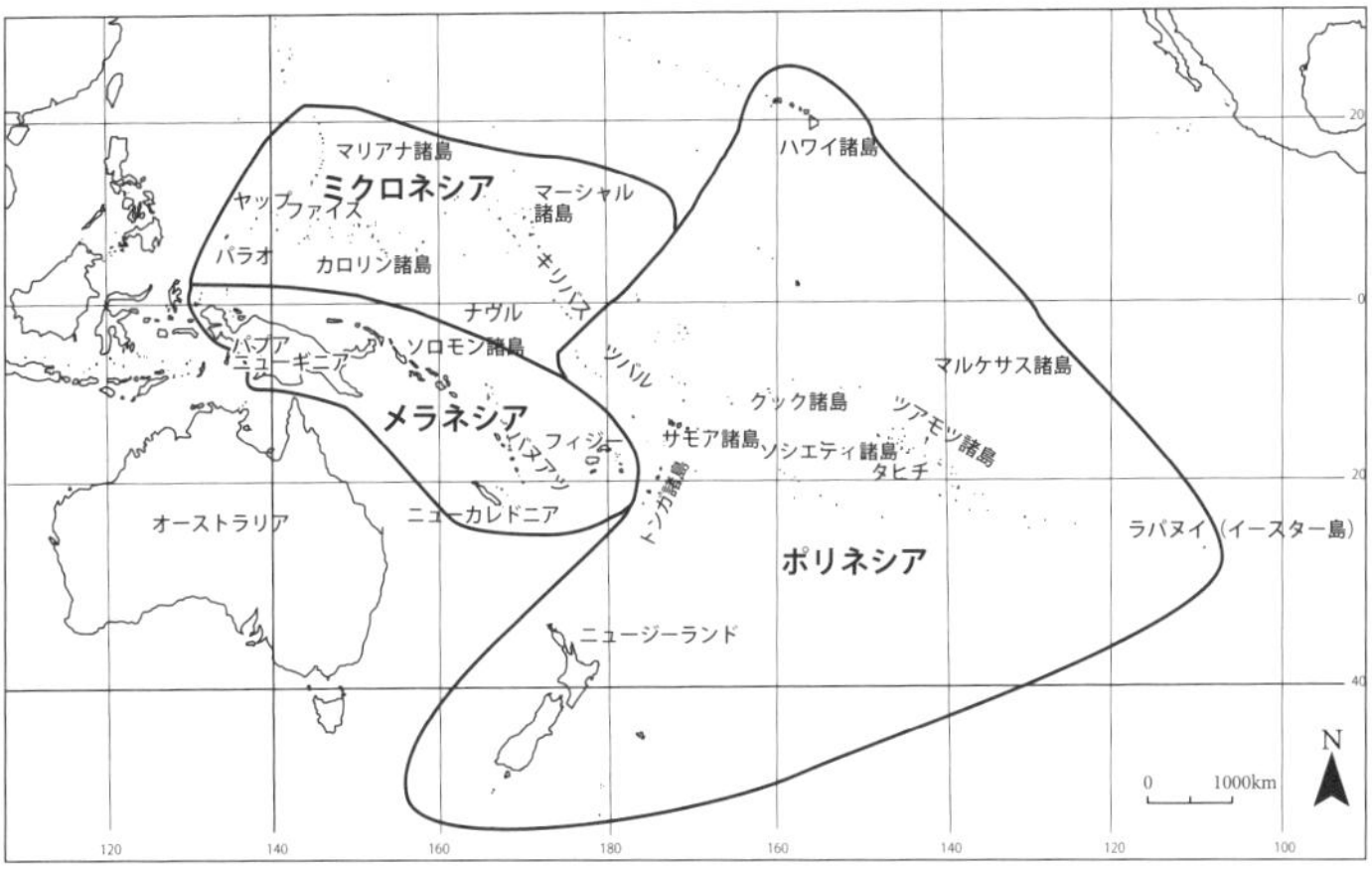

図 20-1　太平洋諸島（オセアニア）

写真 20-1
タヒチ　裾礁や堡礁の島々からなり、珊瑚礁と島の海岸線の間にはエメラルドグリーンのラグーン（礁湖）が広がっている

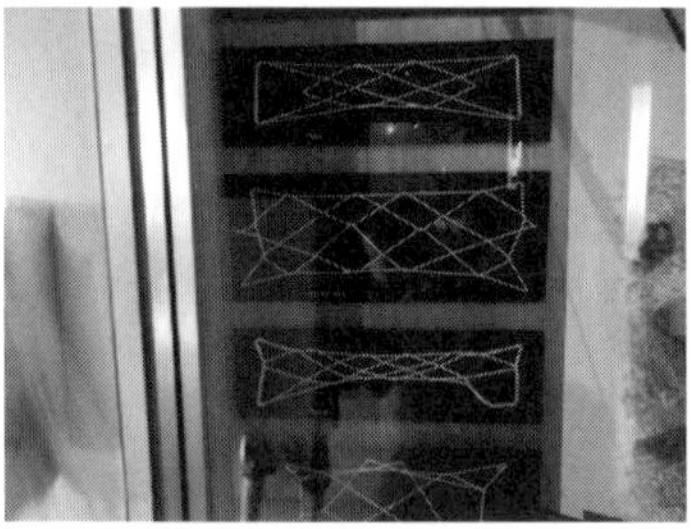

写真 20-3　タヒチの「あやとり」（タヒチ博物館）

写真 20-2　タヒチの植物園

写真 20-4　ラパヌイ（イースター島）。ほとんど木がなく、海からの強い風や波が吹き付け、珊瑚礁の発達が限られ、断崖絶壁の険しい海岸が続く。かつての森林破壊で島はほとんど草地になっている

4000~5000人が住んでいて、人口の約7割がラパヌイ人、約3割が観光業に従事するためにやってきたチリ人である。ここで、現地で調査をしている院生と合流した。

島の固有種であるトロミロ *Sophora Toromiro* の木は、マメ科クララ属の樹木である（写真20－6）。クララ属は熱帯および温帯に約50種が分布し、草本、低木、高木まで様々であるが、いずれも数珠玉状の果実をつけるのが特徴である。この樹木はかつて島全体を覆っていたが、絶滅寸前の最後の1本から種子が採種されスウェーデンに持ち帰られて、ストックホルム、ベルリン、ロンドンで育てられた。その後、島ではこの樹種は絶滅したので、ヨーロッパで育った苗木が逆輸入され、現在、国立森林組合で大切に育てられている。トロミロの木は非常に弱い植物であるため、稚樹の周りをネットで囲んで保護し、また根元には線虫類に冒されないように強いにおいを発する草本を育てて保護している。大木になるには50年以上かかるという。将来的にこの固有種が島全体を覆い、かつての自然を取り戻すことが期待されている。

あやとりはポリネシア共通の文化

ハワイの博物館を訪れたとき、「あやとり」の展示があり、また、ラパヌイを訪れる前に立ち寄ったタヒチの博物館でも「あやとり」の展示があった（写真20－3）。ラパヌイでも現地のラパヌイ人の女性が私に「あやとり」をやって見せてくれたのが興味深かった（写真20－7）。そこで、ハワイやタヒチ、ラパヌイに共通するポリネシアの言語や文化を調べてみた。

写真 20-5　ラパヌイの島の最高地点からの遠望。島の少し緑があるところが、唯一の村のハンガロア村。ラパヌイ（イースター島）にはほとんど木がない

写真 20-6 ラパヌイの固有種トロミロの稚樹。この樹木はかつて島全体を覆っていたが、その後、島ではこの樹種は絶滅した

タヒチやラパヌイは、ポリネシア・トライアングルと呼ばれる、北端のハワイ諸島、南東端のラパヌイ、南西端のアオテアロア（ニュージーランド）の3点を結んでできる三角形に含まれる。そこでは、ポリネシア諸語が使われ、言語のみならず、伝統文化、芸術、宗教なども似通ったポリネシア文化圏を構成する。あやとりはポリネシアに共通する遊戯である。マオリ語（ニュージーランド）、ハワイ語、タヒチ語、ラパヌイ語がポリネシア諸語（オセアニア語群）に属し、言葉が似通っている（表20－1、表20－2、水野 2021a）。

写真20-7 ラパヌイの「あやとり」。ラパヌイ人であるMaria R. Pakarati Araki 氏が見せてくれた

ポリネシア人の先祖は、今から4000～5000年前の頃に台湾を出て、南下拡散したオーストロネシア語族（マレー・ポリネシア語族）であるというのが有力な説である（図20－2）。東南アジアの諸島に定着したインドネシア系からオセアニア系が分かれ、それが南下してニューギニアの東部に広がる西太平洋の島々に足跡を印したのが、先史ラピタ人、ポリネシア人の直接の先祖に当たるという仮説が有力である（片山 2020）。

ラピタ人につながるオーストロネシア語族集団

は、3500年前頃にはフィリピンから東インドネシア、さらに直線で2000㎞近くの航海が求められる西ミクロネシアのマリアナ諸島へと拡散を開始した。その過程でニューギニアの離島部に3300年前頃までに到達した集団がラピタ人であるという。彼らは特徴的な土器を携えて、ニューカレドニアやフィジーといったメラネシアの島々に初めて入り、数百年でサモア、トンガなど、ポリネシアの一番西の端まで一気に行っている（小野 2020、図20－2）。

表 20-1　オーストロネシア諸語（ポリネシア系言語）の例

	ハワイ	マオリ（ニュージーランド）	タヒチ	ラパヌイ（イースター島）	マレー／インドネシア	マダガスカル
死ぬ	make	mate	mate	mate	mati	maty
魚	I'a	ika	I'a	ika	ikan	fia

表 20-2　オーストロネシア諸語（ポリネシア系言語）の比較（Schütz 2011）

	ハワイ語	タヒチ語	マオリ語
鳥	manu	manu	manu
カヌー	wa'a	va'a	waka
子供	kamali'i	tamari'i	tamaiti
飲む	inu	inu	inu
顔	maka	mata	mata
魚	i'a	i'a	ika
飛ぶ	lele	rere	rere
手	lima	rima	ringa
頭	po'o	ūpo'o	ūpoko
家	hale	fare	whare
月	malama	marama	marama
夜	pō	pō	pō
人	kanaka	ta'ata	tangata
力	mana	mana	mana
雨	ua	ua	ua
海	moana	moana	moana
病気	ma'i	ma'i	maki
皮	'ili	'iri	kiri
空	lani	ra'i	rangi
歯	niho	niho	niho
亀	honu	honu	honu
何？	aha	aha	aha
女	wahine	vahine	wahine

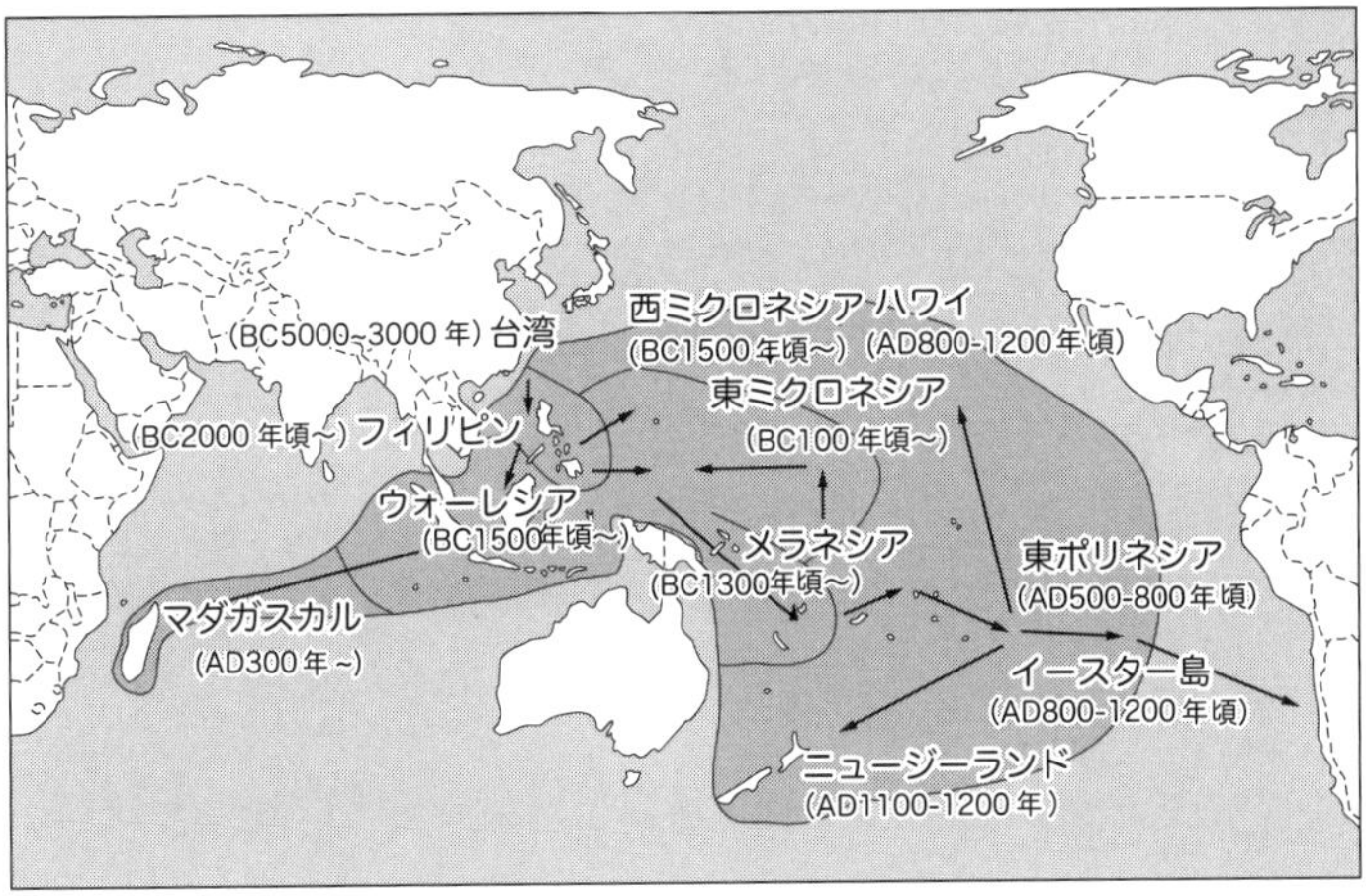

図 20-2　オーストロネシア語族の系譜と拡散図（小野 2020）

今から2000年ほど前、ポリネシア人は突如、トンガやサモアの島々から東へ漸進した(図20－1)。そして、遠洋航海を繰り返し、マルサス諸島やタヒチのあるソシエティ諸島などの中央ポリネシア、さらにはハワイ諸島やラパヌイ、ニュージーランドなど、いわばポリネシアの辺境地まで到達・開拓し、ポリネシア文化が培われていった（片山 2020）。

しかし、ハワイとニュージーランドは8000km、タヒチとラパヌイ（イースター島）は4000km離れている。ラパヌイは人の住む最も近い島であるピトケアン島まで2000km離れた絶海の孤島である（写真20－4）。これらの長距離の移動を可能にしたのは、安定性を増すために、カヌー本体の片脇あるいは両脇にアウトリガーとも呼ばれる浮子《ウキ》が張り出した形状を持つ、アウトリガー・カヌーの利用が

写真20-8　古代からポリネシアの広範囲を移動したアウトリガー・カヌー（フィジー）。安定性を増すために、カヌー本体の片脇あるいは両脇にアウトリガーとも呼ばれる浮子（ウキ）が張り出した形状を持つ

ある（写真20－8）。メラネシアのバヌアツやソロモンでは、3000年前までに人が定住しているが、東ミクロネシアに人が定住したのは、2100年前である（図20－2）。ポリネシア西端のサモアやトンガで足踏みし、東ミクロネシアの人の定住時期との間に1000年近くも差がある要因には、気候変動がもたらす海面変動と、火山島や珊瑚礁の地形が大きく関わっている。詳しくは、『世界と日本の地理の謎を解く』（水野一晴2021、PHP新書）の第7章「なぜ、イースター島と、ハワイ、マダガスカルは1万km も離れているのに言葉が似ているのか？」を参照していただきたい。

センプウキやチチバンドなど日本語が残る島パラオ

ラパヌイ同様に頭脳循環プログラムで院生が調査を行なっているパラオを訪れた。パラオはミクロネシアにある珊瑚礁の美しい国である（写真20－9）。パラオは、第一次世界大戦後、それまでドイツ領であったのが、パリ講和会議によって、日本の委任統治領になった。中心地のコロールには南洋庁と南洋庁西部支庁（パラオ支庁）が置かれ、多くの日本人が移住し、日本人街が形成されていた（図20－3）。1944年6月時点のパラオ諸島の人口は日本人2万7486人、島民6474人、ヨーロッパ人（宣教師）18人であった（坂上・八田 1990）。私はコロールで、当時の日本人街の調査を行なっていた日本パラオ友好団体協議会会員の佐藤氏と知り合った。図20－3は佐藤氏が長年かけて現地調査をし、作成されたコロール市街図（大正10年～昭和20年（1921～1945））であり、佐藤氏は私にこの地図のコピーを手渡してくれて、自由に使っていいよとおっしゃった。

写真 20-9　パラオのカヤンゲル環礁

地図には南洋庁やパラオ支庁、旭球場、日本銀行代理店、パラオ医院やパラオ小学校、郵便局が見られる（図20－4）。市街地には、食堂、自転車屋、洋服店、饅頭店、洗濯屋、喫茶店、菓子屋、布団屋、ペンキ屋、床屋、おもちゃ屋、タクシー、時計店、服地屋、写真館、運送屋、おでん屋、八百屋、焼鳥屋、医院、洋裁屋、寿司屋、たばこ屋、豆腐屋、お寺、旅館、氷屋、ブリキ屋、下駄屋、花屋、オートバイ屋、鍛冶屋、髪結屋、雑貨屋、材木屋、酒屋、銭湯、カフェ、交番、市場などが立ち並び、女郎屋や占い師という文字も見られる。

日本の統治とともに、日本語による学校教育が現地人に対しても行なわれるようになった。現地人子弟への教育は、日本人子弟とは別の学校で行なわれた（水野 2021a）。私が現地で知り合った高齢女性は、公学校で教えを受けた日本人女性教師に会うため、戦後に3回、日本の教師宅を訪ねたと語っていた。

日本人の流入や日本語教育の影響で、現在のパラオの外来語の多くは日本語由来である。デンキ、デンワ、センプウキ、センセイ、ダイトウリョウ、クルマ、ハイシャ、オキャク、クルマ、オツリ、ハゲ（はげ山から）、チチバンド（ブラジャーのこと）、ハブラシなどである。また、現在のパラオの人名も日本風のものが数多く見られる。日本人の苗字をパラオ人の苗字としたり、日本人の名前をパラオ人の苗字として使用したりしている。また、パラオ人の高齢者の多くは日本語が話せ、名前が日本風であることが少なくない（ハルコ、アケミ、ヒサエ、キクエ……）。高齢者たちが日本の花札に興じている姿を見ることもあった（写真20－10）。

最近、ミクロネシア連邦の島々（コスラエ島、ポンペイ島）を訪れる機会があったが、パラオも含めてミクロネシアは日本の統治時代の影響が色濃く残り、太平洋戦争の爪痕だけでなく、言葉や食事などに日本の文化や風習がいろんな形で継承されているのが興味深かった。ミクロネシア連邦は第二次世界大戦後、アメリカ合衆国の委任統治領になり、1979年に独立したが、現在も通貨はアメリカドルを使用し、車もアメリカ同様に道路の右側を走るが、走っている車の多くは日本の中古車のため、右ハンドルであるのが奇妙だった。

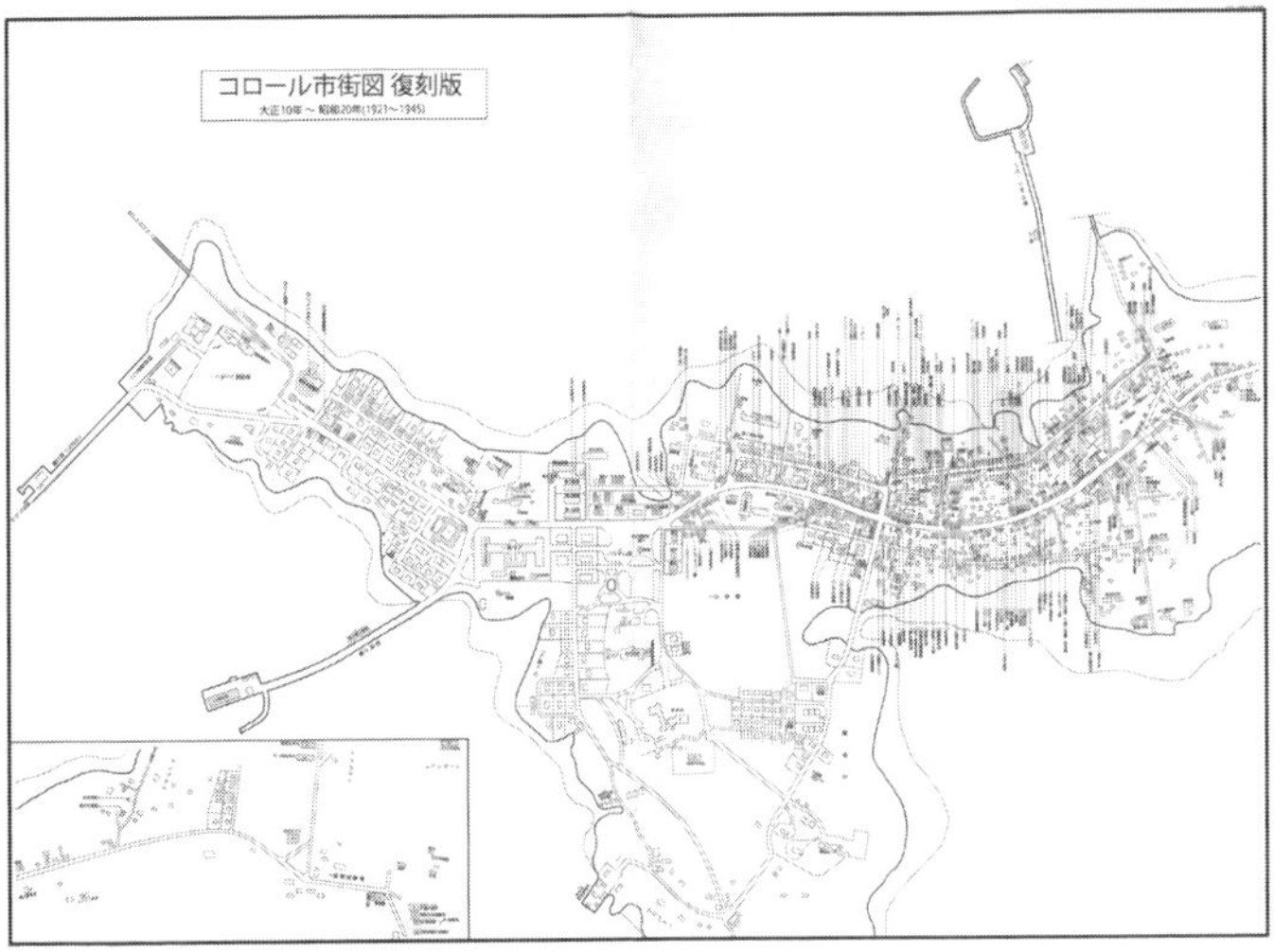

図 20-3　コロール市街図（1921 ～ 1945、佐藤百合昭氏作成）

写真 20-10　シニアシチズンセンターで、花札に興じている高齢者の人たち

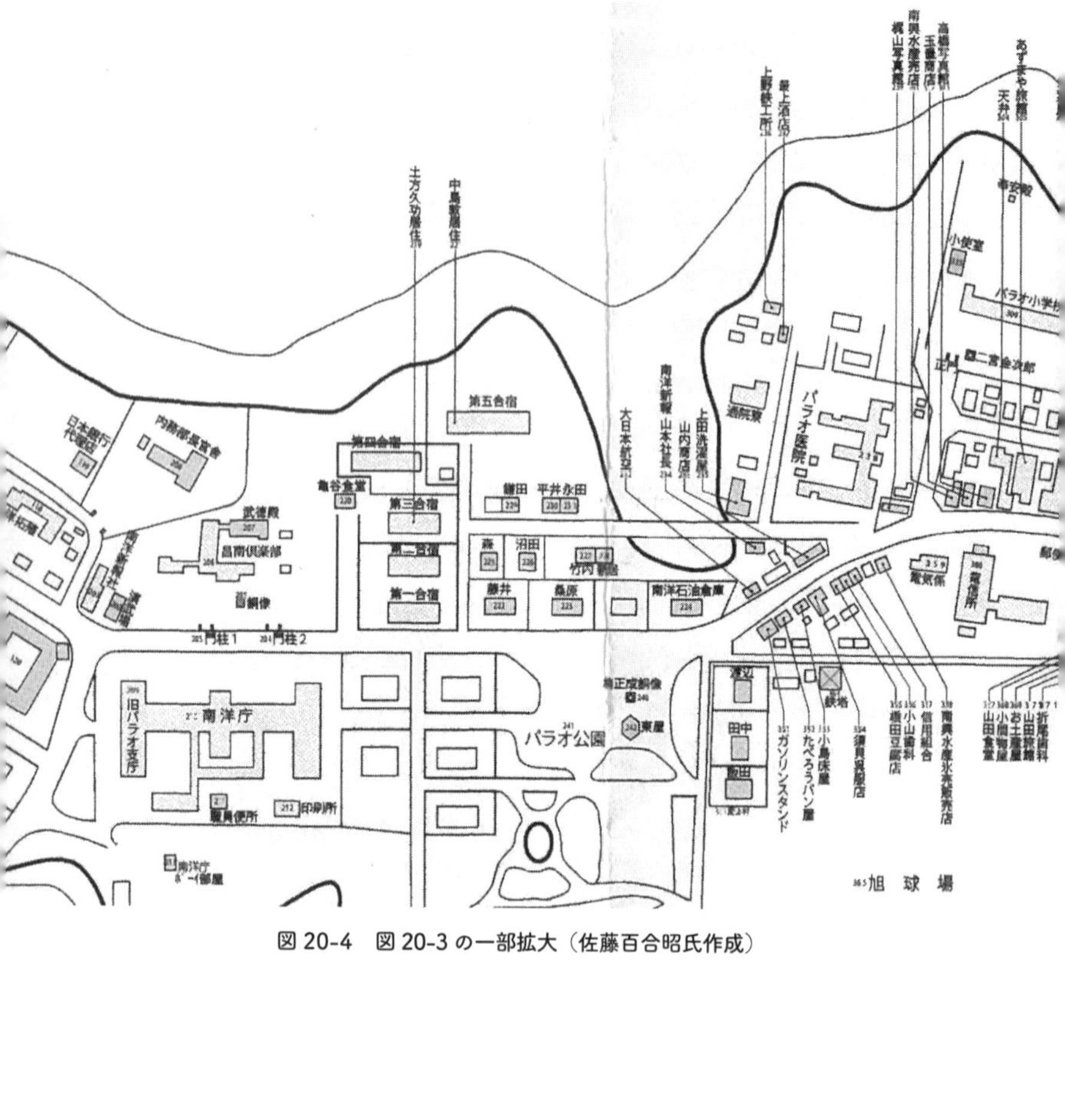

図 20-4　図 20-3 の一部拡大（佐藤百合昭氏作成）

21

高山病と交通渋滞に悩まされながらアンデスの氷河に通う

再びアンデスで調査する
――氷河と植生とリャマ・アルパカ放牧
（2012〜2014年）

高山病で毎日全員がそろわない夕食

私が代表者を務める、科研費の基盤研究Ａ「地球温暖化による熱帯高山の氷河縮小が生態系や地域住民に及ぼす影響の解明」（２０１２〜２０１５年度）が採択され、研究プロジェクトをボリビア・アンデスで行なうことにした。地形担当は北海学園大の高橋さんと明治大の長谷川さん（現明星大）、土壌担当は上越教育大の山縣さん、気候担当は日大の森島さん、植生担当は横浜国立大の吉田さん（現東京都立大）、筑波大の廣田さん、千葉大の沖津さん、京大の小坂さんである。

また、私の指導院生の原くんや、廣田さんの指導学生の三村くん、森島さんの指導院生の吉澤くんも同行した。原くんは私の２０１１年のケニア山調査も手伝ってくれており、彼自身はルウェンゾリ山地の氷河の雪氷微生物の調査を行なった（原 ２００６）。

ボリビアはとにかく日本から遠い。伊丹空港から夜出発し、羽田空港で1泊し、ボストン空港とマイアミ空港を経て、機中泊をして、飛行機に乗っている時間だけでも約24時間もかかって、やっとラパスに到着である。帰路はサンタクルス空港、マイアミ空港を経由して、ダラスで1泊して成田、伊丹であった。私にとっては１９９３年以来、20年ぶりのラパスだ。ラパスの空港の標高は４０６２mであり、飛行機を降りた時点で息が上がる。

写真 21-1　イリマニ山とラパスの街並み

初年度はラパス市街地に宿泊した。市街地の標高は３６４０mである（写真21－1）。ラパス市街地は車の数が多すぎるゆえに大渋滞で移動もままならない。その上、渋滞緩和のため、車のナンバープレートの番号で、曜日によって市街地に入れない日がある。ホテルの駐車スペースが1台分しかないので、ホテル近くのコインパーキングを利用していたが、そこに車を入れるのも至難の業であった。

調査を終えてホテルに戻ると、高山病で具合の良くない人が毎日入れ替わり立ち替わりで1～2名いて、ラパス滞在約2週間のうち、全員そろって夕食をとることは1日もなかった。

ラパスに着いて最初に、プロジェクトの海外共同研究者であるサン・アンドレス大学理学研究科のパレンケ教授の研究室を訪れ、情報交換を行なった（写真21－2）。そして、ガイド兼ドライバー兼通訳として、教授の元教え子であるエンリケを紹介してもらった。エンリケは気のいい青年で、我々としてはとても助かった。一つ難点は朝が弱く、朝の集合に遅刻してくることが多々あったが、それを軽く帳消しにするくらい大いなる助手として活躍してくれた。パレンケ教授は「証明書」と「関係者各位」と題する2通のスペイン語のレターを書いてくれた。「証明書」と「関係者各位」のレターの内容は以下の通りである。

写真21-2　海外共同研究者であるサン・アンドレス大学理学研究科のパレンケ教授の研究室を訪れる

「証明書」

以下に署名した私は、現地共同研究者として、ここに以下のことを証明します。

1）水野一晴教授とその研究グループは、私が代表を務めるサン・アンドレス大学の物理学研究所のワーキンググループと連携して活動を行なっています。

2）日本の研究グループは、ボリビア・アンデス地域における気候変動の影響を評価するために、氷河が後退した後に残された地表の調査を行なっています。
3）本研究は科学的な性質のものであり、商業的な活動とは関係ありません。
4）東部コルディレラ・リアル地域での研究で得られた成果は、アフリカで後退している同様の氷河との比較研究に使用されます。
そこで、国内で実施している研究課題を完遂するために、（必要に応じて）皆様のご協力をお願いいたします。


「関係者各位」

この手紙の目的は、サン・アンドレス大学の物理学研究所のワーキンググループと連携する研究者として、水野一晴教授とその研究者グループを紹介することです。

日本の研究グループは、気候変動の影響を評価するために、後退する氷河が露出している地域の調査を行ない、アフリカの後退する氷河との比較研究を行なっています。

したがって、私は彼らが国内での研究活動を完了するために、（必要に応じて）援助と支援が与えられることを要請します。


これらのレターを携えて、毎朝、8人乗りの4輪駆動車2台で、1台はエンリケが運転を行ない、もう1台は、雪国の上越に住んでいて日頃から四駆のマニュアル車を運転している山縣さんに運転してもらった。毎朝、ホテルから調査地まで向かうのだが、市街地を通り抜けるのに渋滞でかなりの時間を要する（写真21－3）。ボリビアも、アフリカ同様、ヨーロッパの植民地だったため、ヨーロッパ式の環状交差点ラウンドアバウトが交通渋滞のさらなる元凶となり、四方向から入ってくる車で身動きできなくなるのだ。

写真 21-3　車で渋滞するラパスの市街地

市街地を抜けて盆地の斜面のジグザグ道をひたすら登っていくと、アルティプラーノと呼ばれる広々とした平原に出る。その間、急坂を登っていくので、マニュアル車に慣れていないと坂道発進が大変だ。その平原の端にあたる標高4150mのエル・アルトからは、盆地の中に広がるラパスの市街地と、その街並みの向こう側にでーんと構えているイリマニ（Illimani）山（6439m）が遠望できる（写真21－1）。それは京都で言えば愛宕山《あたごやま》のような存在だ。愛宕山が信仰の対象になっているのと同様に、イリマニ山も、山の神アチャーラ・イリマニとして、古くから信仰の対象になってきた。イリマニ山はイリヤンプ（Illampu）山とともにボリビアの重要な霊山である。イリマニは、ボリビアではアンデスの神話の中の最高神インティを表すものとしてとらえられている。インカ帝国を興したケチュア族の人々は、太陽の神を天の序列の第一位に置き、インティという名前で神聖視した。

アンデスもケニア山も氷河末端近くにあったのは黄色い花のセネキオだった

アルティプラーノに出てからは、アンデスの雄大な景色を堪能しながら調査地へと向かう。途中でラパスから郊外に出る場所に、警察のチェックポイントがある。そこで、パレンケ教授が作成してくれた証明書を見せ、我々がサン・アンドレス大学との共同研究のために調査に入っていることを認識してもらう。

調査はチャルキニ峰の標高4870m付近にある西氷河と、標高4790m付近にある南氷河で行ない、とくに西氷河斜面下で集中的に行なった（写真21－4）。

ボリビア・アンデス、コルディレラ・リアルのチャルキニ峰（5392m）は、ラパスの北方にあるチャカルタヤ山（図21－1）のすぐ北西に位置している。このチャルキニ峰の西カールにおいて、私はモレーンの分布とその植生分布を調査した（写真21－5）。

この地域の年降水量は800～1000㎜で、植生は高山草原から高山荒原となっている。地質は、西カールの北側には花崗岩と珪岩《けいがん》が、南側には、砂岩・泥岩互層が分布している。

図21－2は、西カールのモレーンの分布図である。西カールは、長さ約5㎞、幅約3㎞の広

写真 21-4　チャルキニ西カールと西氷河（長谷川裕彦氏撮影）

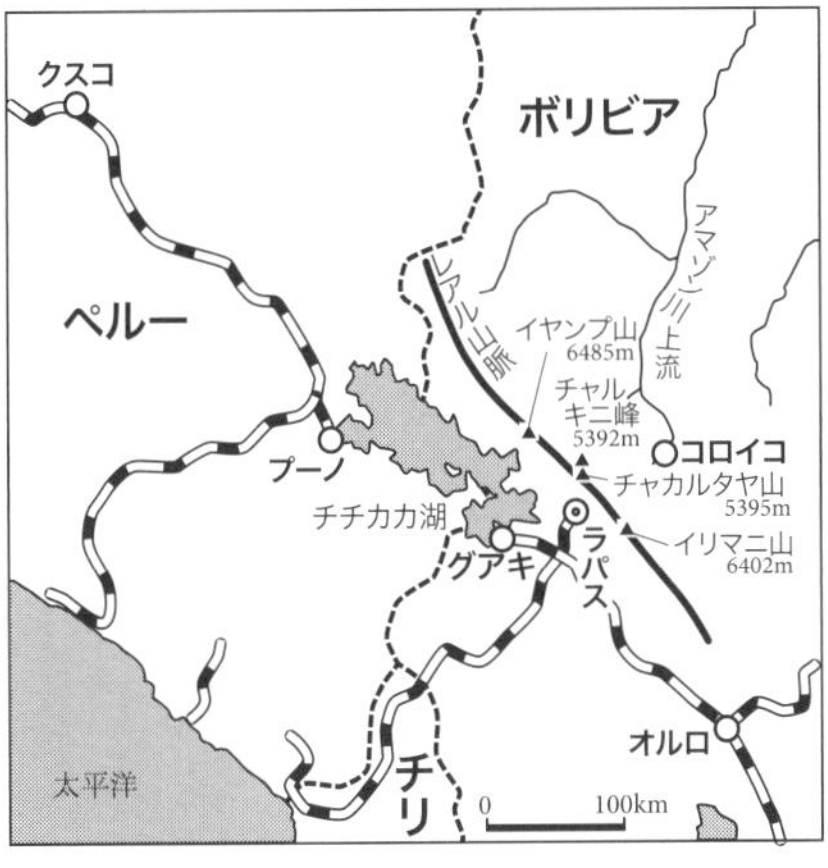

図 21-1　チャカルタヤ山とチャルキニ峰の位置

写真 21-5　チャルキニ西カールでの植生調査風景、正面はワイナ・ポトン山

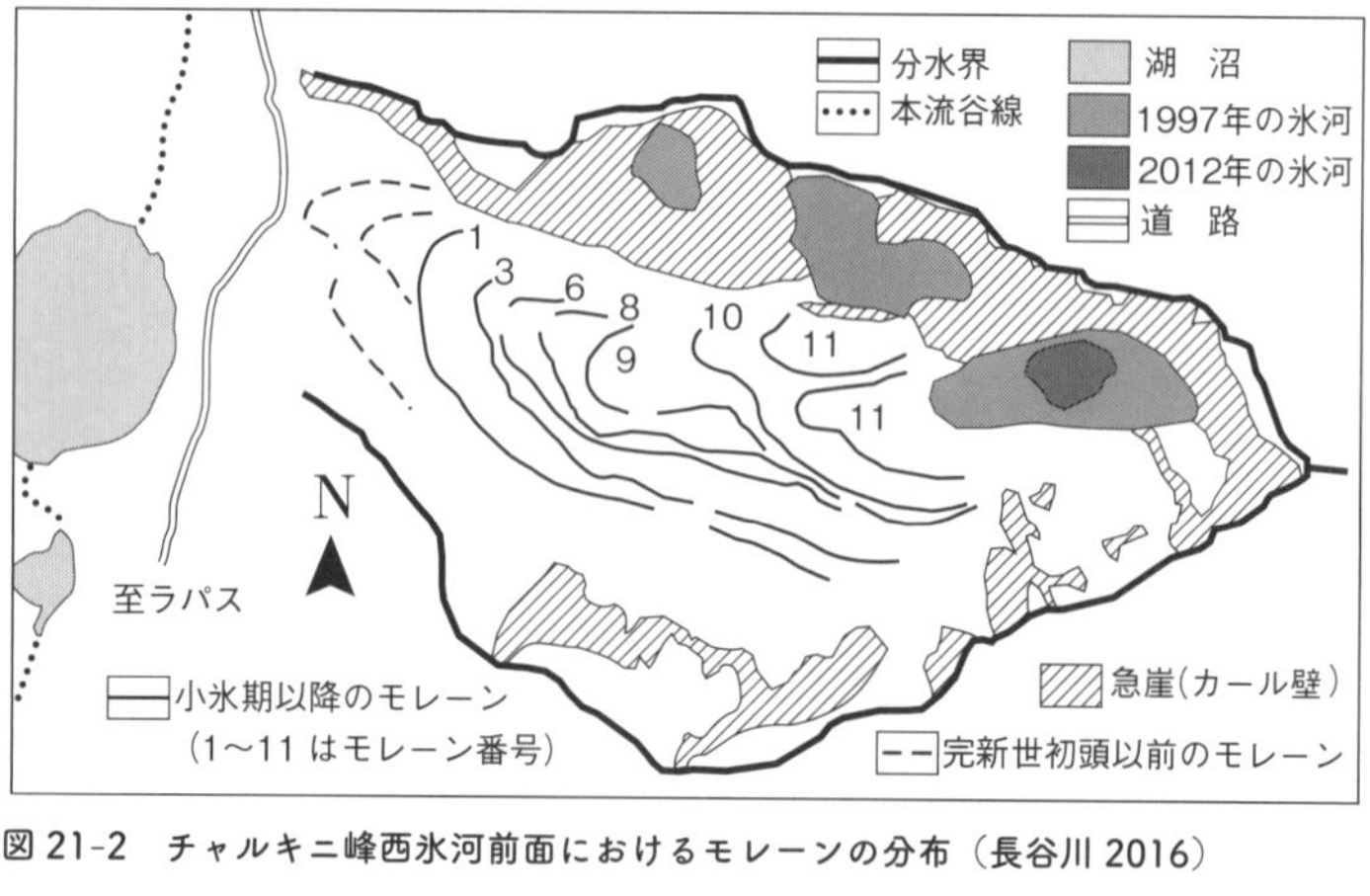

図 21-2　チャルキニ峰西氷河前面におけるモレーンの分布（長谷川 2016）

がりを持ち、現在の氷河末端は、標高5000mにある。西カールには、西氷河が後退するにつれて残していった11のモレーンが確認できる。氷河は前進するときにブルドーザーのように地面を削って岩屑《がんせつ》を前に押し出し、後退するとそこに岩屑の小山、すなわちモレーンを残していく。寒冷期が終わって、一連の後退のときに、また少し前進すればモレーンが残るのだ。すなわち、斜面の下の方にあるモレーンほど古くて、上にあるモレーンほど新しい時代に形成されたことになる。古い時代に上の方にあったモレーンは、最後の氷河拡大期にすべて削られて残っていないからだ。モレーンの形成された年代は、表21－1のように推定されている。

表21-1　各モレーンの推定年代

モレーン	形成年（西暦）
OM	約8600年前
M1	1663 ± 14
M2	1700 ± 12
M3	1739 ± 12
M4	1755 ± 10
M5	1763 ± 10
M6	1791 ± 10
M7	1815 ± 10
M8	1852 ± 9
M9	1873 ± 9
M10	1907 ± 9
M11	1970年代

M1-10：Rabatel *et al.*,2005.

　これらのモレーンは、完新世初頭のモレーン（OM）と、小氷期以降のモレーン（M1～11）に区分される（Rabatel *et al.*, 2005）。この年代はRabatel *et al.* (2008)によって、岩に付いている地衣類《ちいるい》の大きさから推定された。岩が氷河から解放されてから地衣類が岩の上で成長していくので、その大きさでモレーンの形成年代が推定された。モレーン11の年代は、Rabatel *et al.*（2008）には出てこないが、１９７０年前後に対比される可能性が高いと考えられる。

調査は11のモレーンのうち、計５ヶ所に10ｍ×10ｍのプロットを設け、その中の２ｍ×２ｍの方形区ごとに、植生分布と地表面構成物質の礫経分布を調査した（写真21－5）。各プロットは２ｍ×２ｍの25方形区に区分され、それが5プロットあるため、計１２５方形区になるが、統計分析を行なうためにサンプル方形区を各プロットあたり13方形区取り、5プロットで計65方形区について分析を行なった。

古いモレーン（モレーン２：約３２０年前）は岩屑が古い時代に堆積したため、岩の表面に地衣類が付いていて黒っぽく見える。また、岩石の風化が進んで、岩の間には細かい粒子の物質が充填されていき、土壌が発達していく。一方、新しいモレーン（モレーン11：約50年前）は岩屑が堆積してからそれほど経過していないために、まだ岩屑が地衣類に覆われる率が低く、岩が白っぽい。また、風化が進んでいないため、岩屑が大きく、岩屑間に細かい物質がたまっていない。

モレーンができると、そこに高山植物の種子が定着し、発芽して成長していく。表21－2は、出現頻度の高い高山植物種のモレーン別の出現頻度である。植物の同定は、ラパスのサン・アンドレス大学自然科学部植物標本庫のロサ・イセラ・メネシス博士に依頼した。古いモレーンほど植物種の出現頻度が高く、新しいモレーンほど低いのがわかる。このように時代が経るに

表 21-2 高山植物のモレーン別出現頻度（水野・藤田 2016、水野 2023）

	モレーン 2 (320)	モレーン 3 (280)	モレーン 6 (230)	モレーン 9 (150)	モレーン 11 (50)
キク科の仲間 (*Asteraceae* sp.)	54	15	0	0	0
ベロア・シュルツィ (*Belloa schultzii*)	92	62	8	31	0
ベロアの仲間 *Belloa* sp.	0	8	8	0	0
ペレジア・マルティフロラ (*Perezia multiflora*)	62	31	15	8	0
セネキオ・ルフェセンス (*Senecio rufescens*)	0	46	46	15	0
ウエネリア・コニザ (*Werenia conyza*)	69	46	23	15	0
ディエウクシア・ニティドゥラ (*Deyeuxia nitidula*)	100	92	100	100	8
ディエルシオクロア・フロリブンダ (*Dielsiochloa floribund*a)	0	0	23	38	0
地衣・蘚苔類	100	85	100	100	62

(　　)：〜年前。各モレーン 25 方形区中、サンプル方形区 13

つれて、いろんな植物が定着できるようになっていく。ただし、植物種によっては、必ずしも最も古いモレーンで出現頻度が高いわけではない。それは、新しいモレーンほど高度が高く、古いモレーンほど高度が低いため、植物種によっては高度が高い（すなわち気温が低い）環境を好む種があるためである（水野・藤田２０１６）。

キク科の仲間（*Asteraceae* sp.）やペレジア・マルティフロラ *Perezia multiflora*、ウエルネリア・コニザ *Wermeria conyza* のように、とくに低標高の古いモレーンに多く見られるものや、ベロアの仲間（*Belloa* sp.）のように中標高の２００〜３００年前のモレーンにとくに見られるもの、セネキオ・ルフェセンス *Senecio rufescens* やディエルシオクロア・フロリブンダ *Dielsiochloa floribunda* のように、高標高の新しいモレーンにとくに出現する種、ディエウクシア・ニティ

写真21-6　チャルキニ峰西カールの氷河末端付近に生えているキク科のセネキオ・ルフェセンス *Senecio rufescens*。2013年にはチャカルタヤ山の植物の生育上限付近を占めていた（水野・藤田2016）

ドゥラ *Deyeuxia nitidula* のように、低標高の古いモレーンから、高標高の新しいモレーンまで広く分布する種と、モレーンの年代や標高によって出現種が異なっていた。氷河末端付近に生育していたのは、ペレジアの仲間、ディエウクシア・クリサンサ *Deyeuxia chrysantha*、セネキオ・ルフェセンス（写真21－6）であった。ケニア山の氷河末端付近に生育できる第一の先駆種も、同じキク科キオン属のセネキオ・ケニオフィトゥム *Senecio keniophytum* であった（水野2001c、2003c、2005c）。

各モレーンにおける最大礫のサイズの比較（図21－3）を見ると、モレーンの年代が新しくなるにつれて、分布する堆積物の礫経が大きくなり、古いモレーンは堆積物の礫が小さい傾向にあることがわかる。モレーン間における維管束植物（シダ植物と種子植物）の植被率（その地面を植物が覆う割合）の比較（図21－4）や種数の比較（図21－5）を見ると、維管束植物の出現種数や植被率は、モレーンの年代が新しくなるにつれて低下していった。

このことから、モレーンの年代が古くなると堆積物は細かくなり、出現種数や植被率が増加していく傾向があることが判明した（水野・藤田２０１６、水野２０２３）。

チャルキニ峰近くのチャカルタヤ山（５３９５ｍ）において、１９９３年に観察した、植物分布の上限の高さは、堆積岩の珪質頁岩地域で４９５０ｍ、変成岩のホルンフェルス地域で５０００ｍ、火成岩の石英斑岩地域で５０５０ｍであったが、20年後の２０１３年には、

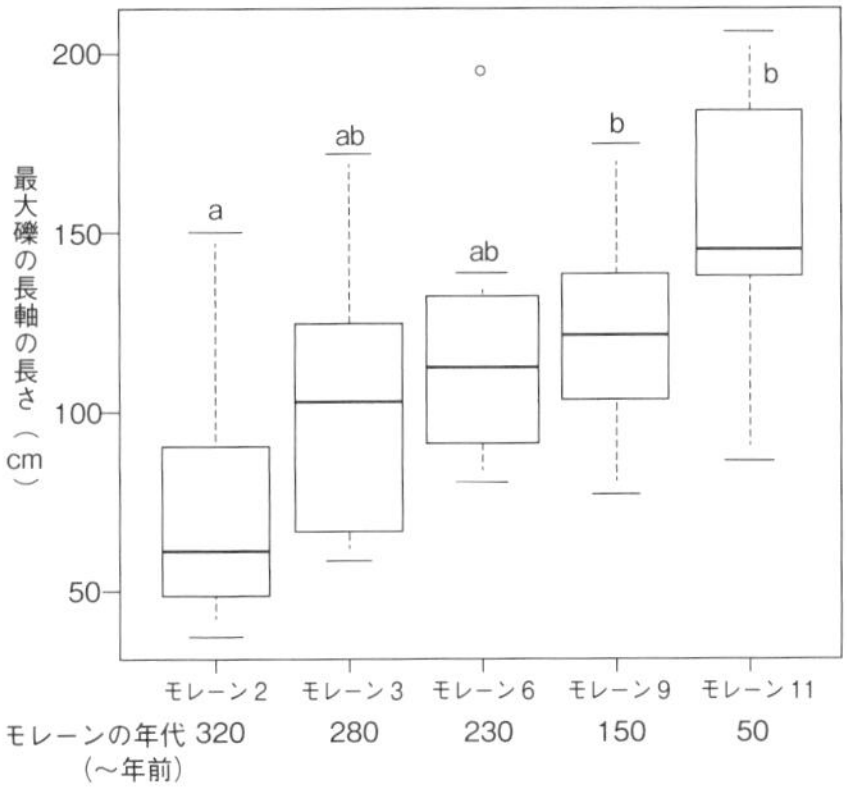

図 21-3
モレーン間における最大礫サイズの比較。異なるアルファベット間には有意差（Steel-Dwass test, p<0.05）が認められた（水野・藤田 2016、水野 2023）。上端の横線が最大値、下端の横線が最小値。箱の上端がデータの大きい方から４分の１、下端がデータの小さい方から４分の１、箱の中の横線が中央値を指す。白丸は極端に大きい値となった外れ値である（図 21-4、5 も同じ）

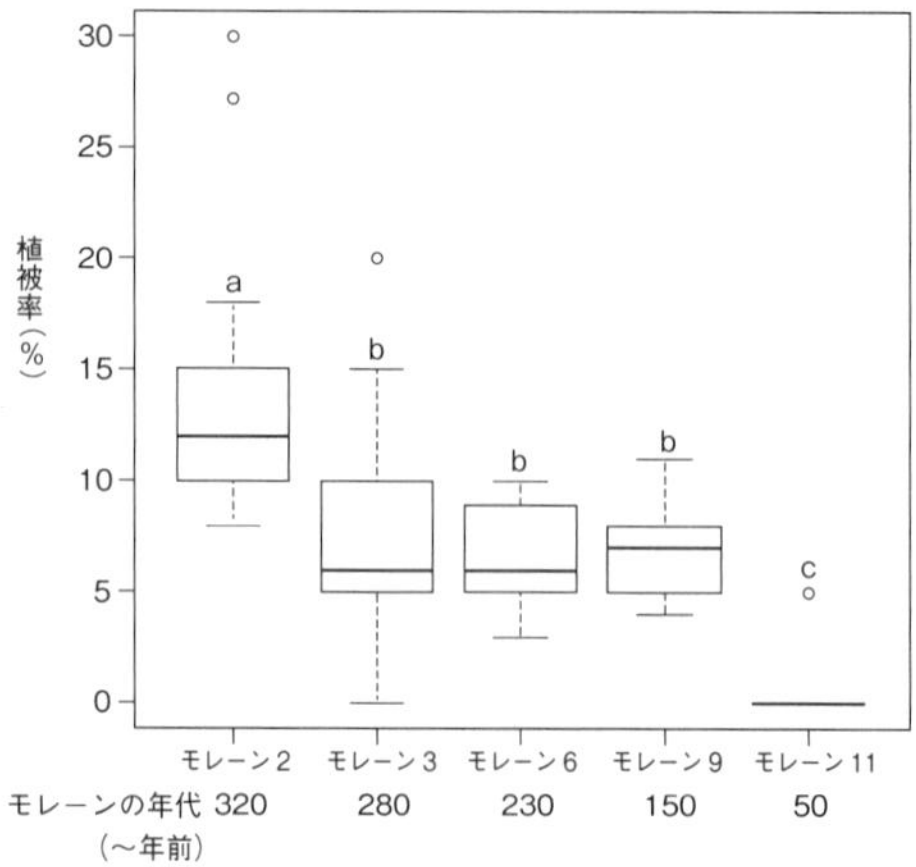

図21-4　各モレーンにおける維管束植物被覆率の比較（水野・藤田2016、水野2023）。異なるアルファベット間には有意差(Steel-Dwass test, $p<0.05$) が認められた

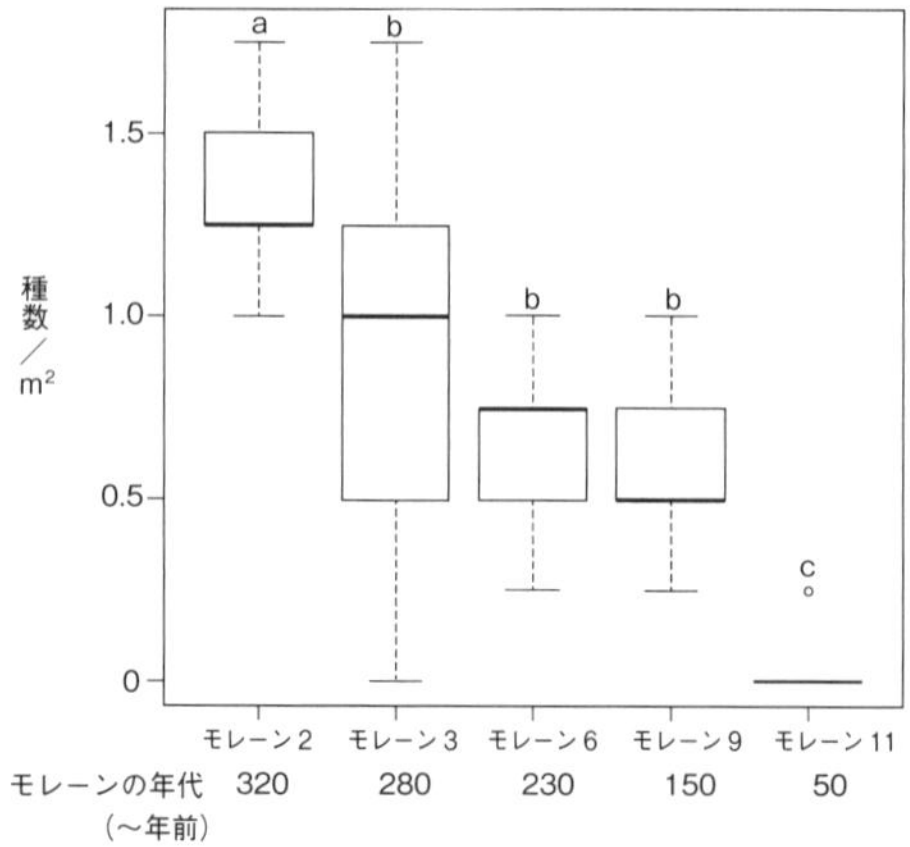

図21-5　各モレーンにおける維管束植物の種数の比較（水野・藤田2016、水野2023）。異なるアルファベット間には有意差（Bonferroni test, $p<0.05$) が認められた

それぞれ5010m、5030m、5070mに上昇していた（水野・藤田2016、水野2023）。

夕方になると自分たちだけで戻ってくるリャマやアルパカ

アンデスで調査していると、ケニア山やキリマンジャロの調査と大きく異なることがある。それは、調査中にリャマやアルパカの放牧に出くわすことだ。そのためアンデスの植生には少なからず家畜の影響があると考えられる。そこで、家畜放牧の調査も行なった。

アンデスの山岳地帯で飼われているのが、ラクダ科のリャマとアルパカである。私が調査していたボリビアのラパス近郊では、標高4000〜5000mでリャマやアルパカが放牧されていた。牧畜民はヤクのように季節移動せず、定住の住居周辺で放牧を行なっている。リャマやアルパカは牧童が放牧に連れて行くわけでなく、勝手に家畜が採食のために草を求めて移動し、氷河の近くまで登っていく。夕方になってお腹がいっぱいになれば、家畜だけで牧畜民の住居まで戻ってくるが（写真21－7）、お腹がいっぱいにならないと戻ってこないため、そのときは牧童が連れ戻しに行く。リャマがエサとして乾燥した草を好むのに対し、アルパカは湿った草を好むため（写真21－8）、両者は別々に放牧されていることが多い（水野・小坂2016）。

ヒツジは高度3000〜4700mくらいの高度で飼われる。ヒツジは高標高では飼えない

写真 21-7　放牧から村に帰るリャマ

写真 21-8　柔らかい草が生える湿った草原を好むアルパカ

写真 21-9　雪に弱いため，積雪のある日は家畜囲いの中に入れられるヒツジ

写真21-10　リャマの肉は1～2ヶ月天日干しにして，干し肉にされる

が、その最大の理由は積雪である。ヒツジは雪の中を歩くと凍傷になり、日ごとに患部が腫れて約3日後には死亡する。そのため、降雪がある日にはヒツジは家畜囲いの中に入れられて、地面の雪が融けてから出される（写真21－9）。ヒツジは冬には地面の土を掘って草の新芽を食べる。ウシは、住居周辺の狭い草地で飼うことができるため、比較的低標高地の住居の密度が高い地域で飼われている。

リャマやアルパカは荷物の運搬や食肉として利用されるが、乳は利用されない。その点が他の家畜であるウシやヤギ、ヒツジ、ヤクなどと異なる。リャマは、おもに食肉生産や運搬のために飼われ、毛は椅子のカバー程度にしか利用されず価値が低い。肉は1頭あたり大きなもので800Bs（ボリビアーノ）（1万5000円、1Bsは約18円）、小さなもので300～500Bs（5000～1万円）で、牧畜民自らマーケットで販売する。リャマの肉は1頭あたりの量が多いため、冷蔵庫のない高地では保存できず、販売するか、あるいは天日で1～2ヶ月干して保存食にし（写真21－10）、おもに野菜といっしょに煮込んでスープとして食される（たまに焼き肉としても食される）。

アルパカは、毛が毎年1回9~10月に刈られ、セーターの原料になる。1頭から取れる毛のマーケットでの販売価格は180~280Bs（3200~5000円、1頭から6~8ポンドの毛が取れ、30~35Bs／ポンド（1ポンド＝453g））である。乳はリャマと同様に利用されない。リャマやアルパカの乳が利用されないのは、それらの家畜があまり水を飲まないため乳の出る量が少なく、リャマやアルパカの赤ん坊に乳を飲ませるために、あえて人々は利用しないからであるようだ。また、水分が少ないためそれらの乳は非常に濃いという。

ヒツジは毛が毎年1回9~10月に刈られ、靴下の原料になるが、商品価値はアルパカに比べきわめて低い。1頭から取れる毛のマーケットでの販売価格は5~10Bs（100~200円、1頭のヒツジから2ポンドの毛が取れ、2・5Bs／ポンド）である。ヒツジの肉は量的にリャマに比べて少ないため、わざわざ干し肉として保存食にせず、ほとんど自家消費でスープにして食べる場合が多い。ヒツジの乳は飲まれ、チーズも作られるがバターはボリビアでは作られない（アルゼンチンでは作られる）。1匹のヒツジを殺すと、1週間は夕食と昼食はヒツジのスープ（肉を細かく切り、お湯に入れて、ジャガイモとエンドウ、ニンジン、カボチャ、キャベツ、カブ、ソラマメ、ピーマンなどの野菜といっしょに煮る）になる。米、キヌア（アンデス山脈の高地アルティプラーノにおいて、数千年前より食用に栽培されている雑穀）、スパゲティに入れることもある。日によって違うものを入れるが、ジャガイモなどの野菜は必ず入れるようだ。

毛が重要なアルパカと、肉が重要なリャマ

リャマとアルパカは好む牧草が違う上、交配種が生まれるのを嫌う牧畜民によって、別々に放牧される。リャマとアルパカの交配種はアルパカに比べて良い毛が生えず、リャマより身体的が小さいため、良い毛の生産や食肉の量、運搬力という点で劣るからである。リャマの繁殖には、ある世帯では2頭の種《たね》オスを選び、それぞれ約40頭のメスとかけ合わせていた。

近年は、放牧労働の厳しさから若者が町に出ていく傾向があり、牧畜からジャガイモの農耕に移行する世帯が増えつつある。

牧畜民はリャマに名前を付けていない。リャマの区別は色で行なっている。所有の区別は耳のマークで行なう。あるオーナーの場合、息子2人のリャマはそれぞれ異なったマーク、すなわち耳のカットで区別していた。たとえば右耳の切れ込みはオーナー世帯の違いで、左耳はオーナーの家族間の違いというような要領である。NGOが配ったプラスチックリボンを使用している世帯もあった。

リャマの糞は燃料に利用されているが、最近、ガス（プロパン、ブタン）を使用する人が増えてきた。低地で耕作を行なっている人は、ヒツジやリャマ、アルパカの糞を牧畜民から購入する。たとえば、ヒツジの糞は、農耕民が中型トラック1杯につき300〜400Bs（5500〜7000円）で牧畜民から購入し、野菜畑の肥料として利用されていた。ヒツジは常に家畜囲いの中で寝て、その中で糞をするので、そこから糞を採集する。一方、リャマとアルパカは

写真21-11　アルパカの原種とも言われるアンデスの野生種のビクーニャ

家畜囲いの中で寝ないので（囲いの中に入れられるのを嫌がり、脚で蹴飛ばしたりする）、糞を囲いの外でする。リャマやアルパカを囲いの中に入れるのは、放牧後に頭数を数えるときのみである。

リャマとアルパカはそれぞれ好んで採食する草があり、また、リャマやアルパカが採食した場所には糞が落とされ、それが栄養分となるため、それらの放牧は植生に影響を与えるのである。

以前からリャマとアルパカの原種は、アンデスの野生種のグアナコであるとされていたが、近年になってアルパカの原種は、アンデスの野生種のビクーニャ（写真21－11）であるという説が出てきた（川本2007）。

家畜の世話を嫌がる最近の若者

牧畜民は放牧地に定住している。ラパスやエル・アルトなどの町にも別に家を持って、そこに家族が住んでいる場合もある。とくに学校に行くような子供がいる場合は、子供と母親は町の家に住んでいることがある。

ラパス近郊の牧畜民地域では、集落単位のコミュニティがある。コミュニティの位置する標高や環境によって飼われている家畜が異なり、標高が低いと農耕が行なわれている。以下に、調査した5つのコミュニティ（村より小さな集落単位）に属している牧畜民の例を挙げて、その生活を紹介する（水野・小坂2016）。

標高4790mに住む牧畜民A氏（58歳）の場合、家族はエル・アルト市に住んでいて、義兄と交代で放牧地を管理している。234haの放牧地を持ち、リャマ220頭、アルパカ50頭、ヒツジ65頭を所有している。リャマは朝7時頃出発、夜6時までに戻る。リャマ肉はほとんど販売している（リャマ肉を食べるのは死んだときのみ）。ヒツジの肉は自分と家族が食べるため（スープ）にほとんど売らない。アルパカの毛はマーケットで売っている（写真21-12）。

標高4626mに住むL夫人の場合、夫は鉱山で働いている。リャマを120頭、アルパカ5頭、ヒツジ35匹を所有している。ラパスに住む夫の兄弟はティティカカ湖の近くの畑でジャガイモを作っているため、リャマの糞を年4回ほどもらいに来る（写真21-13）。

写真 21-12 アルパカの毛は高値で取引され，セーターの原料となる

写真21-13　リャマ、アルパカ、ヒツジの糞を牧畜民から購入する農耕民

標高４２８０ｍに住むＱ氏（47歳）は、弟（35歳）と２人で暮らしている。リャマ30頭を所有している（耕作をするには気温が低すぎる）。リャマ肉は多くは自家消費し、たまに販売する。乾燥しているため、アルパカは飼えない。食事はリャマ肉のみで、毎日少しの野菜を食す（１～２週間に一度、町に出て野菜を購入）。朝６時に放牧、リャマだけで戻ってくるが、戻ってこないときは夕方５時くらいに連れ戻す。リャマの放牧だけでは生活が成り立たないため、近くの電力会社Ｃｏｂｅｅでアルバイトをしている。

標高３７７８ｍに住むＡ夫人（75歳）の場合、娘５人と息子１人がいるが、１人の娘（43歳）のみと暮らし、他の子供、孫はラパスに住んでいる。ジャガイモを栽培していて、畑を耕すときは50Ｂｓ（９００円）／日で近くの住民に手伝ってもらっている。ジャガイモは半分が自家消費、半分はマーケットで売る（30Ｂｓ（５００円）／25ポンド（11kg））。所属するコミュニティの中心に住んでいる人は、山の方に出先小屋を持ち、そこに家畜囲いがあり、リャマの放牧のため出先小屋に数日滞在する。この地域の環境はアルパカの生育に良くないようだ。

標高3610mに住む60歳の夫婦の場合、ジャガイモだけを作っている。リャマなどの家畜は飼っていない。周辺にはかつての他の所有者の家畜囲いが残っている。若者が家畜の世話をするのを嫌がり、また学校や仕事のために町に出るようになった。子供がいないとリャマの放牧ができないため、家畜囲いのみが残っている。現在、放牧地になっているところは、氷食で土地がやせている場合が多いが、このあたりは標高が低いので、土壌がジャガイモを作るのに適している。

標高4550mに住むL氏（35歳）の場合、75haの土地（条件の悪い土地を含む）を所有し、彼の一族（10人）が別に117haを所有している。両土地で90頭のリャマと60匹のヒツジを所有している。湿った草原がないのでアルパカは飼えないが、近い将来、ポンプで水を引いて草地に撒き、アルパカを飼う予定という。リャマの肉は自家消費用と、オスのリャマは年1回、15～20頭を町のマーケットで売る。リャマ肉はほとんど干し肉にし、スープで食べるが、新鮮な肉は焼いて食べることもある。

標高4131mに住むQ氏（52歳、独身）の場合、ウシ8頭、ヒツジ30匹を所有し、ジャガイモを栽培しているが、主たる仕事はトラック運転手である。ヒツジの乳や毛は利用せず、肉は食べたり、たまにオスを売ったりしている。かつてはたくさんのリャマを飼っていたが、この地への他地域からの移住者が急増し、リャマを飼うには草原の面積が小さく、売ってしまった。

写真21-14　ワイナポトシを背景にしたスズ鉱山。スズ採掘はボリビアの主要産業である

高度4137mに住むR氏（48歳）の場合、妻、息子1人、娘2人と住み、ヒツジ30匹、ウシ7頭を所有している。放牧地の面積が狭いためリャマは飼えない。6頭の在来の黒ウシ（乳の質は良いが量は少ない。4～5L／日）と、1頭のオランダ原産のウシと在来のウシの交配種（良い乳を出し、量も多いが濃くない。8～10L／日）を所有している。畑でジャガイモ6種類を栽培し、3～4月に収穫し、自家消費している。畑は私有地が300～500㎡、共有地が1haで、ヒツジの放牧は周辺の山地斜面（共有地）を利用し、ウシの放牧では自宅の周りの草原のみを使用している。

この地域では、以前はCOMSURという私企業のスズ鉱山に約1200人の労働者が就労していたが、1986年に閉山し、それ以降は少人数で運営されている（写真21-14）。電力会社COBEE（Compania Boliviana de Energia Electrica）は水力発電を行ない、この地域の重要な働き口（正社員は高収入）になっている。

22

ナミブ砂漠に自生するナラメロンの種子の価格が高騰！

ナミビアで院生たちの調査地を探す
（２０１２～２０１４年）

砂漠で女性が用を足す方法（２０１２年ナミビア調査）

この年にＡＳＡＦＡＳの修士課程に入ってきた飛山《とびやま》さんを連れてナミブ砂漠を訪れた。２００１～２００４年度と２００５～２００８年度は、科研費の基盤研究Ａのプロジェクトとして、ナミビアを中心とした南部アフリカの乾燥地～半乾燥地における環境変動と人間活動の関係について調べるため、約10人の研究者・院生で調査を行なってきた。２０１２～２０１５年度は、同じ基盤研究のプロジェクトでも、熱帯高山の氷河縮小が生態系や地域社会に及ぼす影響を解明する研究であったので、8月にはボリビアに約10人で調査に入り、9月に院生の飛山さんの調査地を探すためにナミビアに渡航することにした。３週間近くを女子学生

写真 22-1　ナミブ砂漠のトップナール民族（ナマ民族に属する）の子供と院生

写真 22-2　院生が住まわせてもらったトップナール民族の住居

と2人だけで渡航するのは、お互いに気を遣うと思い、当時、総合地球環境学研究所（通称、地球研）の研究員であった手代木くんに同行を頼んだ。手代木くんはそのとき、地球研の乾燥地のプロジェクトでナミビア担当であった。結局、ナミブ砂漠で2002年に調査した伊東くんのナラ植生の分布と環境、およびそれらと地域社会の関係が10年間でどのように変化したかを調査することになった。

前回、伊東くんがお世話になったアラムストラット村の同じ世帯に、飛山さんの同居を頼んだ（写真22－1）。伊東くんは男子学生だったので、家に隣接してテントを張って暮らしたが、女子学生のテント暮らしは心配なので、家の中に住まわせてもらえるように頼んだ。その家はワンルームを仕切って、大きなキングサイズのベッドがある寝室と物置のような部屋になっていた（写真22－2）。炊事場は別棟にあった。雨はほとんど降らないため、食事は野外でとる。ベッドには両親と小さな女の子がいっしょに寝ていたが、彼女が同居することになり、女性3人がそこで寝ることにし、翌日にはお父さんが家に隣接して自分用の小さな部屋を作っていた。飛山さんが身体を洗うときは、井戸まで行ってたらいに水を汲み、ベッドルームでたらいの水を利用する。トイレはクイセブ川のブッシュである。

ナミブ砂漠を車であちこち回るとき、男子は立ち小便で済むが、女子はそういうわけにはいかない。隠れるところのない砂漠では車の背後とかで用を済まさなくてはならない。修士課程の学生だと、そのような場合に困っているが、慣れた博士課程の女子学生になると、たとえばケニアやタンザニアでは、女性が「カンガ」と呼ばれている布を腰巻きとしてまとうように、ズボンの上から腰巻きを巻いて、ズボンを下ろして用を足す。これなら、用を足すときに、とくにどこかに隠れる必要はない。アフリカでは長距離バスなどで郊外に出かけると、途中のトイレ休憩のとき、男性が道の脇で立って小用を足すように、女性も道路の脇で腰布をまとってしゃがんで用を足しているのを見かける。女子学生は生理の問題もあり、現地の不衛生な環境では男性にはわからない大変な面がある。また、そういった相談を女子学生は男性教員にはしにくいため、教員はその種の精神的な配慮や気配りをする必要がある。

砂丘に生えるナラの種子の販売価格が高騰

飛山さんの調査により、10年間でナラの重要度が増していたことがわかった。主食としての価値は下がったが、現金収入になるナラの種子が、それまでの食用だけでなく、種子のオイルを使った化粧品類の開発・販売が進み（写真22－3）、種子の卸値は1997年から2012

写真22-3　ナラの種子から得たオイルで作られた化粧品類（飛山翔子撮影）

年の15年間で約4・5倍に上昇した。当初は卸売業者が採集者と企業の間を仲介していたが、近年はフェアトレードを謳う零細企業が参入し、採集者たちと直接取引するようになってきた（飛山他 2016）。

2011年にはナミビアで大雨が降り、各地で洪水被害が報告された（図7－2）。クイセブ川でもこれまでになく大規模な洪水が発生し、現河川流域では採集ができず、植物体も流されてしまい、地域に大打撃を与えた。しかし、2013年には一転して、ナラの採集量は増加した。これは洪水で水分供給量が増加したことと、新たな種子が発芽・生育して「若返り」の再生が進んだことが原因と考えられる（飛山他 2016）。

家畜の採食が植生に影響する（2013年ナミビア調査）

この年にはASAFASに露木《つゆき》くんが入ってきた。ちょうど私もメンバーであった地球研の乾燥地プロジェクトのナミビア班がナミビア入りするときにあわせて、露木くんをナミビアに連れて行くことにし、地球研の手代木くんに同行してもらって、露木くんの調査地を探した。

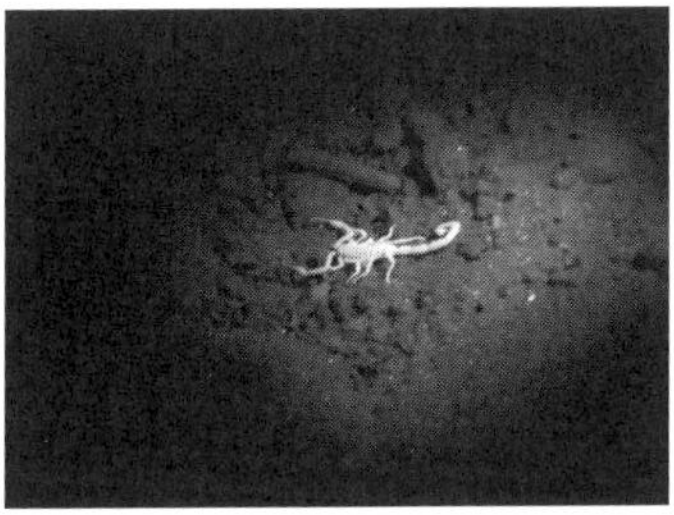
写真22-5　夜行性のサソリは紫外線ライトを当てると緑色でその姿が暗闇から浮き出てくる

写真22-4　ヘレロ民族の村で調査する院生

結局、ナミビア北西部の半乾燥地のヘレロ民族の村に住み込むことにし、村からの距離によって、どのように植生が変化していくのかについて調査を行なった（写真22－4）。村ではウシとヤギの放牧を行なっているが、それらの家畜の採食が、村からの距離に応じて植生構造や植生の多様度に影響を与えていることが判明した。

ナミブ砂漠のゴバベブに行ったときは、夜暗くなってからクイセブ川の河畔林を訪れた。サソリを観察するためである。夜行性のサソリは日中には樹皮の裏側に生息しているが、夜間になると樹皮の上に出てくる。そこで樹皮に紫外線ライトを当ててやると、サソリの表皮にあるヒアリン層が蛍光を発し、暗闇の中で緑色の蛍光色で浮かび上がるのだ（写真22－5）。サソリは毒を持つが、人間に対して致命的な毒を持つサソリは世界で約1000種中25種ほどである。しかし、ナミブ砂漠でサソリに刺されると猛烈に痛いそうだ。

また、翌年には片桐くんが、指導教員を他の教員から私に変更することになった。すでに彼はセネガルに行っており、潮に満たされる頻度の差によって、生育するマングローブの種類が異なることを示し、それには地形や汀線《ていせん》（海面と陸地との境界線）からの距離が関わっていることを明らかにした。測量器具を使って地形断面図を作成し、水位計を設置して水位の変動を測り、精度の高い調査を行なった。翌年、私がＡＳＡＦＡＳから文学研究科に異動するときに、彼も移ることになった。

ダブルルームでもベッドは２つ（２０１４年ナミビア調査）

この年ＡＳＡＦＡＳに芝田くんが入ってきた。芝田くんとナミビアを車で回り、彼の調査地を探した。とりあえず、最初はナミブ砂漠に向かうことにした。いつもなら、ナミブ砂漠のゴバベブで研究所の宿泊施設を利用するのだが、あいにくそのときはワークショップが開催されていて宿泊施設は満杯だった。そこでゴバベブの隣村のホメブにキャンプサイトがあるので、そこでテントを張ることにした。ホメブには数世帯の住居があるだけだ。キャンプサイトと言っても、何張りかテントが張れるスペースが整地してあり、トイレがあるに過ぎない。水場はなく、使用する水は車に積んで持ってこなくてはならない。ここでテントを張っている人を見ることは滅多になく、その日も我々だけだった。日が沈む頃、２人で周りから枯れ枝を集め、たき火を囲んでの夕食は、静寂のなか真っ赤な炎がパチパチと音を立て、ぼそぼそと話す２人の会話は暗闇に吸い込まれていくようで、その幻想的な夜は今でも鮮明に覚えている（写真22－６）。

芝田くんはカプリビ地方のサン（ブッシュマン）民族の村で調査をしたいと私に語った。カプリビは、ナミビアの北東部に位置し、腕を伸ばすように北にアンゴラ、南にボツワナの間を細長く伸び、カプリビ回廊と呼ばれている（図3－4）。大西洋岸のナミブ砂漠からはかなり離れており、カプリビ回廊の入り口付近のポパフォールまで移動するのに5日間もかかった。

今日のナミビアが「ドイツ領西南アフリカ」植民地となった1884年には、その植民地にこのカプリビ回廊の部分はなかった。1890年に、イギリスとドイツの間で領土に関する協定（「ヘルゴランド＝ザンジバル協定」）が結ばれた。イギリスは、ドイツ領東アフリカ（現タンザニア）からザンジバル島を得て、その見返りとして、ドイツは北海に浮かぶ小島ヘルゴランド島と、カプリビ回廊を得たのであった（水原２０１６）。ドイツはザンベジ川を通じて西南アフリカと東アフリカをつなぐという壮大な構想を描いていたため、カプリビ回廊はザンベジ川沿いに細長く突き出ているのである。「カプリビ」とは、協定に調印したドイツ帝国宰相の名であり、協定調印が数ヶ月早ければ、「ビスマルク回廊」になったはずである（水原２０１６）。

写真 22-6　ナミブ砂漠でのキャンピング

カプリビ回廊までの移動中、毎日夕方になるとホテルを探して宿泊する。ときには、なかなかシングルルームが2

つ空いていないことがあった。私は芝田くんに「シングルがないときはダブルルームでもいいか？」と尋ねたことがあった。すると「えっ、ダブルルームですか？」と困惑した顔をするので、もしや彼はダブルベッドと勘違いしていないかと推測した。日本では、1部屋に2つベッドがある部屋はツインルーム、大きなベッドが1つの場合はダブルルームと呼んでいるが、ヨーロッパやアフリカでは、ツインルームという区分がないことが多い。日本で言うツインルームも海外ではダブルルームと呼ばれる。ホテルに貼り出されている宿泊料金の表でも、シングルルームとダブルルームの表記のみだ。それで、海外の多くの土地では、ダブルルームのうち、ベッドが2つある部屋は空いているかどうかを尋ねることになる。

狩猟採集民サンの生活空間が国立公園になる

ポパフォールではバンガローに宿泊し、そこからザンビアとの国境の町、カティマムリロまで達した。カティマムリロはザンベジ川に面し、対岸はザンビアである（図3-4）。

2003年には、このカティマムリロのさらに先のカサネで、ボツワナでサン民族の調査をしていた丸山さん（現津田塾大）と、ザンビアでブンダ民族の調査をしていた村尾さん（現地球研）と合流したことがある。このカサネは、ザンビアとボツワナの国境線にナミビアのカプリビ回廊の先端が接している場所なので、それぞれザンビアとボツワナで調査している彼女らと、この交点の場所で集合したらおもしろいねという話を以前していて、それが実現したのだった。そこで集合してから、カプリビ回廊を車で走って、ときどき村に立ち寄ると、ブンダ語が通じる村や、サン語が通じる村があった（写真22－7）。

そもそも丸山さんが、このカプリビ回廊にはサン民族が住んでいる村がいくつかあることを前から知っていて、その村を探していたのだった。大半のバントゥー系の民族の中で、少数のコイサン系の民族は弱い立場にある。バントゥー系の住民に、サンの人たちが住んでいる村に連れて行ってもらったとき、そこにいた老人に近づくと、すごく警戒した態度を示していたが、丸山さんがサンの言葉で話しかけると、彼はびっくりした様子で、態度が一変して満面の笑みでうれしそうに話をしてくれた。私はそのとき、いろんな現地の言葉ができると、住民と打ち解けて話ができることを痛感し、彼女らをうらやましく感じた。この経験があって、カプリビにサンの人たちが住む村があることを認識していたので、芝田くんと車で走っていても、どこにサンの村があるかの目星がついていたのだった。

いくつかの村を回り、芝田くんがここにしようかと考えた村で、村長に交渉して、村にお客さんが来たときに使用する小さな家を3ヶ月間使わせてもらうことにした。家と

写真 22-7　カプリビ回廊の村を訪問

言っても狭い一間の小屋であり、地面はむき出しで、そこに彼はテントを張った（写真22－8）。扉がなかったので、村長に頼んで扉を付けてもらい、芝田くんはそれに南京錠を付けた。村の井戸は水が赤茶色をしており、とても飲む気になれないので、彼は毎日歩いて30分かかる隣村まで井戸水を汲みに通った。

写真 22-8　カプリビ回廊のサンの人々の村で院生が住まわせてもらった家

カプリビの大半はブワブワタ国立公園に属し、国立公園内にはサンの住民が12の村に分かれて約４０００人住んでいる（２０１５年）。彼らの生活空間が国立公園になったことで、狩猟や採集に様々な制限が生まれ、それまで以上に狩猟する機会が少なくなった。しかし、サンの人々はトラッキングと呼ばれる、動物を追跡する能力を生まれながらに持っている。草木が生い茂ったところでさえも、彼らは動物の足跡を見つけ、動物の種類や大きさを把握し、いつそれがここを通り、どこへ向かったのかを認識し、追跡できるのだ。また、植物に対する認識や知識もとても深く、樹木ごとの特性を理解し、その特性にあわせた使い方を身につけている。子供の頃から遊びを通じて生物の名前を覚えていくため、10歳に満たない子でさえ、周辺地域の樹木名を覚えており、家の柱や薪などになった状態でも、樹種を特定できるという（芝田２０１６）。

芝田くんは、ブワブワタ国立公園で暮らすサンの一民族であるクエの人々の村に4ヶ月間住み込んで、参与観察や聞き取り、植生調査や地形測量などを行ない、彼らの生業活動が公園内の自然環境に与える影響について明らかにした。住民の採集・伐採活動や農業・野焼きは周辺植生に影響を及ぼしていたが、彼らの自然環境についての深い知識と認識は、国立公園の自然環境の維持管理の役割を担っていた（芝田２０１８）。

トロフィーハンティングで獲られた野生動物の肉は住民の貴重な食料

ナミビアではトロフィーハンティングが行なわれている。ナミビアでは野生動物の個体数の管理のため、毎年、動物種ごとに狩猟を許可する個体数が決められている。主として欧米の白人たちがハンティングにやってきて、莫大な費用を支払って、国から許可を得て狩猟を行なう。その料金は野生動物の種類によって異なるが、最も高いのがゾウである。ブワブワタ国立公園の場合、ゾウのハンティングは1頭あたり２０１５年現在、1万６５００ナミビアドル（約１７０万円）で、そのお金は国とサンの人々が主体の国立公園管理団体で折半される（２００７年の国立公園設立以前はすべて国に入っていた）という（水野２０１８）。

狩猟者はハンティングを娯楽として楽しむのであり、仕留めた証の戦利品（トロフィー）として頭部や毛皮、ツノだけを持ち帰って自宅に飾る。彼らが必要としない野生動物の肉は地元

写真 22-9　トロフィーハンティングで欧米人が狩猟したゾウの肉を干して、干し肉にしているところ（芝田篤紀撮影）

の村々に分配され、さらに村の住民に平等に分けられる（写真22－9）。ゾウの場合は肉の量が多いので、住民にとっては栄養源の少ない乾季における重要なタンパク源になる。2014年にはブワブワタ国立公園で16頭のゾウがハンティングされ、順番に1つの村に1頭の肉（小さい村は2村で1頭の肉）が分けられたという。

食事は家族だけでなく、そこに居あわせている人たちを含めていっしょにとる（写真22－10）。ただし、男性のグループ、女性のグループ、子供たちといった具合に、別々の皿でかたまって食べる（同じ皿で男女あるいは大人と子供がいっしょに食べることは通常しない）。みんな分け隔てなく食事をとり、年齢や地位は関係ないが、写真22－10で村長（白い服の人）が座っているイスのような腰掛けだけは、より年長の人や客人が来たら譲るという習慣になっているようだ（ちなみに村に住み込んで調査をしている芝田くんも村の客人なので、イスを譲られた）。

主食は、トウモロコシの粉を湯で練ったもので、それに周辺で採れた植物（葉菜《ようさい》）を煮たソースをつけて食べる。ゾウの肉が手に入ったときは、トウモロコシの粉を湯で練ったものと、ゾウの肉を煮込んだ料理の夕食である（芝田2016）。ゾウの肉は非常に固いので、時には混棒でつぶして挽いたような状態にして食べることもあるが、肉を小片に切って煮込んで食べるのが一般的だ。干し肉をそのまま食べるときは、口の中でビーフジャーキーのように噛んで染み出てくる味をずっと楽しむという。

しかし、サンでは定住化によって、そのような分配や平等主義は失われつつある。たとえば、芝田くんがサンの村に住み込んでいる間、若者がたばこを吸うとき、人に見つからないように隠れて吸おうとしていたことや、何かを食べようとした住民が住居の中に持ち込んでドアを閉めて見つからないようにしていたなど、以前のような、そこにいる人全員で分配するという精神が崩れていっている一端が見られたという（水野2018）。

写真22-10　サンの村人たちが夕食を作っているところ（芝田篤紀撮影）

芝田くん（現奈良大講師）は、博士後期課程にも進学し、私が主たる指導教員を務めた、5番目の博士号取得者となった。

23

ＡＳＡＦＡＳから文学研究科に異動し、ケニア山で研究プロジェクトを開始する

再びケニア山に登る
――院生の初めての調査（２０１５年）

白馬岳大雪渓で巨岩の落石に危機一髪（２０１５年ケニア山調査）

２０１４年のたしか6月くらいに、４年生の大谷くんが私の研究室を訪問し、私に大学院で指導を受けたいので、ＡＳＡＦＡＳの大学院入試を受験したいという相談をしてきた。しかし、翌年、ＡＳＡＦＡＳから文学研究科に異動する可能性があり、心境は複雑だった。そのときはまだ本決まりではないので、そのことを彼に伝えることはできず、「研究指導をしてあげるから受験しなさい」と言うのが精一杯だった。そして彼は大学院入試に合格した。10月になって、私が文学研究科に異動することが本決まりになり、大谷くんに私の異動のことを伝えた。彼はびっくりしていたが、私は「京大から離れるわけではないので、研究科や建物は違っても、

研究指導は変わらず行なうことができるので心配しないように」と伝えると、彼は安堵したような表情を浮かべた。

4月になって、大谷くんはＡＳＡＦＡＳ、私は文学研究科に属し、ＡＳＡＦＡＳは鴨川沿いの川端荒神《かわばたこうじん》橋付近にあり、文学研究科は百万遍《ひゃくまんべん》にあるが、歩いても十数分の距離である。彼は1週間に数回は私の研究室を訪れ、その年の8〜9月にいっしょにケニア山調査に出かけた。

大谷くんはケニア山の水循環について同位体《どういたい》分析を使って調査を行なった。同位体とは、原子番号が等しく質量数が異なる元素をいう。同位体のうち放射能を持つものを放射性同位体、放射能を持たないものを安定同位体という。炭素であれば、質量数12の炭素の同位体は^{12}Cで安定同位体、質量数14の炭素の同位体は^{14}Cで放射性同位体である。最初に彼から「同位体分析を行ないたいのですが、どこかでできますか?」と聞かれたとき、どこでできるのか知らなかったが、当時、総合地球環境学研究所の研究員だった手代木くんに尋ねたら、「うちでできますよ」と教えてくれて、とても助かった。大谷くんは地球研で同位体分析の講習を受けて、何度も通って分析を行なった。

彼はあまり山登りの経験がなかったため、5月に鈴鹿山脈の霊仙《りょうぜん》山にいっしょに登り、7月下旬には、私が代表を務めていた科研費基盤Ａの「地球温暖化による熱帯高山の氷河縮小が生態系や地域住民に及ぼす影響の解明」のプロジェクトのメンバーであったＡＳＡＦＡＳの孫《そん》さん（現静岡県立大学）も誘って、白馬岳を大雪渓から登った。大雪渓を登っていたときは私と大谷くんは下を向きながら登っていて、最後尾の孫さんは写真を撮りながら少し遅れて登っていた。すると、孫さんは、ものすごく大きな岩が猛スピードで雪渓を転がり落ちて私と大谷くん目がけて突進してくるのに気づき、「ラ～ク」（落石が落ちてきたときは「落《らく》」と叫ぶのが登山の慣例）と大きな声を上げた。その瞬間、私と大谷くんは雪渓上をダイブして、2人の間を巨岩が通りすぎ、間一髪で危機を逃れることができた。それ以来、大谷くんは孫《そん》さんのことを「尊《そん》（孫）師《し》」と尊んでいる。

白馬岳は高山植物群落が天然記念物になっている場所だけに、日本有数の高山植物地帯であり、可憐な高山植物を見ながら、大谷くんに高山植物の生育環境について説明していった（写真23－1）。天気がとても良く、朝日岳まで縦走し、テントを張り終えて、日が地平線に沈むのを見ながら飲んだ、朝日岳小屋で買い求めた冷たいビールは最高においしかった（写真23－2）。蓮華《れんげ》温泉までの長大な道のりを下山して入浴した温泉は充実した汗を流してくれた。

8月上旬には飛騨側から御嶽《おんたけ》山にも登ったが、前年の噴火で9合目までしか入山できなかった。これらの山登りで登山の訓練を行ない、いよいよケニア山に登る。このときは、水野、大谷、孫の他に上越教育大の山縣さんもいっしょだった。ケニア山はナンユキからシリモンルートを取り、初日はオールドモス小屋、2日目はシンプトン小屋に宿泊し、そしてケニア山の稜線を越えて、いくつかの火口湖や氷河湖を見ながら山の南側に入った。南側はインド洋から運ばれる湿った風がぶつかって降水をもたらすため、乾燥した北側と異なり、氷河が分布してい

写真 23-1　白馬岳の「お花畑」で、院生とともに植物を観察する

写真 23-2　白馬岳から朝日岳に縦走する

写真 23-3
流水の水を採水して分析を行なう院生

る。アメリカンキャンプにテントを張って、調査を開始した。大谷くんは何日かの登山中、雨が降るたびに、傘を逆向きに開いて雨水をため、それをサンプルボトルに保存した。また、高度別に河川水や湖水も採水した（写真23－3）。私はこれまで継続して調査していた氷河の縮小度や高山植物の遷移を観察した。下山はナロモルルートをとり、マッキンダーズキャンプから、メッツステーションを経由してナロモルに下山した。

山麓の住民が飲んでいる湧水は50年前の氷河の融け水!?

山縣さんと孫さんが帰国した後も、私はナロモルに5日間ほど滞在した。大谷くんはナロモル川や湧水の採水を行なったり、農地や水資源について聞き取り調査や参与観察を行なったりした（図23－1）。

私がナロモル滞在中に、大谷くんの受け入れ農家を探すことにした。結局、登山ガイドのスティーブの弟の家に長期滞在させてもらうことになった。その家を訪問して奥さんや娘さんにも挨拶し、大谷くんがそこに1ヶ月以上寝泊まりすることに

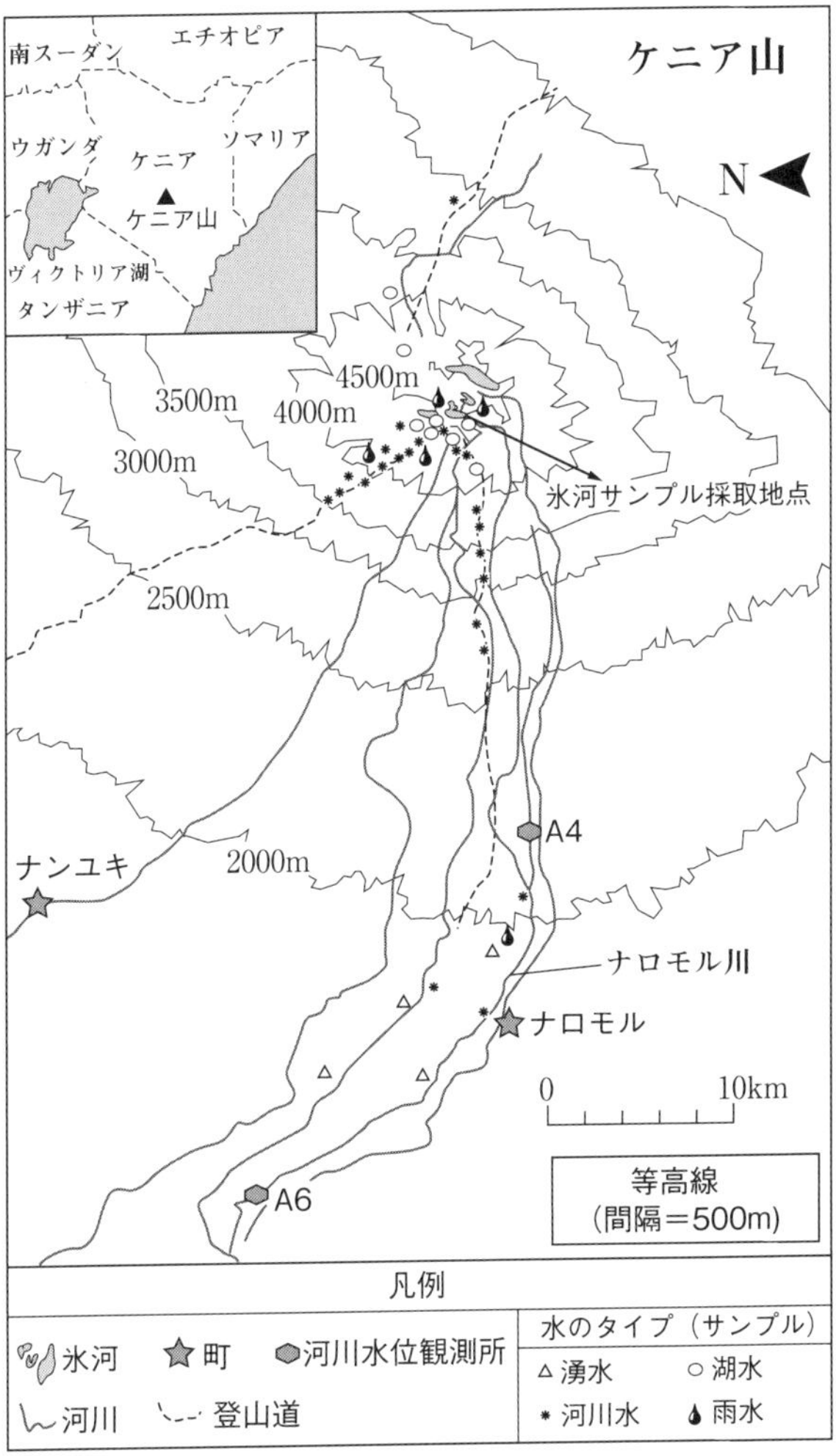

図 23-1　ケニア山の採水地点（大谷 2018）

なったとき、突然現れた外国人の青年と同居することになった少女は、好奇心で目を輝かせていた。大谷くんは農家の貴重な電気を使わせてもらうことに躊躇し、ときどきは安ホテルに泊まって、パソコンやスマホの充電はそこで行なったようだ。

いよいよ私はタクシーでナロモルからナイロビまで戻り、帰国の途につくことになった。予約していたタクシーがナイロビからナロモルまで迎えにきて、見送ってくれた大谷くんを見て、ドライバーが出発してすぐに、「さっきの子はあんたのガールフレンドか?」と聞かれたので、「彼は男だよ」と答えるとびっくりしていた。イケメンの大谷くんはドライバーには女性に見えたようだった(「ブラタモリ」の「比叡山」でも「イケメンの大谷くん」で登場した)。

大谷くんは採水した湧水、湖水、河川水、雨水や氷河のデータを分析し、^{16}Oと^{18}Oの酸素同位体の分析から、ケニア山山麓の住民たちが飲んでいる湧水の主体は、標高２０００ｍに降った降水ではなく、河川水でもなく、標高５０００ｍ付近の氷河や積雪が融けて長い年月を経て標高２０００ｍの山麓まで地下水として運ばれて湧き出た水であることを明らかにした(図23-2、23-3)。インド洋の海から雲がやってきて山麓から雨を降らせるが、^{18}Oを含む水は^{16}Oを含む水より質量数が大きくて重いので、その重い^{18}Oを多く含んだ水から先に降っていく。

図23-3のグラフのマイナスは^{18}Oが少ないことを表すが、^{18}Oを含んだ水は標高が上がるにつれて少なくなっていく。ケニア山の氷河融解水のデータも含めると、図のようにデータが一直線上にある。これを高度効果直線と呼ぶ。ケニア山山体および山麓域で標高ごとに採水された

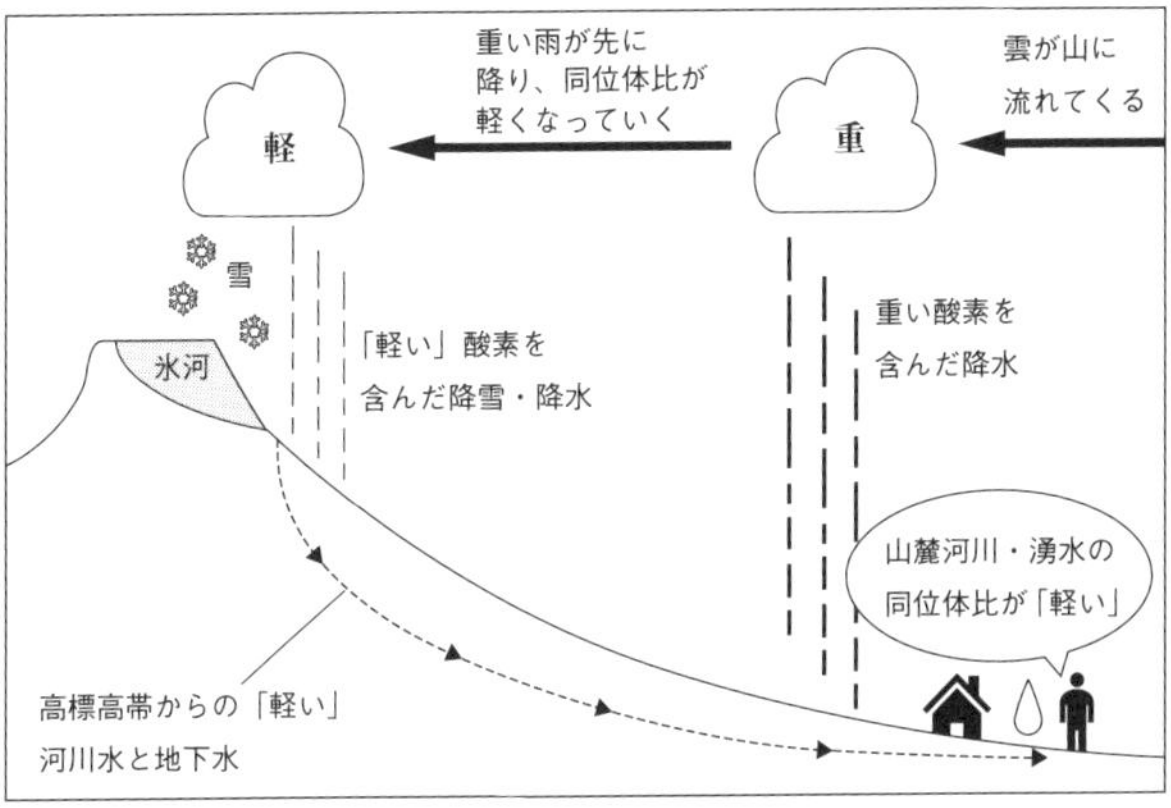

図 23-2　同位体高度効果と水の起源把握メカニズム（大谷 2022）

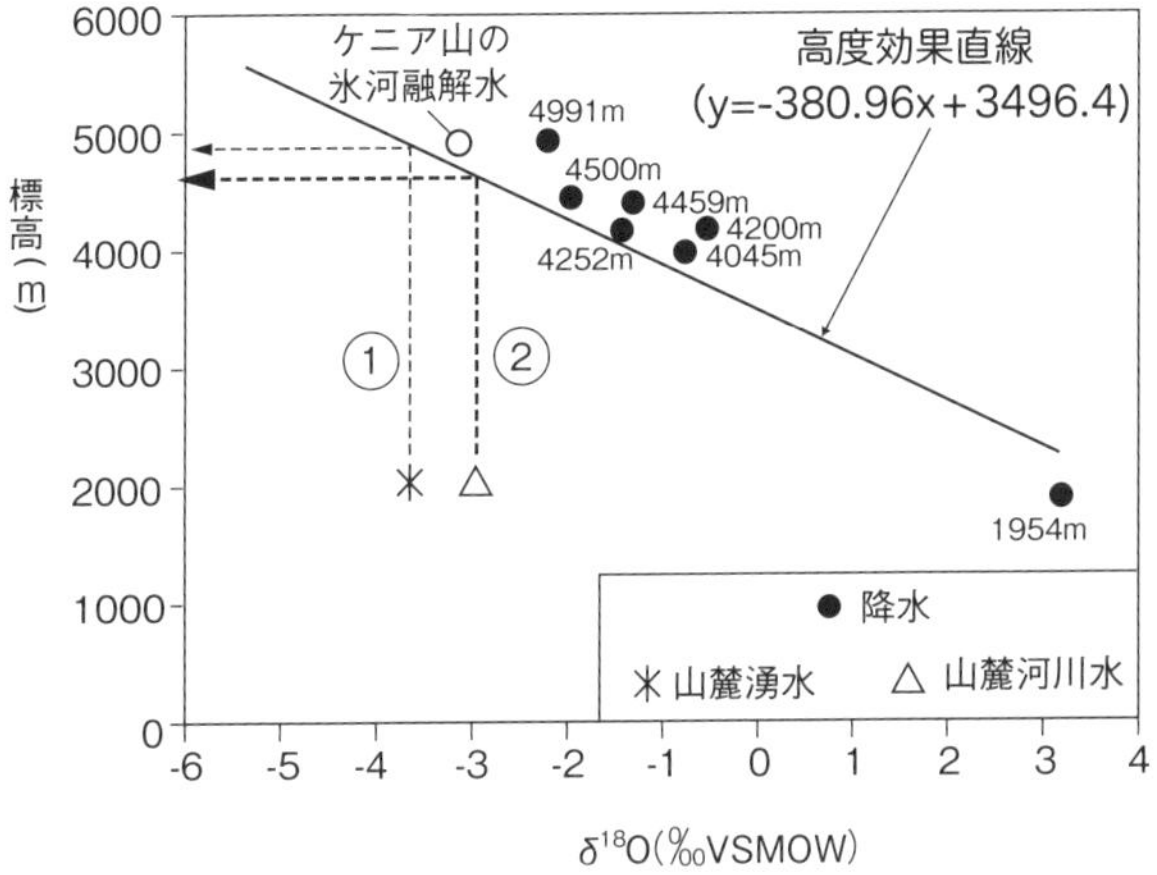

図 23-3　ケニア山における降水の高度効果（大谷 2018）
実線は降水の ^{18}O と標高の近似直線を表す

降水サンプルの酸素同位体比は、明瞭な高度効果（標高が高くなるにつれ、水素・酸素同位体比の値が低くなる効果）を示したのである（大谷　２０１８）。

この直線により、湧水の涵養標高を推定することができる。ケニア山山麓域で採水された湧水や河川水の酸素同位体比の値を高度効果直線にあてはめると、約５０００ｍ付近の水が地下にしみ出し、山麓で湧出していることが推察された。５０００ｍ付近は氷河や雪の融け水が多く存在する場所であり、それらが麓の湧水に多く寄与している可能性が示されたのである（大谷　２０１８）。

また、ＣＦＣｓ（クロロフルオロカーボン類）トレーサーやトリチウムを使って測ったところ、地下での滞留時間は40～60年だった（大谷　２０１８）。山頂付近の氷河の融け水が40年から60年かかって山麓に湧水として出てくることがわかったのである。今地元の住民たちが飲んでいる湧き水は50年前の氷河の融け水である。ということは、今氷河がどんどん小さくなっているが、その融け水を飲むのは50年後の人々ということになる。氷河が消えれば当然、湧水を涵養する水の量が格段に減少する。ケニア山では積雪があっても数日後には消えてしまう。とくに乾季における、氷河の水源としての役割は大きい。

翌年、大谷くんはＡＳＡＦＡＳから文学研究科に移ってきて、修士課程2年に編入した。また、同時に、芝田くんもＡＳＡＦＡＳから文学研究科の博士後期課程に編入した。大谷くん（現摂南大講師）は博士後期課程にも進学し、私が主たる指導教員を務めた6番目の博士号

写真23-4　ナイロビ大の地理学教室にて、ムワウラ准教授と研究プロジェクトのメンバーによる記念写真（2023年）

取得者となった。

ケニア山の研究プロジェクト

ケニア山の研究は、その後、科研費・基盤研究Ａの２０１６～２０１９年度、２０１９～２０２２年度、２０２３～２０２６年度の３つの研究プロジェクトによって継続中である。

プロジェクトの研究成果は、私と大谷くんが編者になって、*Glaciers, Nature, Water, and Local Community in Mount Kenya* (Mizuno, K. & Otani, Y. eds., 2022, Springer）として出版された。共同研究者のナイロビ大地理学教室のムワウラ准教授も含め、11名の研究者による全10章からなっている（写真23－4）。

ケニア山・研究プロジェクトの２０２２年9月の調査の様子は、ＮＨＫ・ＢＳプレミアム「コズミックフロント」の「山岳氷河」の特集で、同年12月8日に放映された。

24

ナイロビ最大の人口100万人以上のスラムには公立学校が1つもない

ナイロビのスラム街の変化と学校教育を考える（1998年・2002年・2015年・2022年）

ナイロビに押し寄せる人々と急増するスラムの人口

ケニア山の調査に行くときは、調査後に早川千晶さんが運営しているマゴソスクールを訪問することが多い。マゴソスクールはナイロビ最大のキベラスラムの中にある。

ナイロビは現在では人口４００万人を超す東アフリカ第一の都会になっている。中心の市街地には高層ビルがそびえ、多国籍企業のオフィスやホテルが建ち並ぶが、ナイロビ市街地の郊外には出稼ぎ民の居住地区があり、拡張した新市域の南部、西部、東部に位置している。その一つは、19世紀末にスーダンからイギリスが強制連行してきたヌビア人傭兵のための軍用居留地であったものが、１９４０年代以降からスクウォッター（不法占拠）化し、出稼ぎの町となっ

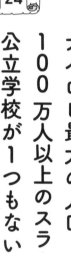

写真24-1 ナイロビ最大のスラム、キベラの町並み(2002年)。たくさんの家々の屋根が地平線まで広がっている

写真24-2 キベラに見られる露店(1998年)。様々なものが売られている

た南部のスラム街、キベラ地区である（早川２０００、写真２４－１）。

キベラは現在、人口が１００万人以上いると言われているが、実態はよくわからない。イギリスによって強制的に連行されてきたヌビア人は、その後必要とされなくなりブッシュに放置されたため、自力で小屋を建て始めた。しかし、植民地政府がナイロビの計画的な都市開発を推進しようとした際には、キベラに住むヌビア人は追い出されるはめになる。これに対抗するため、彼らはキベラに無許可で長屋を造り、ナイロビに流入するルオなどの出稼ぎ民たちに賃貸したため、キベラの人口は急増することとなった（早川２００２）。

私が初めてキベラを訪問したのは１９９８年である。キベラのようなスラムでは、様々なインフォーマルセクターの経済活動が発達している。インフォーマルセクターとは、発展途上国に見られる経済活動のうち、国の統計や記録に公式に含まれないようなものを指す。靴磨きや行商などの職種がそれにあたる。キベラのスラムは、ナイロビとキスムを結ぶ鉄道の線路沿いに展開しているが、その線路脇には様々な生活用品を売る屋台のような簡単な店が延々と軒を連ねている（写真24－2）。スラムの中には、廃タイヤからゴム草履、古いブリキから鍋やフライパン、廃材から家具というように、いろいろな資源をリサイクルして製造・販売する、おもに男性による手仕事もあれば（写真24－3）、仕立屋や美容院（写真24－4）など女性が活躍する商売まで、多種多様な仕事場が混在している。

一方、病院や公立小学校などはなく、キリスト教の教会やＮＧＯなどによって運営されている小学校があるに過ぎない（写真24－5）。私ができたばかりのマゴソスクールを2002年に訪問したときに比べ、学校は急速に拡張し（写真24－6）、数十人だった児童も現在では500人ほどになっている（写真24－7）。給食も当初は週3回だったが、現在は学校がない土・日も含め、1週間毎日提供している。給食は豆とトウモロコシを煮込んだギゼリであり、子供たちが学校に通う大きな理由になっている（写真24－8）。給仕の女性はすべての児童の家庭環境を把握し、通常容器に1杯のギゼリを配給するが、経済状態の良くない家庭の児童には、家族の分も含め2杯配給している。学校には障害者のための特別学級も設置され、聾唖《ろうあ》の児童と会話できるように全校生徒が手話を習っている。土・日も学校を開放し、何人かの先生が常駐している。男の子がギャングに引き入れられないよう、女の子が身体を汚すことのないよう、いつでも逃げ込める安全な場所として学校を開放しているという。

写真 24-3　キベラの家具製造者（1998 年）

写真 24-5　NGO によって造られたキベラの学校の授業風景（2002 年）

写真 24-4　キベラの美容院（1998 年）

写真 24-6　マゴソスクールの教室内の風景（2022 年）

トイレの糞尿の汚水が住居間を流れるキベラスラム

キベラの中では比較的経済力のあるわずかな人たちが水道を引き、多くの人たちがその水を買って暮らしている（写真24－9）。また、ゴミはいたるところに捨てられ（写真24－10）、トイレも限られているため、公衆衛生面に問題が多い。トイレは長屋に1つあるのが一般的で（長屋の大家が1つのトイレを設置）、20～40世帯にトイレが1つくらいの数である。長屋にトイレがない場合は、公衆トイレを使用する。公衆トイレは1回紙代を含んで5ケニアシリングｋｓｈ（約6円）くらいだ。トイレの数が少ないのは、トイレを作るのにこのあたりの硬い岩盤を掘らなければならず、岩盤の上にバラックの家を建てるより建設費がかかるためである。トイレの糞尿の汚水は住居間を流れ、臭いも強烈だ（写真24－11）。雨季になると、その汚水が住居の中に浸水することもある（水野２０１６ｅ、２０２２）。

ある世帯の場合、6畳くらいの広さの部屋を月１５００ｋｓｈ（約１８００円）で家主から借り、その他に月３００ｋｓｈ（約３６０円）の電気代を家主に払っている。ちなみに家主は、電線から勝手に線を引っ張って電気を盗んでいるのだが、キベラではそれが普通になっている（写真24－12）。この家庭の場合、夫は健康に問題があるとして働いておらず、妻が野菜を売って1日に約５０ｋｓｈ（約60円）を稼ぎ、ときどき洗濯の仕事もして、洗濯をした日は３００ｋｓｈ（約３６０円）くらい稼ぐというが、家賃を払うだけで精一杯だ。洗濯は、固定客の家にときどき御用聞きに回り、その家の軒先で洗濯をして、1回１００ｋｓｈからで、

写真24-8　マゴソスクールの給食風景（2022年）

写真24-7　マゴソスクールの児童。20年間で児童数もずいぶん増えた（2022年）

写真24-9　水道を引いた人が水を売っている（2015年）。水の値段は、20Lあたり2～5ksh（約2～6円）

写真24-11　住居の間にトイレからの糞尿の汚水が流れ込み、強烈な悪臭が漂っている（2015年）

写真24-10　ゴミの横で遊ぶ子供たち。このスペースは政府によって強制撤去された住宅跡（2015年）。現在、次々とスラムの住居が強制撤去されている

半日洗濯をして400kshくらいになるという。

キベラでは、都市化と居住の問題に取り組む国連機関である国連ハビタットUN－Habitat（国際連合人間居住計画）とケニア政府によって、スラムの住民をスラム外の新住居に移住させて、スラム街を解消させる計画が実行されている。そう言うと聞こえはいいが、実際には身分証明書を持っているものだけが新住居に入居できるため、貧困でまともに病院で生まれなかった人、とくに女性はそのような身分証明書を持っておらず、スラムから閉め出されて、ささやかな住まいさえ失うことになった。

このように現代のナイロビは、地方から出稼ぎ民が流入し、膨張、発展していって形成された。ナイロビは急成長するものの、白人は小高い丘の上に豪華な邸宅を建て、小売りと小規模金融業を独占するインド人は、中心部近くに居住地を構え、強制連行されたヌビア人はキベラ地区に、アフリカ人は2つの川に挟まれた低湿地沿いの劣悪な環境にと、人種間の居住の分離が都市景観にも大きく反映されているのである（松田1999）。

写真24-12　住居の間に網の目のように垂れ下がる電線（2022年）。この電線は不法につないで電気を盗んでいる場合が少なくない

引用・参考文献
日本語文献

伊東正顕（2005）：ナミブ砂漠の自然植生ナラの大量枯死とトップナールの人々への影響、水野一晴編『アフリカ自然学』古今書院、226―235
宇野大介（2005）：短稈と長稈、2つのトウジンビエが併存する理由、水野一晴編『アフリカ自然学』古今書院、236―245
大谷侑也（2018）：ケニア山における氷河縮小と水環境の変化が地域住民に与える影響、『地理学評論』、91―3、211―228
大谷侑也（2022）：アフリカ熱帯高山の消えゆく氷河―氷河と山麓水資源の関係性の解明―、陀安一郎、申基澈、鷹野真也編『同位体環境学がえがく世界：2022年版』総合地球環境学研究所、113―117
沖津進（2005）：植生からみたアフリカ、水野一晴編『アンデス自然学』古今書院、210―214
沖津進（2016）：多肉植物、水野一晴・永原陽子編『ナミビアを知るための53章』明石書店、78―80
小野林太郎（2020）：オセアニアへの人類移住と海洋適応、秋道智彌・印東道子編『ヒトはなぜ海を越えたのか―オセアニア考古学の挑戦』雄山閣、70―83
片山一道（2020）：ポリネシア人はアジア人なり、秋道智彌・印東道子編『ヒトはなぜ海を越えたのか―オセアニア考古学の挑戦』雄山閣、149―157
河口慧海（1904）：『西蔵旅行記』上・下、博文館、長沢和俊編（2004）：『チベット旅行記』上・下、白水社
河口慧海（1904）：『西蔵旅行記』上・下、博文館、高山龍三校訂（1978）：『チベット旅行記』（1）―（5）、講談社学術文庫

川崎信定訳（１９９３）：『チベットの死者の書』ちくま学芸文庫
川本芳（２００７）：家畜の起源に関する遺伝学からのアプローチ、山本紀夫編『アンデス高地』京都大学学術出版会、３６１―３８５
坂上澄夫・八田明夫（１９９０）：パラオ諸島の歴史と地質、『地学雑誌』、99―3、22―38
芝田篤紀（２０１６）：国立公園で暮らすサンの人々、水野一晴・永原陽子編『ナミビアを知るための53章』明石書店、３０６―３０８
芝田篤紀（２０１８）：ナミビア北東部ブワブワタ国立公園における住民の生業活動と植生の関係、『地理学評論』、91―5、３５７―３７５
白石顕二（１９９５）：『ザンジバルの娘子軍』社会思想社
Schütz.A.J.（２０１１）：『ハワイ語のすべて』Island Heritage Publishing, Hawai
鈴木宇子（１９８８）：『アフリカの光と風と』同時代社
手代木功基（２００７）：「緑の蝶」が舞う村―半乾燥地のモパネサバンナに暮らすダマラの人びと、『月刊地理』、52―12、98―13
手代木功基（２０１６）：モパネ林で家畜と暮らす人々―ダマラの生活、水野一晴・永原陽子編『ナミビアを知るための53章』明石書店、２９２―２９６
飛山翔子（２０１６）：ナミブ砂漠の霧と生物、水野一晴・永原陽子編『ナミビアを知るための53章』明石書店、54―56
飛山翔子・伊東正顕・水野一晴（２０１６）：砂漠で暮らす人々―ナラメロンの利用とその変容、水野一晴・永原陽子編『ナミビアを知るための53章』明石書店、２９７―３０１
富永智津子（２００１）：『ザンジバルの笛』未来社
長倉美予（２００８）：レソト山岳地の自然環境とソト人の暮らし、『月刊地理』、53―2、79―85

永原陽子（2016）：カプリビ回廊の正体、水野一晴・永原陽子編『ナミビアを知るための53章』明石書店、128─130
長谷川裕彦（2016）：アンデス低緯度地域の氷河変動と古環境変遷、水野一晴編『アンデス自然学』古今書院、64─75
早川千晶（2000）：『アフリカ日和』旅行人
早川千晶（2002）：『ケニアの働く女性』女性と仕事の未来館
原宏輔（2016）：熱帯氷河の生態系─東アフリカ・ルウェンゾリ山地の氷河の雪氷微生物、水野一晴編『アンデス自然学』古今書院、154─166
藤岡悠一郎（2007）：水浸しのサバンナ─ナミビア北中部の網状流季節河川と農牧民オヴァンボとのかかわり、『月刊地理』、52─10、66─71
藤岡悠一郎（2016a）：マルーラ酒が守るサバンナの農地林、重田眞義・伊谷樹一編『争わないための生業実践─生態資源と人びとの関わり』京都大学学術出版会、245─264
藤岡悠一郎（2016b）：マルーラ酒が取り持つ社会関係─オバンボの暮らし、水野一晴・永原陽子編『ナミビアを知るための53章』明石書店、264─268
藤田知弘（2008）：マラウィ北部の自然環境とトゥンブカ人の暮らし、『月刊地理』、53─4、80─85
松田素二（1999）：都市、そして民族の生成、川田順造編『アフリカ入門』新書館、286─291
水野一晴（1994）：ケニア山、Tyndall氷河の後退過程と植生の遷移およびその立地条件、『地学雑誌』、103─1、16─29
水野一晴（1995）：ケニア山、Tyndall氷河の後退過程と植生の遷移およびその立地条件、『地学雑誌』、104─4、604─608
水野一晴（1999）：『高山植物と「お花畑」の科学』古今書院

水野一晴（２０００）：熱帯高山の植生分布を規定する環境要因、工藤岳編『高山植物の自然史』北海道大学図書刊行会、99―１１４
水野一晴（２００１ａ）：カメルーン北部、マンダラ山地とその周辺における住居および農耕景観にかかわる岩質の影響、『エコソフィア』、８、82―97
水野一晴編（２００１ｂ）：『植生環境学―植物の生育環境の謎を解く―』古今書院
水野一晴（２００１ｃ）：「お花畑」はどうして突然現れるのだろうか？、水野一晴編『植生環境学』古今書院、12―23
水野一晴（２００１ｄ）：地球温暖化で、どのように植物は山を登るか？、水野一晴編『植生環境学』古今書院、58―70
水野一晴（２００３ａ）：ケニア山における氷河の後退と植生の遷移―とくに１９９７年から２００２年において―、『地学雑誌』、１１２―４、６０８―６１９
水野一晴（２００３ｂ）：キリマンジャロの氷河の縮小、『地学雑誌』、１１２―４、６２０―６２２
水野一晴編（２００５ａ）：『アフリカ自然学』古今書院
水野一晴（２００５ｂ）：『ひとりぼっちの海外調査』文芸社
水野一晴（２００５ｃ）：温暖化によるケニア山・キリマンジャロの氷河の融解と植物分布の上昇、水野一晴編『アフリカ自然学』古今書院、76―85
水野一晴（２００５ｄ）：近年の洪水減少でクイセブ川流域の森林が枯れていく理由、水野一晴編『アフリカ自然学』古今書院、１１５―１２９
水野一晴（２００５ｅ）：カメルーン北部における住居と農耕景観にかかわる地質の影響、水野一晴編『アフリカ自然学』古今書院、１５８―１７０
水野一晴（２００７）：ひとつの国に多様な自然・民族・言語・文化が共存しているアフリカ、『月刊地

理』、52―10、58―65
水野一晴（2008a）：伝統的交易・イスラーム都市ザンジバルと植民地体制下に建設された都市ナイロビ、『都市地理学』、3、33―40
水野一晴（2008b）：中南部アフリカの自然特性、池谷和信・武内進一・佐藤廉也編『朝倉世界地理講座―大地と人間の物語―12 アフリカⅡ』朝倉書店、439―451
水野一晴（2012a）：『神秘の大地、アルナチャル―アッサム・ヒマラヤの自然とチベット人の社会』昭和堂
水野一晴（2012b）：インド、アルナチャル・プラデシュ州のモンパ民族地域における住民にとっての「山」の持つ意味、『ヒマラヤ学誌』、13、142―153
水野一晴（2013）：ナミブ砂漠の自然環境と植生の変化、特集「乾燥地の生態系とその課題Ⅱ、アフリカのナミブ砂漠の自然と保全」、日本緑化工学会誌、39―2、290―292
水野一晴（2015）：『自然のしくみがわかる地理学入門』ベレ出版
水野一晴・永原陽子編（2016）：『ナミビアを知るための53章』明石書店
水野一晴（2016a）：世界最古の砂漠―ナミブ砂漠、水野一晴・永原陽子編『ナミビアを知るための53章』明石書店、32―37
水野一晴（2016b）：ウェルウィッチア（奇想天外）と世界最大の隕石、水野一晴・永原陽子編『ナミビアを知るための53章』明石書店、40―42
水野一晴（2016c）：『気候変動で読む地球史―限界地帯の自然と植生から―』（NHKブックス）NHK出版
水野一晴編（2016d）：『アンデス自然学』古今書院
水野一晴（2016e）：『人間の営みがわかる地理学入門』ベレ出版

水野一晴（２０１７）：伝統的交易・イスラーム都市ザンジバルと植民地体制下に建設された都市ナイロビ、阿部和俊編『都市の景観地理　アジア・アフリカ編』古今書院、35―43
水野一晴（２０１８）：『世界がわかる地理学入門―気候・地形・動植物と人間生活―』（ちくま新書）筑摩書房
水野一晴（２０２０）：モンパ民族地域に見られる「悪霊」と儀式、安藤和雄編『東ヒマラヤ　都市なき豊かさの文明』京都大学学術出版会、２７３―３００
水野一晴（２０２１ａ）：『世界と日本の地理の謎を解く』（ＰＨＰ新書）ＰＨＰ研究所
水野一晴（２０２１ｂ）：『自然のしくみがわかる地理学入門』（角川ソフィア文庫）ＫＡＤＯＫＡＷＡ
水野一晴（２０２２）：『人間の営みがわかる地理学入門』（角川ソフィア文庫）ＫＡＤＯＫＡＷＡ
水野一晴（２０２３）：『地理学者、発見と出会いを求めて世界を行く！』（ちくま文庫）筑摩書房
水野一晴・山縣耕太郎（２００３）：ナミブ砂漠・クイセブ川流域の環境変化と植生遷移・植物利用、『アジア・アフリカ地域研究』、第3号、35―50
水野一晴・山縣耕太郎（２００５）：ナミブ砂漠・クイセブ川流域の環境変遷と砂丘に埋もれていく森林、水野一晴編『アフリカ自然学』古今書院、１０６―１１４
水野一晴・小坂康之（２０１６）：アンデスの自然と牧畜社会、水野一晴編『アンデス自然学』古今書院、１７５―１８７
水野一晴・藤田知弘（２０１６）：アンデスの植生遷移と堆積物および植物生育上限高度の20年間の変化、水野一晴編『アンデス自然学』古今書院、１１１―１２０
山縣耕太郎（２００５ａ）：地形からみたアフリカ、水野一晴編『アフリカ自然学』古今書院、２―14
山縣耕太郎（２００５ｂ）：カラハリ砂漠の砂丘の歴史を解き明かす、水野一晴編『アフリカ自然学』古今書院、96―１０５

山縣耕太郎（2016）：カラハリサンドと古砂丘、水野一晴・永原陽子編『ナミビアを知るための53章』明石書店、46―49
山口瑞鳳（1987）：『チベット 上』東洋叢書
山口瑞鳳（2004）：『チベット 下』（改訂版）東洋叢書
山科千里（2008）：ナミビア北西部の自然とゼンバの暮らし、『月刊地理』、53―1、94―99
山科千里（2016）：サバンナのシロアリ塚―「土の塔」と「小さな森」、水野一晴・永原陽子編『ナミビアを知るための53章』明石書店、97―102
山科千里（2023）：『土の塔に木が生えて：シロアリ塚からはじまる小さな森の話（新・動物記 8）』京都大学学術出版会
吉田美冬（2007）：ヒンバと砂漠ゾウ、『月刊地理』、52―11、92―97
吉田美冬・水野一晴（2016）：砂漠ゾウと暮らす人々―ゾウと河畔林と住民の共存、水野一晴・永原陽子編『ナミビアを知るための53章』明石書店、309―313
米田信子（2016）：多言語国家ナミビアの言語―多様な言語と多様なステイタス―、水野一晴・永原陽子編『ナミビアを知るための53章』明石書店、202―205

欧文文献

Denyer, S. (1978) : *Africa Traditional Architecture,* Heinemann, London.

Fujita, T. (2014) : Ficus Natalensis Facilitates the Establishment of a Montane Rain-forest Tree in South-east African Tropical Woodlands. *Jouranal of Tropical Ecology,* 30 (4) , 303—310.

Mizuno, K. (1998) : Succession Processes of Alpine Vegetation in Response to Glacial Fluctuations of Tyndall Glacier, Mt. Kenya, Kenya. *Arctic and Alpine Research,* 30—4, 340—348.

Mizuno, K. (2002) : Upper Limit of Plant Distribution in Response to Lithology and Rubble Size of land Surface in Tropical High Mountains of Bolivia. *Geographical Reports of Tokyo Metropolitan University,* No. 37, 67—74.

Mizuno, K. ed. (2005a) : *Studies on the Environmental Change and Human Activities in Semi-Arid Area of Africa, African Study Monographs, Supplementary Issue,* No.30.

Mizuno, K. (2005b) : Glacial Fluctuation and Vegetation Succession on Tyndall Glacier, Mt. Kenya. *Mountain Research and Development,* 25, 68—75.

Mizuno, K. (2005c) : Environmental Changes in Relation to Tree Death along the Kuiseb River in the Namib Desert. *African Study Monographs, Supplementary Issue,* No. 30, 27—41.

Mizuno, K. (2005d) : Vegetation Succession in Relation to Glacial Fluctuation in the High Mountains of Africa. *African Study Monographs, Supplementary Issue,* No. 30, 195—212.

Mizuno, K. & Yamagata, K. (2005) : Vegetation Succession and Plant Use in Relation to Environmental Changes along the Kuiseb River in the Namib Desert. *African Study Monographs, Supplementary Issue,* No. 30, 3—14.

Mizuno, K. (2010a) : *Historical Change and its Problem on the Relationship between Natural Environments and Human Activities in Southern Africa, African Study Monographs, Supplementary Issue,* No.40.

Mizuno, K. (2010b) : Environmental Change and Vegetation Succession along an Ephemeral River : the Kuiseb River in the Namib Desert, *African Study Monographs, Supplementary Issue,* No.40, 3—18.

Mizuno, K. & Fujita, T. (2014) : Vegetation Succession on Mt. Kenya in Relation to Glacial Fluctuation and Global Warming, *Journal of Vegetation Science,* 25, 559—570.

Mizuno, K. & Tenpa, L. (2015) : *Himalayan Nature and Tibetan Buddhist Culture in Arunachal Pradesh, India : A Study of Monpa,* Springer,Tokyo.

Mizuno, K. (2016) : The Distribution and Management of Forests in Arunachal Pradesh, India. In : Singh, R.B. & Prokop, P. (eds.) *Environmental Geography of South Asia,* Springer, Tokyo, 189—207.

Mizuno, K. & Otani, Y. eds. (2022) : *Glaciers, Nature, Water, and Local Community in Mount Kenya,* Springer, Singapore

Mizuno, K. (2022) : Retreating Glaciers, Plant Succession on Mount Kenya Due to Climate Change, In : Mizuno, K. & Otani, Y. (eds.) *Glaciers, Nature, Water, and Local Community in Mount Kenya,* Springer, Singapore, 89—106.

Mizuno, K. & Otani, Y. (2022) : Toward a Multidisciplinary Understanding of Tropical High Mountains in Africa, In : Mizuno, K. & Otani, Y. (eds.) *Glaciers, Nature, Water, and Local Community in Mount Kenya,* Springer, Singapore, 159—166.

Norbu, Tsewang (2008) : *The Monpa of Tawang,* Government of Arunachal Pradesh, Itanagar.

Seignobos, C. (1982) : *Montagnes et Hautes Terres du Nord Cameroun,* Editions Parentheses, Roquevaire.

Seignobos, C. (1984) : L'Habitation. In Boutrais, J., Boulet, J., Beauvilian, A., Gubray, P., Barreteau, D., Dieu, M., Breton, R., Seignobos, C., Pontie, G., Marguerat, Y., In : Hallaire A. & Prechou, H. (eds), *Le Nord du Cameroun,* Orstom, Paris, 181—200.

Seignobos, C. (2000) : Mise en place du peuplement et répartition ethnique. In : Seignobos,C et Iyébi—Mandjek,O. (eds.), *Atlas de la province Extrme—Nord Cameroun,* Minrest, Paris, 44—51.

Siravo, F. and Bianca, S. (1996) : *Zanzibar : A Plan for the Historic Stone Town.* The Gallery Publications.

おわりに

私は大学生の頃、小澤征爾著『ボクの音楽武者修行』（新潮文庫）と植村直己著『青春を山に賭けて』（文春文庫）を読んで、若いときに海外に飛び出すことがいかに重要なことなのかを学んだ。お二人とも海外での生活に何の保証もなく、身一つで海外に飛び出したのだった。

小澤さんは旅客船ならぬ貨物船「淡路山丸」に安い料金で乗せてもらって、１９５９年2月1日に神戸港を出港、3月23日にフランスのマルセイユに入港する。日本を出発する前に、彼は東京中かけずり回って、やっとの思いで富士重工から無償で譲り受けたラビットジュニアのスクーターにまたがって欧州行脚を行なったと記されている。そして、パリに来てたまたまブザンソンで指揮者コンクールが開催されることを知って急いで応募したものの、締め切りに間に合わなかった。しかし、諦めきれない彼は日本大使館にかけ込んだものの思わしくなく、それでもなんとかならないかとアメリカ大使館の音楽部に飛び込み、対応した女性に胸中を訴えると、ブザンソンの国際音楽祭事務所に長距離電話をかけて熱心に頼んでくれた。そのおかげで受験が可能になり、臨んだコンクールでいきなりの優勝をつかみ取る。ここから「世界のオザワ」が始まったのだ。

植村直己さんは日本を脱出してヨーロッパアルプスに登る夢を抱き、そのための資金を得るためにまずは英語が通じるカリフォルニアで働こうと考え、１９６４年5月2日に横浜港から移民船「あるぜんちな丸」に乗り込んだ。しかし、メキシコ人たちといっしょに働いていたぶどう農園で、労働許可証を持たない彼は移民局の係官に捕まり、日本に強制送還されそうになった。だが彼は自分の山への情熱の大きさを訴えたところ、強制送還を免れることができたのだ。そして、大陸横断バスでニューヨークに出て、イギリス船でフランスのル・アーブル港に入る。そしてフランスのアルプス地方の村モルジンヌのスキー場で働きながら１９６４年の暮れから１９６７年の暮れまで、そこをベースにしてヒマラヤ、グリーンランド、アフリカへと飛び回る。

私は２０２３年3月に30年近く勤めた京都大学を定年退職した。同時に指導学生の神品《こうしな》くん（現九州大研究員）と韓国からの留学生のキムくん（現全羅南道研究所研究員）が博士の学位を取得した。今、私は大学で非常勤講師をしながら若い学生たちと接している。本書や講義によって、次世代の若い学生たちに海外フィールドワークの醍醐味を伝えられればと思っている。重要なのは、世界に出て自分の目で見て、耳で聞き、話し合い、生臭かったりカビ臭かったり、甘ったるい匂いやツーンとした匂いを嗅ぎ分け、見たことのない料理を食べ、汗をかいたり、身体をブルブル震えさせて暑さ寒さを肌で感じることだ。本書は、ベレ出版の森岳人さんのご尽力なくして出版されることはなかった。ここに厚くお礼申し上げる。

２０２４年2月18日

水野一晴

著者紹介

水野 一晴（みずの・かずはる）

▶1958 年名古屋生まれ。京都大学大学院文学研究科（地理学専修）名誉教授。理学博士。名古屋大学文学部史学科地理学専攻卒業、北海道大学大学院環境科学研究科修士課程修了、東京都立大学大学院理学研究科地理学専攻博士課程修了。専門は自然地理学（植生地理学）、アフリカ地域研究。調査地域は、ケニア山、キリマンジャロ、ナミブ砂漠、アンデス、インド・ヒマラヤ地域であり、調査・研究で訪れた国は 50 カ国以上。著書に『自然のしくみがわかる地理学入門』『人間の営みがわかる地理学入門』（ベレ出版、角川ソフィア文庫）、『世界がわかる地理学入門』（ちくま新書）、『気候変動で読む地球史』（NHK ブックス ）、『世界と日本の地理の謎を解く』（PHP 新書）、『地理学者、発見と出会いを求めて世界を行く！』（ちくま文庫）、『神秘の大地、アルナチャル―アッサム・ヒマラヤの自然とチベット人の社会』（昭和堂、2014 年度日本地理学会賞受賞）などがある。

◉── 装丁　坂野公一（welle design）
◉── 本文デザイン・DTP　外塚誠（Isshiki）
◉── 図版作成　藤立育弘
◉── 校閲　曽根信寿

京大《きょうだい》地《ち》理《り》学《がく》者《しゃ》、なにを調《しら》べに辺境《へんきょう》へ？

2024 年 4 月 25 日　初版発行

著者	**水野《みずの》 一晴《かずはる》**
発行者	内田 真介
発行・発売	ベレ出版 〒162-0832　東京都新宿区岩戸町12 レベッカビル TEL.03-5225-4790　FAX.03-5225-4795 ホームページ　https://www.beret.co.jp/
印刷	三松堂株式会社
製本	根本製本株式会社

落丁本・乱丁本は小社編集部あてにお送りください。送料小社負担にてお取り替えします。

ISBN 978-4-86064-763-6 C0025　編集担当　森 岳人